나는 내 생각을 다 믿지 않기로 했다

나는 내 생각을 다 믿지 않기로 했다

홍승주 지음

생각과 ——— 적정 거리를 두는 ——— 30가지 심리 법칙

Distancing

다산북스

추천의 말

◇

우리는 하루에도 몇 번이나 우울이나 불안, 분노 등의 부정적인 생각에 사로잡혀 고통받는다. 하지만 이런 생각을 통제하거나 억지로 바꾸기는 쉽지 않다. 다행히 이 책이 생각과의 적정 거리를 통해 심리적 고통을 해소하는 방법을 알려준다. 저자는 심리적으로 어려움을 겪는 사람들이 일상에서 스스로 정신건강을 회복할 수 있도록 돕기 위해 의사에게 보장된 안정적인 길을 뒤로하고 담대하게 새로운 길을 개척했다. 저자의 진정성 있는 이야기에 귀를 귀울여보자.

- 오진승 (정신건강의학과 전문의)

여는 글

◇

적정 거리두기를 시작하며

"불을 켜는 순간 바퀴벌레들이 잽싸게 숨어요. 선생님은 그게 어떤 기분인지 모를걸요?"

의과대학 시절, 정신과 실습을 하면서 만난 환자에게 들은 말이다. 그는 오랜 입원 생활을 마치고 퇴원하는 어린 환자였다. "이제 집에 갈 수 있어 기쁘겠어요"라던 나의 경솔한 위로에, 그는 그렇게 대답했다.

그는 퇴원이 기쁘기는커녕 두렵다고 했다. 다시 돌아가야 할 곳은 지옥 같은 환경이었고, 거기에서는 우울증이 재발할 것이 뻔했기 때문이다. 그래도 어쩔 수 없다고 했다. 악화되면 입원하고, 나아지면 퇴원 한 뒤 다시 똑같은 환경에 놓이고, 또다시 악화되고 다시 입원하고. 그 반복이 자신의 일상이라고 그는 말했다. 그 이야기를 듣자 문득, 의사들이 강의 하류에 앉아 떠내려오는 환자를 기다렸다가 건져 올려 약을 준 뒤, 다시 강의 상류로 돌려보내는 일을 반복하는 것 같다는 생각이 들었다.

그 경험이 강렬했던 탓일까. 그 후 나는 '병원 밖 의료'에 본격적으로 관심을 가지게 되었고, 의사 면허를 취득한 후 병원을 떠나 스타트업을 창업했다. 사람들이 일상에서 마주하는 심리적 어려움에 효과적으로 대처할 수 있도록 돕기 위해서였다.

　병원 밖에서 수천 건의 사례를 접하며 한 가지 깨달은 사실이 있다. 사람들에게는 자신의 심리적 문제를 과학적으로 이해하고 해결할 방법을 배울 기회가 턱없이 부족하다는 것이다. 정신과 치료는 심리 교육의 역할을 충분히 하지 못했고, 심리치료는 치료자 개인의 성향과 역량에 의존하는 경우가 많았다. 이에 나는 '디스턴싱Distancing'이라고 하는 앱 기반 디지털 심리치료 프로그램을 만들었고, 이를 토대로 사람들에게 심리적 어려움에 대처할 방법을 교육하고 있다. 그 과정에서 많은 사람들로부터 디스턴싱의 내용을 책으로 출간해 달라는 요청을 받아 지금에 이르렀다.

　이 책은 마음의 작동 원리를 담은 30가지 법칙과 20가지 훈련으로 구성되어 있다. 사람들이 장황한 설명보다는 핵심적인 한 문장을 더 잘 기억하고 일상에서 유용하게 활용하는 점에 착안해, 마음의 원리를 하나의 명제 형태로 정리했다. 각 법칙은 논리적으로 긴밀하게 연결되어 있으며, 앞서 배운 법칙이 뒤에 나오는 법칙과 자연스럽게 이어져, 학습해 나갈수록 깊은 통찰을 얻을 수 있게 설계했다. 책을 다 읽고 나면 삶의 중심을 잡아줄 30가지 법칙을 가슴에 새길 수 있을 것이다.

이 책은 근거가 있다고 알려진 세상의 거의 모든 인지치료를 나와 우리 팀이 직접 공부하고, 실제로 적용하거나 변경해 보면서 얻은 지식에 기반하고 있다. 인지치료는 우울증이나 불안장애와 같은 정신질환을 다루는 데 주로 사용되지만, 이 책에서는 일상에서 겪는 심리적 어려움이나 스트레스에도 적용할 수 있도록 내용을 정리했다. 나는 이 책의 내용이 대중이 활용할 수 있는 여러 심리 도구 중 가장 쉽고 효과적이라고 자부한다. 그러니 그 종류나 정도와 무관하게 당신이 심리적으로 힘든 시기를 보내고 있다면, 책에서 소개하는 법칙을 하나씩 익혀보자. 그 시도가 당신 삶의 중요한 전환점이 될지도 모른다.

본격적인 이야기를 시작하기에 앞서 짧게 감사의 인사를 남기고자 한다. 책의 기획부터 출간까지 세심하게 검토하고 조언을 건네준 노현지 편집자님. 글을 쓰는 동안 디스턴싱팀의 일을 묵묵히 이끌어준 병근 님, 병준 님, 가혜 님, 세원 님, 보연 님, 주현 님. 늘 솔직한 조언으로 방향을 다시 잡을 수 있게 도와준 부모님, 서연, 승해 누나. 물심양면으로 지지를 아끼지 않았던 수연. 나의 힘든 상황을 기꺼이 들어주었던 효석, 진영, 정환. 의사 동료로서 조언과 지지를 아끼지 않았던 지환, 건, 상응, 에녹, 지윤. 선배 창업가로서 내가 늘 긍정적인 방향을 바라볼 수 있도록 도와주었던 상락 형. 누구보다도 디스턴싱을 잘 실천하여 팀원들에게 큰 동기를 불러일으켰던 지원 님. 이들이 아니었다면 이 책은 무사히 출간될 수 없었을 것이다. 이 자리를 빌려 감사의 뜻을 전한다.

프롤로그

◇

우리는 왜 이렇게 괴로울까?

우리는 왜 이렇게 괴로운 걸까? "저는 원래 소심해서…" "저는 어린 시절의 상처가 있거든요." "어쩌면 제 정신에 문제가 있는 건 아닐까요?" 자기 비난은 잠시 내려놓고, 조금 더 넓은 시야에서 문제를 바라보자. 전 세계 인구의 30%는 살면서 한 번 이상 진단 가능한 수준의 정신건강 문제를 겪는다. 80%는 하나 이상의 심각한 심리적 문제를 경험한다. 이 세상에 인간만큼 괴로운 종은 없다. 이상하지 않은가? 인간처럼 편안한 환경에 놓인 생명체도 없기 때문이다. 대한민국의 신생아 사망률은 고작 0.15%다.

새끼 바다거북의 상황을 보자. 그들 중 90% 이상이 알에서 부화한 직후 바다로 이동하면서 천적에게 잡아먹히거나 다른 환경적 요인으로 죽는다. 바다에 도달한 10% 중에서도 성체까지 성장하는 개체는 극히 드물다. 바다에는 새끼의 목숨을 위협하는 온갖 종류의 물고기와 상어가 가득하다. 당신이 이런 환경에서 성장한다고 생각해 보라.

나라면 공황발작에 빠졌을 것이다. 그렇다면 그들은 왜 우리처럼 우울증을 겪지 않는가? 그들은 왜 만성 불안으로 고통받지 않는가? 왜 외상후스트레스장애PTSD로 인해 현실로부터 해리되는 모습을 보이지 않는가? 반면, 안전한 환경에서 자라는 우리는 왜 이렇게 괴로운가? 괴로움은 왜 이렇게 인간에게 보편적인가? 성경 속 아담의 원죄가 우리 뇌 깊은 곳에 박혀 있기라도 한 걸까?

거북이는 애초에 스트레스를 받지 않는 걸까? 그렇지 않다. 그들에게도 세상은 온갖 스트레스를 주는 곳이다. 거북이도 위험을 감지하면 신경계에서 스트레스 반응이 활성화된다. 포식자를 만나면 호르몬이 분비되고, 심장이 뛰며, 동공이 커진다. 공포를 느낀다는 뜻이다. 두려움은 그들로 하여금 주위를 더 잘 경계하도록 만든다. 그들의 '원초적인 뇌'는 포식자를 피하고 경쟁자와 싸우며 상대와 교미할 수 있도록 반응한다. 그들의 뇌는 감정을 만들어내고, 감정은 동기를 지배하며, 동기는 행동으로 이어진다. 물론 거북이가 인간처럼 감정에 의미를 부여하고 해석하지는 않지만 그들에게도 정확히 우리와 동일한 생물학적 반응이 일어난다.

우리도 거북이와 마찬가지로 원초적인 뇌를 가지고 있다. 자동차 경적 소리에 깜짝 놀라는 반응, 어두운 골목길에서 덩치 큰 사람을 보고 무의식적으로 곤두서는 신경, 운전 중 갑자기 뛰어든 보행자를 피하려 반사적으로 핸들을 돌리는 행동 등이 그 증거다. 하지만 우리는 거북이를 뛰어넘는 존재다. 인간은 어떻게 지구의 정복자가 될 수 있었을까? 인간의 성공을 가능케 한 가장 결정적 요인은 무엇일까?

많은 학자는 '언어적 사고 능력'을 그 답으로 꼽는다. 인간은 머릿속에서 수많은 일을 처리할 수 있다. 마음의 눈을 통해 제멋대로 세상을 조작할 수도 있다. 잠시 눈을 감고 흰 종이 한 장을 떠올려 보자. 새하얀 종이 위에는 티끌 같은 연필 자국이 있고, 종이 옆에는 지우개가 놓여 있다. 당신은 이 자국을 지우고 싶다. 자, 이제 어떻게 할 것인가? 지우개로 연필 자국을 지우면 된다. 실제로 해보지 않아도 알 수 있다. 우리는 상상하고, 계획하고, 추론한다. 심지어는 문자에 상징적인 의미를 부여한다. 우리는 먹어보거나 만져보지 않아도, 심지어 직접 보지 않아도 '거북이'라는 단어가 무엇을 뜻하는지 안다. '괴롭다'는 표현이 무엇을 뜻하는지 안다. 이러한 능력은 거북이로서는 상상도 할 수 없는 것이다.

인간은 이 탁월한 능력을 통해 지구를 지배했다. 단순히 뇌의 크기가 중요한 건 아니다. 현생 인류와 조상을 공유했던 네안데르탈인은 호모 사피엔스보다 뇌 용적이 더 컸지만 그들의 뇌는 시각과 신체 조절에 많은 자원을 할당하고 있었다. 반대로 호모 사피엔스는 사회적 상호작용과 문제 해결에 더 적합한 뇌 구조를 가지고 있었다. 이는 호모 사피엔스가 지구의 정복자가 되는 데에 결정적 역할을 했다. 즉, 진화는 '문제 해결의 뇌'를 선택했다.

하지만 문제 해결의 뇌는 양날의 검과 같다. 우리는 똑똑해진 만큼 큰 부작용을 얻게 되었다. 과거를 반성하고 미래를 예측할 수 있게 된 것이다. 우리는 과거에 벌어진 일을 곱씹으며 우울해한다. 동시에 미래의 위협을 예측하고 대비하면서 불안해한다. 문제 해결의 뇌는 우리가 외부의 요인을 현실보다 더 크게 받아들이고, 내면에서 벌어지는 심리적 사건에 더 강하게 영향받도록 만들었다. 이로 인해 우리는 지구의 정복자인 동시에 지구에서 가장 불행한 존재가 되었다. 우리는 척추동물vertebrate 중 최고지만, 동시에 끊임없이 반추하며rumination 생각을 곱씹는 안타까운 반추동물ruminebrate이다. 우리는 끊임없이 경직된 사고에 갇힌다. 우울의 틀에 갇히고, 불안의 틀에 갇히며, 죄책감 또는 수치심의 틀에 갇힌다. 우리는 스스로 만든 제한된 틀 속에서 자신과 세상을 인식하곤 한다.

혹자는 의문을 제기할 수도 있다. "인간이 그렇게 허술하게 설계되었을 리 없어." 이는 진화의 작동 방식을 전혀 이해하지 못한 생각이다. 자연은 특정 시점에서 유전자의 전달에 유리한 특징을 선택할 뿐이다. 부작용을 낳는 유전자가 있다고 한들, 그것은 자연의 관심사가 아니다. 예를 들어 공작새의 꼬리는 암컷을 유혹하는 데에는 최적이지만, 포식자로부터 도망치는 데에는 가장 불리한 조건으로 작용한다. 이처럼 이미 한 방향으로 나아간 진화는 되돌릴 수 없다. 불가피하고 비가역적인 타협이자 거래다.

우리가 '문제 있는 마음'을 가지게 된 건 어쩔 수 없는 일이었다. 좁은 시야에서 보면 나의 부족함 때문에 벌어진 일처럼 느껴지지만, 실제로는 오랜 진화의 결과일 뿐이다. 공작새의 꼬리에 아무런 잘못이 없는 것처럼, 이 또한 우리 개개인의 잘못이 아니다. 마음의 문제를 이해하려면 인간이라는 생명체의 역사를 이해해야 한다. 우리가 괴로움을 느끼는 이유를 이해하면 그와 같은 반응을 수치심 없이 더 객관적으로 바라볼 수 있기 때문이다.

다만 한 가지는 분명히 해야 한다. 마음에 문제가 생기는 건 우리 잘못이 아니지만 마음을 훈련할 책임은 우리에게 있다. 갑자기 번개가 내리쳐서 삶이라는 당신의 곳간이 파괴되었다면 그건 당신의 잘못이 아니다. 하지만 곳간을 수리할 책임은 당신에게 있다.

책임과 관련해서는 두 가지 이야기를 덧붙이고 싶다. 첫 번째는 변화가 쉽지 않다는 것이다. 당신은 이를 인정해야 한다. 변화의 과정은 고되고 어렵다. 그렇기 때문에 당신은 스스로에게 관대해져야 한다. 당신은 최선을 다하고 있다. 설령 무기력하게 침대에 누워있다 해도 행동주의behaviorism 관점에서는 내면의 괴로움에 맞선 투쟁의 결과로 볼 수 있다. 행동주의는 인간의 모든 행동이 특정한 자극에 대한 반응이라고 본다. 그 관점에서 무기력한 행동은 단순히 의지 부족이 아니라, 괴로운 상황에서 자신을 보호하거나 버티기 위해 나타나는 반응이다. 무기력하고 싶어 무기력한 사람은 없다. 우울하고 싶어 우울한 사람도 없다. 모든 행동에는 이유가 있으니 자책하지 말라. 당신의 반응을 타당하다고 여기라. 적어도 내가 본 수많은 우울과 불안 중 타당하지 않은 것은 하나도 없었다. 스스로에게 공감하는 태도를 가질 수 있어야 한다. 만약 잘되지 않는다면 나와 같은 사람이 당신에게 말을 건네는 모습을 상상해 보라. "듣고 보니 지금 그렇게 느끼고 행동하는 건 정말 당연한 것 같네요. 병이라면 뭔가 잘못되어야 하는 건데, 지금 당신의 반응은 전혀 이상하지 않아서 병이라고 부르기도 힘들 것 같아요." 물론 정신건강 문제가 병이 아니라는 뜻은 아니다.

때로는 "왜 나만 이렇게 힘들어하는가?"라며 자책할 때도 있을 것이다. 내가 삶의 비밀 하나를 알려주겠다. 모두가 괴롭다. 나도 괴롭고 당신도 괴롭다. 모두의 웃는 얼굴 이면에는 저마다의 아픔이 있다. 누구나 잊고 싶은 기억을 가지고 있고, 때로는 참기 힘든 모멸감을 느끼며, 스스로에게 깊은 의심을 품기도 한다. 많은 통계가 이를 증명한다. 나 또한 그런 경험을 한다. 디스턴싱을 만든 나에게도 삶이 흔들릴 만큼 힘든 순간이 있고 답답한 마음에 잠 못 이루는 밤도 많다. 당신이 찾는 치료자나 의사도 별반 다르지 않다. SNS를 보면 모든 사람이 행복하게 사는 것처럼 보인다. 하지만 SNS는 현실과 다르다. 실제로 전 세계 인구의 90%가 SNS를 사용하지만 그중 한 번이라도 글을 써본 사람은 최대 5%, 적게는 1%도 되지 않는다. 듣기 반가운 소리는 아니겠으나, 삶은 원래 고단한 것이다. 안타깝지만 삶은 SNS 게시물에 올라오는 화려하고 행복한 순간으로 가득 차 있지 않다. 그러니 당신만 괴로워한다고 자책하지 말라. 고통이 보편적임을 받아들이고, 고통에 대항하기 위해 의식적·무의식적으로 애쓰는 자신을 돌보고, 자신의 상황에 공감해 주자. 역설적이지만 고통을 받아들이고 그런 자신의 삶에 진정으로 공감하는 태도를 유지할 때 비로소 행복이 보이기 시작한다.

동시에 변화에 대한 책임을 지는 일 또한 중요하다. 이것이 두 번째 이야기다. 변화는 당신의 책임이다. 어린 시절에 큰 상처를 받았다고 해도 변화의 책임에서 자유로울 수는 없다. 어린 시절의 경험은 지금 당신의 느낌과 행동을 설명할 수는 있지만, 당신이 상황을 바꾸려고 노력하지 않는 이유까지는 설명하지 못한다. 책임이 있다는 것은 '당신에게 문제가 있다'라는 의미가 아니라 '삶을 이끌고 결정하는 건 당신 자신만이 할 수 있다'라는 뜻이다. 당신이 힘들어하는 이유는 잘 알고 있다. 하지만 그 이유에 붙들려만 있다면 아무런 변화도 만들 수 없다. 야속하게 들리겠지만 환경이 문제의 원인일 수는 있으나, 변화의 원인일 수는 없다. 변화의 원인은 궁극적으로는 당신 자신이어야 한다. 삶의 책임은 당신에게 있다. 자비로운 마음으로 자신의 상황에 공감하면서, 동시에 책임감을 가지고 변화를 위해 전념하는 것. 반대되는 것처럼 보이는 두 행동이 정正과 반反을 이뤄 '공감적 자기 직면'이라는 합合을 만들어냈을 때, 삶은 변한다.

책임감이라는 말에 부담감부터 느껴지는가? 반가운 소식이 있다. 번개를 맞아 망가진 곳간을 수리할 뛰어난 도구가 우리에게 이미 있다는 사실이다. 이는 반추동물만이 누릴 수 있는 축복이기도 하다. 바로 '나라는 느낌이 착각임을 '자각'하는 것이다. 우리는 마음속에 떠오르는 생각, 감정, 감각을 '나' 자신과 동일시한다. 하지만 그것들을 그저 하나의 심리적 사건으로 바라보고 기꺼이 경험할 수 있다. 이 '자각'의 축복은 우리가 이 세상에 효과적으로 적응하면서 동시에 반추의 함정에 빠지지 않고 괴로움에서 벗어날 수 있도록 도와준다.

이는 진화론의 연장선상에 있는 통찰이다. 찰스 다윈Charles Darwin은 약 200년 전에 인간이 원숭이와 다르지 않다고 말했다. '나'는 착각이다. '나'라는 느낌은 그저 느낌일 뿐이다. '자유롭게 생각하는 나'는 크나큰 오해다. 인간은 다른 동물과 다르지 않다. 인간이 의식을 가지고 있다고 해서 다른 동물에 비해 특별히 더 자유롭거나 고고한 존재는 아니다. 이 착각이 수많은 심리적 문제를 불러일으키는 원인이며, 여기에서 벗어나면 우리를 괴롭히는 우울과 불안의 악순환을 끊어낼 수 있다. 나는 그와 같은 통찰을 이해하고 받아들이고 연습하는 과정을 '디스턴싱', 즉 '거리두기'라고 부른다.

우리 삶에 큰 영향을 미치는 행복과 고통은 대부분 정신적 사건이다. 즉, 제아무리 큰 고통도 그저 의식 속에서 경험되는 일이다. 이 사실은 엄청난 가능성을 시사한다. 의식 속에 떠오르는 다양한 사건, 즉, 생각·감정·감각·충동 등과 새로운 관계를 맺을 수 있다면, 우리가 세상을 완전히 다르게 경험할 수 있다는 뜻이기 때문이다. 이는 세상 자체를 바꾸는 것과 맞먹는 수준의 변화다.

물론 세상에서 벌어지는 일이 중요하지 않다는 의미는 아니다. 우리를 웃고 울게 하는 수많은 일들은 외부 사건에서 비롯한다. 하지만 그 사건들에 어떻게 반응할지는 선택할 수 있다. 마음속에 떠오른 우울과 불안이 그저 지나가게 할지, 아니면 수년 동안 당신을 괴롭히게 할지는 온전히 당신에게 달려 있다.

많은 사람이 시련을 마주할 때 괴로움 속에서 허우적거리기를 선택한다. 그것이 우리 삶을 뒤흔들도록 내버려둔다. 하지만 그 방법은 해결책이 될 수 없다. 또한 시중의 많은 책이 생각을 수정하라고 말한다. 그 또한 해결책이 될 수 없다. 마음속에 떠오르는 괴로운 생각, 감정, 감각을 수정하는 것이 아니라 그것들과 적정 거리를 유지해야 한다. 그것들과 무관한 '나'를 발견해야 한다. 그리고 '나'가 원하는 선택을 주체적으로 해나가야 한다. 이것이 바로 디스턴싱을 통해 의식의 주체성을 회복하는 과정이다.

디스턴싱의 핵심 목표는 다음과 같다.

1. **주의 통제:** 원하는 곳에 주의를 집중하고, 원하는 방향으로 주의를 전환하는 힘을 기른다.
2. **내면 관찰:** 의식 속에 떠오르는 생각, 감정, 신체 감각, 행동 방식을 관찰하고 알아차린다.
3. **'나' 알아차림:** 생각과 거리를 두고 '나'에 대한 감각을 되찾는다.
4. **기꺼이 경험하기:** 부정적인 내적 경험을 회피하지 않고 기꺼이 경험한다.
5. **가치에 따라 행동하기:** 자신의 가치로 주의를 옮기고, 그에 따른 행동을 선택한다.

앞으로 우리는 내면이 어떻게 작동하는지를 '이해'하고, 위 다섯 가지 목표를 달성하기 위해 '훈련'할 것이다. 이해와 훈련, 이 두 가지가 전부다.

내면이 어떻게 작동하는지 이해하는 일은 매우 중요하다. 이해하지 않고 훈련만 하면 잘못된 방향으로 나아가기 십상이다. 특히 마음은 추상적인 영역이기 때문에 정확한 이해가 뒷받침되지 않는다면 이 위대한 과학적 발견은 한낱 고행으로 전락하고 말 것이다. 앞서 설명한 것처럼 나는 내면의 작동 원리를 이해하기 위한 30가지 법칙을 정리했다. 이 법칙을 내면을 바라보는 중요한 전제로, 그리고 앞으로 진행할 훈련의 핵심 전제로 받아들이길 바란다.

한편, 변화는 결코 이해만으로는 일어나지 않는다. 실제로 마음이 힘든 사람들은 마음에 관한 온갖 정보를 수집하지만, 그들의 삶은 좀처럼 달라지지 않는다. 지식은 오히려 회피의 수단이 된다. 그들은 불편하거나 고통스러운 감정을 마주하고 싶지 않을 때, 논리적이고 이성적인 지식에 숨어 상황이나 감정의 원인을 분석하면서 시간을 허비한다.

아쉽게도 멋진 뇌과학이나 심리학 지식을 배운다고 해서 삶이 변하지는 않는다. 이 책에서는 그럴듯해 보이는 이론을 설명하는 데 조금의 지면도 할애하지 않았다. 나의 목표는 괴로움의 구렁텅이에 빠져 있는 당신의 삶에 변화를 만들어내는 것이지, 지적 회피처를 제공해 당신의 환심을 사는 것이 아니다. 변화를 위해서는 단순히 지식을 습득하는 것을 넘어 실제로 경험하고 훈련해야 한다. 이를 위해 나는 특정 법칙과 연계된 20개의 훈련법을 제시했다. 법칙을 이해했다면, 반드시 이어서 훈련을 해보길 바란다.

나의 관심은 오직 당신 삶의 변화에 있다. 당신이 디스턴싱을 쉽게 이해하고 훈련할 수 있도록 모든 내용을 최대한 평이한 언어로 풀어냈다. 하지만 한 가지 사실은 분명히 밝혀두고자 한다. 디스턴싱은 내가 새롭게 발견한 개념이 아니다. 디스턴싱은 임상적으로 약물 없이도 우울증과 불안장애를 해결한다고 알려진 다양한 방법을 체계적으로 정리하고, 보다 대중적인 관점으로 재구성한 것이다. 그중에서도 의학적으로 충분히 근거가 쌓인 방법들을 선별하여 활용했다. 여기에서 디스턴싱의 기원을 명확히 밝혀두고자 한다.

디스턴싱은 미국의 정신과 의사 에런 벡Aaron Beck의 인지행동치료CBT 이론에 큰 뿌리를 두고 있다. 특히 생각 자체를 의심하고 검토하는 작업은 인지행동치료의 위대한 발견들을 거의 그대로 차용했다. 한편 우리 내면에서 생각이 작동하는 원리에 대해서는 스티븐 헤이스Steven Hayes의 수용전념치료ACT를 광범위하게 참조했다. 그 과정에서 마음챙김의 임상적인 접근은 마크 윌리엄스Mark Williams, 존 티즈데일John Teasdale, 진델 시걸Zindel Segal의 마음챙김기반인지치료MBCT를 적극 활용했다. 가치를 개입시키는 부분에서는 역시나 수용전념치료를 적극 활용했으며, 그것의 실천적 방법론에서는 가장 단순하면서도 명쾌한 행동치료인 행동활성화BA를 참고했다. 한편 행동을 분석하고 경험을 타당화하는 접근에서는 마샤 리네한Marsha Linehan의 변증법적 행동치료DBT를 참고했다. 다른 치료법들에 비해 임상적인 근거가 충분히 쌓이진 않았지만 신체에 대한 알아차림을 통해 몸과 새로운 관계를 맺는 일에서는 팻 오그던Pat Ogden의 감각운동치료sensorimotor psychotherapy가 가장 진보적인 접근을 취하고 있었고, 이에 그녀의 접근을 일부 차용했다. 마지막으로 '나'를 이해하는 대목에서는 불이이원론non-dualism에 대한 신경생물학적, 철학적 관점을 채택했다. 사실 이 마지막 접근은 임상적으로 증명할 수 있는 개념은 아니지만 그럼에도 인지행동치료의 중요한 깨달음을 포괄하며 논리적 완결성을 유지하기 위한 최적의 선택이라고 판단했다. 자, 어려운 이야기는 여기까지다. 이제부터는 이런 이론을 들먹이는 데 지면을 할애하지 않겠다고 약속한다. 이제 오롯이 당신의 변화를 위한 이야기를 시작해 보자.

나는 디스턴싱이 사람들의 삶을 새로운 방향으로 전환시키는 장면을 숱하게 목격해 왔다. 부디 이 글이 당신의 삶에도 큰 전환점을 만들어낼 수 있기를 바란다. 약속하건대 마음을 열고 각각의 법칙을 받아들인다면 분명 많은 것이 바뀔 것이다. 오랜 고민과 괴로움에서 벗어나 더 충만하고 행복한 삶을 살 수도 있을 것이다. 마음속에 불편한 생각들이 떠올라도 그것과 별개로 자신이 원하는 방향으로 삶을 이끌어나갈 수 있을 것이다. 이는 스스로가 자유롭게 생각한다는 착각 속에서 만들어진 가짜 자유가 아닌 진정한 자유다. 주체적으로 삶을 선택해 나갈 수 있는 자유다. 평온하고 충만한 삶을 누릴 수 있는 자유다. 이 책은 당신에게 그 자유를 가져다 줄 것이다.

말도 안 되는 소리라고 생각되는가? 좋다. 이것 하나만 기억하길 바란다. 지금 그 생각은 사실이 아니다. 지금부터 그 이유를 설명해 보겠다.

차례

◇

1장	∶ 생각 ∶	생각과 거리두기

2장   : 감정 :   기꺼이 경험하기

3장　 : 행동 :　　　　　　　　　　　　　가치로 나아가기

1장 ： 생각 ：

생각과
거리두기

변화는 생각을 의심하는 일에서부터 시작된다. 당신은 마음속에 떠오른 생각이 항상 정확한 사실이라고 확신하는가? 당신의 생각을 엄격히 통제할 수 있다고 자신하는가? 나의 생각을 마치 남의 생각을 보듯 바라보는 연습을 하다 보면 이 두 질문에 대한 확신은 약해질 것이다. 생각은 부정확하고, 자동적으로 떠오르며, 심지어 '나'의 것도 아니다. 그런 생각과 거리를 둘 수 있다면 삶의 많은 부분이 달라진다. 이번 장에서는 생각과 거리를 두는 방법을 알아볼 것이다.

생각과 거리 두는 10가지 법칙

Distancing

1

'생각하는 나'는
착각이다

마음이 흔들리는 시기를 보내고 있는가? 꼬리에 꼬리를 무는 생각 때문에 괴로운가?

'나는 도대체 왜 이럴까?' '내가 지금보다 나아지지 않으면 어떡하지?'

나를 둘러싼 고민이 좀처럼 마음을 떠나지 않는가? 한 가지 비밀을 알려주겠다. 중요한 이야기이니 잘 기억하길 바란다.

'나'는 착각이다. 더 정확히 말해보겠다. '생각하는 나'는 착각일 뿐이다.

우리는 자신이 능동적으로 생각하며 살아간다고 믿는다. 매 순간 어떻게 생각하고 행동하는가는 온전히 스스로에게 달린 문제라고 느낀다. 지금 나는 자발적인 의지를 가지고 이 글을 적고 있다. 언제든

글쓰기를 멈출 수도 있다. 이는 어떤 모순도 없는 명백한 사실처럼 느껴진다.

하지만 이는 큰 착각이다. **'생각하는 나'는 착각이다. 생각은 그저 마음속에 나타날 뿐이다.** 이 법칙을 첫 번째로 제시하는 까닭이 있다. 자신이 능동적으로 생각하고 있다는 믿음이야말로 심리적인 괴로움을 만들어내기 때문이다. 만약 생각이 능동적인 행동의 결과라면, 우리는 자신의 생각에 책임을 질 수 있다. '나는 왜 이렇게 부정적인 생각만 하나?' '어떻게 해야 긍정적인 생각을 할 수 있는가?' 생각을 통제하려는 이와 같은 노력은 생각이 능동적이라는 전제하에서만 유효하다. 하지만 그 전제는 사실이 아니다.

한 가지 사고 실험을 해보자. 머릿속에서 짚신벌레를 떠올려 보라. 짚신벌레가 무엇인지 모르겠다면 물속에서 헤엄치는 단세포 동물을 상상하면 된다. 짚신벌레는 이리저리 방향을 바꿔가며 물 위를 유유히 헤엄치고 있다. 이때 짚신 벌레의 행동은 자신의 의지에 따른 것일까? 그는 자신이 나아갈 방향과 속도를 자유롭게 선택하고 있을까? '그걸 어떻게 알아. 짚신벌레가 돼봤어?' 만약 이런 생각이 든다면 앞의 질문을 명확한 진위가 아니라 그것이 얼마나 사실로서 받아들여지는지, 그 정도를 묻는 것으로 이해해도 좋다. 자, 짚신벌레는 자신의 의지대로 자유롭게 행동하고 있는가?

짚신벌레에게는 화학주성chemotaxis이라는 특성이 있다. 쉽게 말해 특정한 화학 물질을 향해 이동하는 성질이 있다는 뜻이다. 짚신벌레는 그저 특정한 화학 물질을 찾아 이동할 뿐이다. 그래서 과학자들은 짚신벌레의 이동 경로를 쉽게 예측할 수 있다. 화학 물질을 특정한 방식으로 배치함으로써 이동 경로를 조작하는 것도 가능하다.

여기까지 내용을 종합해 보면 짚신벌레는 결코 자신의 의지대로 행동하는 생명체가 아닌 것 같다. 짚신벌레 스스로는 어떻게 느낄지 몰라도, 우리가 가진 정보에 따르면 짚신벌레는 그저 외부 자극에 따라 움직이는 생명체일 뿐이다. "짚신벌레가 의지를 가지고 자유롭게 움직인다"라는 말은 우리에게 거의 사실로 받아들여지지 않는다.

개미는 어떤가? 개미는 자유롭게 행동하는 생명체인가? 개미는 페로몬이라는 화학 물질을 이용해 소통하고 이동한다. 개미가 페로몬을 따라 이동하는 방식은 짚신벌레의 경우보다는 훨씬 더 복잡하지만 뛰어난 과학자들의 업적으로 우리는 개미의 이동 경로를 거의 정확하게 예측할 수 있다. 그렇다면 적어도 이동 방식에 관한 한 개미 역시 외부 자극에 따라 움직이는 생명체일 뿐이다.

그렇다면 강아지는 어떨까? 아니, 우리 인간은? 과연 우리는 자유롭게 생각하고 행동하는 생명체일까? 다시 한번 상상해 보자. 매우 진보한 생명체인 외계인이 있다. 우리가 짚신벌레에 대해 온갖 정보를 아는 것처럼 이 외계인 또한 유전자, 신경세포의 작용, 유전자와 환경 사이의 관계 등 인간에 대해 모든 정보를 알고 있다. 외계인의 눈에 인간은 어떻게 보일까? 그저 외부 자극에 따라 생각하고 행동하는, 자유와는 거리가 먼 생명체로 보일 것이다.

생각을 더 작은 요소로 환원해 보면 이 사실은 더욱 분명해진다. 생각은 전두엽의 신경 발화에서 비롯한다. 생각이 심장 부근에 있는 영혼에서 나온다는 믿음은 더 이상 받아들여지지 않는다. 생각은 전두엽의 신경 발화로부터 시작하는 것이 틀림없다. 그렇다면 우리는 전두엽의 신경 발화를 조절할 수 있는가? 만약 그렇다면 다시 전두엽의 신경이 발화되도록 선택한 것은 누구인가? 그 의지는 어디에서 발생하는가? 또 다른 전두엽의 신경 발화인가? 이러한 설명은 끝없는 순환 논리일 뿐이다. '나'라는 세계의 시작을 찾는 것은 망망대해를 떠도는 것과 같다. 빅뱅 이전에 우주가 어떠했는지 논하는 일과 다르지 않다. 종교는 이를 설명하기 위해 신을 개입시키기도 하지만 영혼이나 신의 존재를 믿지 않는 이상 태초의 자유로운 생각을 설명할 수 없다. 생각은 의도를 가진 의식에서 비롯되지 않는다. 의지와 무관하게 마음속에 떠오를 뿐이다. 생각은 나의 능동적인 행동의 결과가 아니라, 그저 환경적 자극에 반응하여 우리 마음속에 떠오를 뿐이다.

이어질 책의 내용은 '생각하는 나'가 착각이라는 사실을 이해하기 위한 여정이 될 것이다. 이 사실을 진심으로 받아들일 수 있을 때 우리는 비로소 생각에 대한 생각을 시작할 수 있다. 우리를 괴롭히는 감정·감각·충동으로부터 한 걸음 물러날 수 있으며, 더 나아가 스스로를 속박하는 '나'라는 느낌에서 자유로워질 수 있다. 그렇게 우리를 괴롭혀 온 수많은 심리적 문제를 해결할 수 있다. 이 과정에는 영적이거나 형이상학적인 요소는 전혀 필요하지 않다. '의식은 어디에서 기원하는가?' '영혼이란 무엇인가?' 이와 같은 질문은 우리에게 실용적인 이점을 주지 못한다. 철학자 비트겐슈타인Ludwig Wittgenstein의 말처럼 말할 수 없는 것에 대해서는 침묵하는 편이 더 현명하다. 그 대신 나는 보다 쉽고 실용적인 측면에서 마음에 대해 이야기할 것이다.

자, 지금부터 디스턴싱을 통해 자신의 내면과 다시 관계를 맺는 방법에 대해 알아보자. 당신이 디스턴싱의 관점을 진정으로 수용하고 내면과 새로운 관계를 맺는다면 당신의 삶은 반드시 변화할 것이다. 지금은 의심하는 마음을 가져도 좋다. 그저 마음속에 그러한 생각이 떠올랐을 뿐이니까. 그 사실을 인지하고 다음 단계로 나아가면 된다.

생각은
자동적이다

'생각하는 나'는 착각이다. 생각은 그저 마음속에 나타날 뿐이다. 그런데 문제가 있다. 생각이 잘 정돈된 형태로 나타나지 않는다는 사실이다. 한 가지 간단한 실험을 해보자. 생각은 결코 생각만으로 이해할 수 없으며 직접 경험하는 게 중요하다. 그러니 반드시 따라 해보길 바란다.

지금부터 30초 동안 눈을 감는다. 그리고 아무 생각을 하지 않는다. 단 30초면 된다. 타이머를 이용해 시간을 맞춘 후 아무 생각 없이 가만히 있는 것이다. 자, 이제 시작하겠다. 30초. 눈을 감고 아무런 생각도 하지 않기.

어떤 일이 벌어졌는가? 아무 생각도 들지 않았나? 머릿속이 텅 빈 공간처럼 평화롭고 고요했나? 아마도 아닐 것이다. 처리해야 할 과제들이 떠올랐을지도 모른다. 지난 주말의 일을 회상했을 수도 있고, 얼마 전 동료가 했던 말이 머릿속을 스쳤을 수도 있다. 혹은 '대체 이걸 왜 해야 하지' '30초가 왜 이렇게 길지' '타이머가 울릴 때가 됐는데' '너무 지루하다'와 같이 생각했을 수도 있다. 어떤 경험을 했든 한 가지 사실만은 확실하다. 생각을 멈추는 일은 불가능하다. 생각이 능동적인 행위라면 멈추는 일 또한 가능했을 것이다. 하지만 방금 당신은 생각을 멈추지 못했다. 자유롭게 생각할 수 있다는 생각은 착각일 뿐이다. '생각하는 나'는 착각이다.

한편, 생각은 결코 규칙적으로 나타나지 않았다. 이런저런 생각이 무작위로, 두서없이 떠올랐을 것이다. 그래서 어떤 내용의 생각이, 어느 순간에 떠오를지 가늠하기란 불가능하다. 생각은 완전히 예측 불허다. 독심술은 명백한 거짓말이다. 인간은 자신의 마음조차 읽지 못하기 때문이다.

"생각하는 사람은 어떤 모습인가"라는 질문에 많은 이가 조각가 로댕Auguste Rodin의 '생각하는 사람'을 떠올린다. 의자에 앉아 한곳을 응시하며 골똘히 생각하는 이의 모습은 인간이 의도를 가지고 능동적으로 생각한다고 믿게 만든다. 하지만 이 믿음은 명백한 오류다.

이제 생각의 이미지를 바꿔보자. 여기 대안이 있다. 팝콘이다. 생각은 마치 팝콘과 같다. 이 비유를 잘 기억하길 바란다. 우리의 마음 속에는 커다란 팝콘 기계가 있다. 팝콘 기계 속 팝콘은 불규칙하게 튀어 오른다. '탁', '탁'. 언제 어느 방향으로 튀어 오를지 알 수 없다. 그저 적당한 온도, 습도, 그리고 압력에 따라 불규칙하게 튀어 오를 뿐이다. 인지치료의 선구자들은 '자동적 사고automatic thoughts'라는 표현도 썼다. 특정 상황에서 즉각적으로 떠오르는, 비자발적이고 무의식적인 사고라는 뜻이다.

생각은 정확히 이와 같이 작동한다. 그저 마음속에 불규칙하게 떠오를 뿐이다. 당시의 상황, 지나가며 들은 말, 과거의 기억, 어릴 적 경험, 심지어는 그날의 날씨에도 영향을 받아 제멋대로 떠오른다. '탁', '탁'.

이 비유는 특히 중요하다. 많은 사람이 '생각하는 나'는 착각이며 생각은 그저 마음속에 떠오르는 것임을 이해하더라도 여전히 생각을 '특정한 자극이 낳은 결과물' 정도로 여기기 때문이다. "그래, 생각은 외부의 자극 때문에 생겨나는 거구나. 뭐 어때."

하지만 실상은 이보다 훨씬 더 복잡하다. 단순한 자극의 결과물 정도를 넘어서, 생각은 정말로 팝콘 기계 속 팝콘과 같다. 팝콘 기계 바닥에는 수많은 옥수수가 널브러져 있다. 그중 어떤 것이 팝콘으로 튀어 오를지 예측할 수 있는가? 팝콘이 어떤 모습으로 만들어질지, 어느 방향으로 날아갈지 조금이라도 가늠할 수 있는가? 전혀 불가능하다. 생각도 꼭 이와 같다.

생각이 발생하는 과정은 마치 찰스 다윈이 이야기했던 자연선택과 유사하다. 수많은 정보가 동시에 우리 머릿속에 입력된다. 머릿속 시냅스들은 이 정보들을 두고 경쟁한다. 그중 가장 우위에 있는 생각이 선택되어 우리의 의식에 나타난다. 누군가의 의지가 개입할 영역은 없다. 내 뜻대로 팝콘 기계를 켜거나 끌 수도 없다. 자동적이고, 임의적이며, 즉각적이다 보니 그렇게 정교한 과정도 아니다.

생각하는 나는 착각이다. 생각은 마음속에 떠오를 뿐이다. 심지어 생각은 자동적으로 떠오른다. 우리가 이토록 수동적인 존재라는 사실을 받아들이긴 쉽지 않다. 그래서 대부분의 사람은 자신이 능동적으로 생각한다고 착각한다. 어떤 생각이 우리 마음속에서 일어난 즉시, 그 생각과 '나'를 동일시한다. 내가 만든 생각이니, 내 마음대로 할 수 있다고 믿는다. 모든 것은 생각하기에 달렸다며 마음속에 떠오르는 우울, 불안과 싸우기도 한다. 마음속에 떠오른 생각에 즉각적으로 반응하여 타인에게 불같이 화를 내기도 한다. 자신의 마음속에 어떤 생각이 떠오르는지, 아니, 생각이 떠오른다는 사실조차 인지하지 못한 채 말이다.

반면 몇몇 사람들은 이 사실을 알고 있었다. 뛰어난 종교 지도자들이 그랬고, 비트겐슈타인과 같은 위대한 철학자가 그랬으며, 스티브 잡스가 그랬다. 깊은 우울의 늪에서 벗어난 수많은 사람이 그랬고, 반복되는 공황의 굴레에서 빠져나오는 사람이 그랬다. 그 어떤 약물도 사용하지 않고 사람의 마음을 치료하는 방법을 발견해 낸 사람이 그랬고, 오랜 수행 끝에 깊은 깨달음을 얻고 괴로움을 벗어던진 사람이 그랬다.

당신이 이 사실을 믿지 않아도 어쩔 수 없다. "무슨 말도 안 되는 소리야. 나는 자유 의지를 가지고 생각하고 있는걸." 안타깝지만 그러한 생각이 마음속에 떠올랐을 뿐이다.

'탁', '탁'.

생각은 상징적
효과를 지닌다

생각은 자동적으로 우리 마음속에 떠오른다. 이 사실 자체는 문제가
아니다. 문제는 그러한 생각이 아주 강력한 효과를 지닌다는 사실이
다. 사고 실험을 계속해 보자. 다시 한번 강조하지만 생각만으로는 생
각을 이해할 수 없다. 경험적 지식을 하나씩 쌓아나가는 과정이 중요
하다. 그러니 반드시 실천해 보자.

　자, 지금부터 레몬을 상상해 보자. 매끄러운 표면의 아주 신선한
레몬이다. 노란색 껍질에는 물방울이 송글송글 맺혀 있다. 이번에는
칼을 이용해 레몬을 반으로 잘라보겠다. 투명한 노란빛의 과육이 드
러난다. 이제 레몬을 입으로 가져가 크게 한입 베어 물어 보자. 머뭇
거리지 말자. 어차피 상상이다. 상상 속에서 싱그러운 레몬을 아주 크
게 한 입 베어 문다. 만약 여기까지 직접 상상하지 않고 글을 읽었다

면 다음으로 넘어가기 전에 잠시 눈을 감고 위 과정을 머릿속에서 그려보자.

어떤가? 아마 실험을 제대로 했다면 입안에 침이 고였을 것이다. 양쪽 볼의 침샘에서 맑은 침이 분비되었을 것이다. 놀랍지 않은가? 우리는 레몬을 실제로 보지도, 만지지도, 먹지도 않았다. 냄새를 맡지도 않았다. 우리가 한 일은 그저 레몬을 머릿속으로 떠올린 것뿐이다. 하지만 우리의 신경과 호르몬은 상상 속 레몬에 반응했고, 침샘은 자연스럽게 침을 분비했다. 우리의 몸은 실제와 환상을 구분하지 못하는 걸까?

만약 상상력이 부족해 실험을 제대로 하지 못했다면 인터넷에서 레몬 사진을 검색해 위의 실험을 그대로 시행해 보길 바란다. 아마 입안에 침이 고였을 것이다. 정말이지, 이상하지 않은가?

우리가 보고 있는 건 사실 노란색 픽셀일 뿐이다. 레몬은 실재하지 않는다. 하지만 몸은 그 사실을 알지 못하는 것 같다. 어쩌면 나의 몸뿐만 아니라 '나' 자신조차 레몬이 지금 여기 없다는 사실을 모르는 건 아닐까? "생각하는 나는 착각이다"라는 법칙을 떠올려 보면 그럴 가능성도 충분해 보인다.

이처럼 생각은 상징적 효과를 지닌다. 인간은 생각만으로도 무언가를 실제처럼 느끼고, 경험하고, 추론할 수 있다. 이는 인간이 진화를 통해 얻은 고유한 능력이다. 우리는 어떤 이름을 듣기만 해도, 어떤 이미지를 보기만 해도, 심지어 특정한 생각을 하기만 해도 그 대상이 눈앞에 있는 것처럼 생생하게 경험할 수 있다. 우리에게 생각은 그저 마음속의 사건이 아닌 명백한 정신적 실재로 경험된다. 우리는 내면에서 벌어지는 정신적 사건이 마치 외부 세계에서 일어나는 사건인 듯 반응한다. 생각이 실로 유용한 건 이러한 이유 때문이다.

이제 한 가지 실험을 더 해보겠다. 내 경험상 사람들은 이 실험을 이전 실험들보다 더 대충 하려는 경향이 있다. 스스로가 바보처럼 느껴지기 때문이다. 하지만 이는 아주 중요한 실험이니 반드시 따라 해보길 바란다. 자, 이제 눈을 감고 레몬이라는 단어를 30초 동안 반복해서 빠르게 말해보자. "레몬, 레몬, 레몬, 레몬, 레몬, 레몬…" 소리를 내서 말해야 한다. 바보 같아 보일까 봐 부끄럽다면 혼자만의 공간에서 해봐도 괜찮다. 따라 하기만 하면 된다. 당신에겐 아주 중요한 경험적 지식이 생길 테니. 자, 시작해 보자. 30초다. 레몬. 반복해서. 빠르게. 소리 내서.

자, 이제 레몬을 떠올려 보자. 어떤가? 지금 당신의 머릿속 레몬이 이전에 상상했던 레몬만큼 강렬한가? 침샘에서 침이 흘러나오는가? 그렇지 않을 것이다. 레몬이라는 단어는 동일하게 존재하지만, 단어의 상징적 효과는 매우 약화되었을 것이다. 이처럼 **생각은 상징적 효과를 지니지만, 생각과 효과의 관계는 아주 임의적**이다. 우리는 방금 아주 간단한 방법으로 생각과 효과의 연결 고리를 끊어냈고, 그러자 생각은 곧바로 상징성을 잃고 말았다. 우리가 그토록 괴로워하고, 떨쳐내려고 노력하고, 안간힘을 써서 바꿔보려던 생각은 기껏해야 이런 모습이다.

더 구체적으로 생각에 대한 생각을 해보자. 마지막 사고 실험이다. 지금까지 당신이 경험한 일 중 가장 부끄러운 순간이나 최근에 겪은 아주 괴로운 사건을 떠올려 보라. 장면이 구체적일수록 좋다. 그때 나의 모습, 행동, 생각, 그리고 감정까지 세세하게 떠올려 보자.

어땠는가? 아마 과거에 느꼈던 것과 비슷한 부끄러움이나 괴로움이 밀려왔을 것이다. 누군가는 그 감정을 견디지 못하고 책을 덮어버렸을지도 모른다. 이상하지 않은가? 어떤 사건도 실제로 일어나지 않았다. 우리가 한 일은 기껏해야 흰 종이 위의 검은 글씨를 바라본 것뿐이다. 그런데도 생각은 순식간에 정신적 실재가 됐다. 그리고 우리는 그 정신적 실재에 강하게 반응하고 말았다.

무작위적으로 튀어 오른 생각에 강력한 상징적 효과가 있다는 사실은 우리에게 큰 위협이 된다. 이 작용 때문에 이미 지나간 과거가 때로 지금 이 순간의 우울이 된다. 어쩌면 영영 발생하지 않을 먼 미래의 사건이 이따금 지금 이 순간의 불안이 되기도 한다. 이처럼 우리는 자신이 상상의 세계를 정신적 실재로 만든다는 사실을 알아차리지 못한 채 그러한 세계와 상호작용한다. 생각이 실로 유용하지 않은 건 이런 이유에서다.

자, 이제 난관에 봉착했다. '생각하는 나'는 착각이다. 생각은 자동적이다. 심지어 생각은 상징적 효과를 지닌다. 이제 어떻게 해야 할까? 마구잡이로 떠오르는 생각 앞에 손 놓고 있어야 할까? 아니다. 분명한 해결책이 있다. 바로 **생각과의 관계를 바꾸는 것이다. 강조하건대, 생각을 통제하는 것이 아니다. 오직 생각과 관계 맺는 방식을 변화시킨다.** 이것이 디스턴싱의 궁극적인 목표다. 자기 자신의 생각을 알아차리고, 그 생각과 거리를 둔 채 원하는 곳에 주의를 두며, 새로운 선택을 한다. 이와 같은 디스턴싱의 원리를 훈련한다면 당신은 분명 당신의 삶에서 많은 것을 바꿀 수 있을 것이다.

"뭐래? 생각은 내가 하는 거야. 나는 어떤 생각이 떠오르든 별로 영향을 받지 않아." 아직도 이렇게 생각하는가? 레몬, 레몬, 레몬… 정말로 영향을 받지 않는가? 아닐 것이다. 그와 같은 부정적인 생각이 강하게 일었다는 사실을 염두에 두고 다음 단계로 나아가자.

4

생각과 거리가 가까울 때
문제가 발생한다

'생각하는 나'는 착각이다. 생각은 자동적이다. 심지어 그러한 생각은 상징적 효과를 지닌다. 우리의 괴로움은 주로 이 지점에서 발생한다. '나는 왜 이 모양일까?' '저 사람은 왜 저런 식으로 말하지?' '내가 잘 할 수 있을까?' '나는 왜 남들처럼 행복하지 못할까?' '나는 왜 이렇게 무능한 거지?' '왜 나에게 이런 일이 벌어진 걸까?' '그때 그렇게 행동 하지 않았더라면.' '그때 내가 다른 선택을 했더라면.'

　누구나 살면서 한 번은 경험하는 이런 생각은 우리를 괴롭게 한다. 자기 의심, 불안, 후회, 상황 또는 타인에 대한 분노, 자책. 이런 생각들은 마음속에 떠오르자마자 강력한 '레몬'으로 작용한다. 마치 침샘에서 침이 분비되어 입안으로 퍼지듯이 우리 마음속에는 괴로움이 퍼진다.

많은 이들은 이 생각을 교정하거나 더 좋은 것으로 대체하려고 애쓴다. "아니야. 더 좋게 생각하자." "긍정적으로 생각해." "이게 더 올바른 마음가짐이야." 이런 방식으로 마음을 잘 다스릴 수 있다면 이쯤에서 책 읽기를 중단하고 그 방식을 계속 고수해도 좋다.

하지만 어떤 이들은 이 방식으로는 도저히 마음을 다스릴 수 없다는 사실을 깨달았을 것이다. 그럼에도 여전히 과거의 방식을 고수하는 이들에게 나는 묻고 싶다. 그 방법은 이미 많이 시도해 보지 않았는가? 이제부터는 그 방식이 왜 효과적이지 않은지 설명하고, 더 근본적인 차원에서 문제를 바라보려 한다.

가장 큰 문제는 생각과의 거리가 너무 가깝다는 것이다. 우리는 마음속에서 튀어 오르는 팝콘을 너무 가까이에서 바라본다. 팝콘은 레몬처럼 즉각 우리 마음에 온갖 감정을 불러일으킨다. 우리는 그중 마음에 드는 팝콘을 선택하려 하고, 내키지 않는 팝콘은 어떻게든 치워버리려고 애쓴다. 하지만 당신이 이미 알고 있는 것처럼 이런 시도는 대부분 뜻대로 되지 않는다. 때로는 그 과정 자체가 더 괴롭게 느껴지기도 한다.

그래서 나는 다른 방식을 제안한다. 팝콘을 바꾸려 하는 대신 한 걸음 떨어져서 바라보는 것이다. 즉, '팝콘과 나 사이에 일정한 거리를 둔다.' '팝콘과 새로운 관계를 맺는다.' '거리를 두고 생각을 바라본다.'

이해를 돕기 위해 한 가지 실험을 해보자. 역시나 직접 해봐야 한다. 이번 실험의 도구는 휴대폰이다. 휴대폰을 눈 바로 앞까지 가져간

후 화면 속 글자들을 읽어보라. 두 눈을 크게 뜨고 10초 동안 바라보자. 어땠나? 잘 읽혔는가? 아닐 것이다. 액정의 밝은 빛 때문에 눈이 아프고 눈물이 찔끔 났을지도 모른다.

그렇다면 한 번 더. 이번에는 휴대폰을 눈에서 충분히 떨어뜨린 후 글자를 읽어보자. 어떤가? 아마 더 편안하게 잘 읽혔을 것이다. 문제는 휴대폰이 아니다. 휴대폰과의 거리다. 휴대폰을 바꿔야 한다고("더 좋은 생각을 해"), 없애야 한다고("부정적인 생각을 하지 마"), 또는 사실 휴대폰이란 존재하지 않는다고("사실 그건 별 문제가 아니야") 주장하는 게 아니다. 그저 거리를 두고 바라볼 때 생각의 내용을 더 선명하게 알아차릴 수 있고 그 영향에서도 어느 정도 자유로워질 수 있다는 말이다. 만약 우리가 생각에 대해서도 정확히 똑같이 반응하고 있다면 어떨까? 눈앞에 생각을 가져다 두고 잘 보이지 않는다며, 어떻게 해야 할지 모르겠다며 애쓰다가 눈물을 찔끔 흘리기를 반복하고 있는 건 아닐까?

생각과 새로운 관계를 맺는다는 건 이런 식의 지난한 싸움을 그만두기로 결심하는 일이다. 어떤 우울감이나 불안감도 완전히 사라지기는 어렵다. 그런 일이 일어날 거라고는 약속할 수 없다. 하지만 괜찮다. 왜냐하면 우울감이나 불안감은 그 자체로는 위험하지 않기 때문이다. 위험한 것은 생각을 가까운 거리에서 바라보고 마치 그것을 사실처럼 받아들이는 일이다.

디스턴싱은 다른 방식으로 마음의 평화를, 더 유연하고 단단한 내면을 얻고자 한다. 이 방식은 '생각과의 전쟁'을 더 잘 해내도록 돕지 않는다. 부정적인 생각을 없애고 긍정적인 생각으로 가득 채우려 하지 않는다. 대신, 그 전쟁터를 떠날 수 있도록 안내한다.

다시 말하지만 생각을 바꾸는 것이 아니다. 특정한 생각으로 내면을 가득 채우는 것도 아니다. 생각과 '나' 사이에 공간감을 만드는 것이 중요하다. 이 점을 반드시 이해해야 한다. 우리의 주제는 생각에서 보는look from thought 것이 아니라 생각을 보는look at thought 것이다. 디스턴싱은 생각을 '나'로 받아들이는 습관을 벗어던지고 생각을 그저 생각으로 바라볼 수 있도록 돕는다. 생각과의 거리감을 만들어준다. 이 연습을 통해 나의 생각을 마치 다른 사람의 생각을 보듯 바라보고, 생각을 그저 생각으로서 받아들일 수 있다면, 설령 생각이 팝콘처럼 떠오르더라도 아무런 효과가 없게 만들 수 있다. 그래서 목표는 생각의 내용이 아니라 생각과의 관계다. 우리의 의제가 생각 그 자체가 아니라 생각과의 관계임을 이해하지 못하면 이후 이어지는 설명들은 아무런 소용이 없을 것이다.

생각과 거리가 가깝다는 것은 말 그대로 생각을 너무 가까이에서 바라본다는 뜻이다. 한 인지치료 학파에서는 이를 '인지 왜곡cognitive distortion'이라고 표현했다. 이는 '잘못된 생각'을 가지고 있다는 뜻이 결코 아니다. 왜곡의 대상은 생각의 내용이 아니라 아니라 우리가 생각과 맺는 관계다. 우리의 편향된 시각이다.

우울증에 걸린 사람은 아주 편협한 시각을 가지게 된다. 그들은 미래가 아주 암담하며 자신은 한없이 부족하고 취약하다고 느낀다. 우울증 환자의 마음속에 애초에 우울한 생각만 떠오르는 것은 아니다. 세상이 그들에게 다양하게 자극을 제공하는 만큼 그들의 마음에도 다양한 생각이 떠오른다. 문제는 그들이 줄곧 특정한 종류의 생각에만 주의를 기울인다는 데 있다. 그들은 이미 생각과의 거리가 너무 가까워서 다른 팝콘들은 전혀 고려하지 못한다. 그저 마음속에 떠오르는 생각들을 아주 명백한 사실로 받아들일 뿐이다. 그들에게 마음속 우울한 생각은 하나의 가능성, 혹은 한 가지 심리적 사건이라기보다는 명백한 사실에 가깝다. 조현병 환자는 누군가 자신을 해치려 한다거나 감시, 추적하고 있다는 망상을 하나의 가능성이 아니라 반박할 수 없는 진리처럼 받아들인다. 정도만 다를 뿐 모두 생각과 거리가 가까워서 발생한 문제들이다.

다른 인지치료 학파에서는 이와 같은 현상을 '융합fusion'이라고 표현한다. 생각과 자신을 찰떡같이 융합시켜 '생각이 곧 나'라고 믿어버린다는 뜻이다. 표현만 다를 뿐 같은 이야기다. 생각과 거리가 너무 가까운 것이 문제다.

문제를 해결하려면 제대로 인식하는 것부터 시작해야 한다. 지금까지 당신의 관심사는 생각의 내용이었다. 부정적인 생각이었다. 더 나은 생각이었다. 더 좋은 방향으로 생각하는 법이었다. 하지만 그것들은 큰 문제가 아니다. 더 큰 문제는 우리가 생각을 지나치게 밀착해서 바라보며 그것들을 제압하려고 고군분투한다는 점이다. 한 걸음

떨어져서 생각을 바라보면 전혀 다른 관점이 열린다. 생각을 '나' 자신과 동일시하지 않을 수 있다. 마음속에 어떤 생각이 떠오르든 그것에 반응하지 않을 수 있다. 우리의 목표가 생각과 새로운 관계를 맺는 것임을 꼭 기억하길 바란다. '생각과 거리두기'라는 표현 또한 내용이 아니라 관계 측면에서 받아들이고 이해하길 바란다.

생각과 거리두기.

생각과 다시 관계 맺기.

생각을 '나'와 동일시하지 않기.

5

생각은 '꾸러미'로
떠오른다

'나'가 능동적으로 생각한다는 믿음은 단단한 착각이다. 생각은 우리 마음속에 자동적으로 떠올라 상징적 효과를 발휘할 뿐이다. 하지만 대다수의 사람은 이를 깨닫지 못하고 생각을 '나' 자신과 동일시한다.

이제 우리는 생각과 거리를 두어야 한다는 사실을 알게 됐다. 그런데 거리를 두려고 생각을 관찰하다 보면 한 가지 현상을 발견하게 된다. **생각, 감정, 신체 감각이 하나의 꾸러미처럼 통합되어 마음속에 떠오르는 것이다.** 물론 가벼운 생각들은 그저 단편적으로 보인다. '이따 밥 뭐 먹지?' '오늘 피곤하네.' 이런 생각들과는 거리를 두기도 어렵지 않다.

하지만 우리를 괴롭히는 생각들은 그렇게 간단하지 않다. '이번 프로젝트는 내가 다 망쳤어.' 이런 생각이 마음속에 떠오르면, 곧바로 강렬한 감정이 뒤따른다. 죄책감, 후회, 미련, 분노, 슬픔, 자괴감 등이다. 때론 강렬한 신체 감각이 동반될 때도 있다. 두통이 찾아오고, 가슴이 답답해지고, 호흡이 가빠진다. '다 그만둘까?' '퇴사하고 싶어.' 와 같이 특정한 행동을 하고 싶은 충동이 생긴다.

이처럼 생각은 감정, 감각과 함께 하나의 꾸러미처럼 떠오른다. 강렬한 감정을 마주했을 때에는 특히 그렇다. 이해를 돕기 위해 〈그림 1〉을 살펴보자. 지금부터 '나' '마음' '생각', 이 세 가지 용어를 조금 더 정확하게 사용할 것이다. 그림의 내용처럼 생각은 마음속에 떠오른다. '나'는 그러한 마음을 바라보고 있다. '나'는 생각이 아니다. '나'는 마음을 바라보고, 생각은 마음속에 떠오를 뿐이다. * 이때 마음속에 튀어 오르는 건 비단 생각만이 아니다. 다양한 감정, 감각, 행동이 생각과 함께 떠오른다. 마치 하나의 꾸러미 같다.

이 꾸러미 속 생각, 감정, 감각, 행동(혹은 행동하려는 충동)은 서로 영향을 주고받는다. 생각이 감정을 만들기도 하고, 감정이 생각을 만들기도 한다. 특정 감각 때문에 부정적인 생각이 떠오르기도 하고, 부정적인 생각이 불쾌한 감각을 만들어내기도 한다. 여러 요소가 꾸러미 안에서 얽히고설켜 있다.

●   어떤 독자들은 이쯤에서 "그렇다면 '나'는 도대체 뭔데?"라는 의문을 가질 수 있다. 이 의문에 대해서는 곧 아주 깊게 다룰 기회가 있다. 우선은 '나'가 생각이 아니라는 점, 생각이 마음속에 떠오르는 많은 요소 중 하나라는 점만 기억해 두길 바란다.

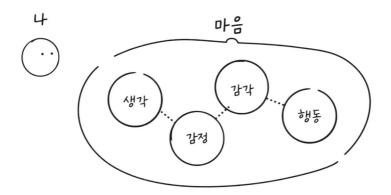

<그림 1> 마음속에는 생각, 감정, 감각, 행동이 '꾸러미'로 떠오른다.

바로 이런 특성 때문에 생각을 생각으로 바라보는 일이 더욱 어려워진다. 생각은 감정, 감각과 합쳐져 또렷한 정신적 실재처럼 느껴진다. '생각하는 나는 착각이다'라는 법칙도 기억나지 않는다. 생각과의 거리는 아주 가까워져서 마음속에 떠오르는 생각이 '나' 자신인 것처럼, 명백히 눈앞에 존재하는 것처럼 느껴진다. 그렇게 생각과 거리를 두는 일은 요원해진다.

따라서 우리는 '꾸러미'를 각각의 개별 요소로 해체하여 바라보는 능력을 길러야 한다. 부정적인 내적 경험을 개별 요소로 해체하여 분석하는 이 과정을 '분리하기segmentation'라고 한다. 수많은 심리치료 기법에서 임상적으로 증명된 기술이다. 복잡하게 꼬인 문제는 풀기 어렵다. 반면 구성 요소들 사이의 경계가 명확하고 그 내용이 명료하다면 문제를 받아들이기도, 풀기도 훨씬 수월하다. 분리하기는 내면을 다루는 가장 기본적인 능력인 셈이다.

방법은 간단하다. 부정적이거나 긍정적인 심리적 경험을 마주할 때 개별 요소로 분리해 보는 것이다. 이 개별 요소에는 앞서 언급한 생각, 감정, 감각, 행동/충동 외에도 한 가지 요소가 더 있다. 바로 상황이다. 〈그림 2〉를 살펴보자. 우리 내면에서 벌어지는 대부분의 일은 어떤 상황에 대응해 생겨난다. 우리는 '객관적인 상황'에 '주관적으로 반응'한다. 이 반응에는 생각, 감정, 감각, 행동/충동이 포함된다.

꾸러미를 해체하기 위해서는 객관적인 상황과 주관적인 반응을 잘 분리해야 한다. 이 과정은 머릿속으로만 하기보다는 실제로 적어가며 하는 것이 더 효과적이다. 휴대폰의 메모장을 활용하는 것도 좋은 방법이다. 각각의 요소는 최대한 자세히 적을수록 좋다. 마치 자기 자신

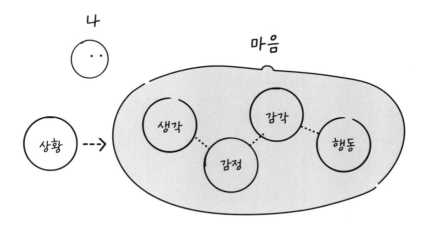

〈그림 2〉 우리는 객관적인 상황에 주관적으로 반응한다.

에 대한 관찰자가 된 것처럼 호기심을 가지고 꾸러미 속 상황·생각·
감정·감각·행동이 어떻게 뒤섞여 있는지 관찰해 본다. 지금 이 순간
글을 쓰고 있는 나의 예시를 들어보겠다.

> **상황:** '생각은 꾸러미로 떠오른다'는 다섯 번째 법칙에 대한 글을 쓰고 있음.
>
> **생각:** 왜 이렇게 표현이 추상적이지? 좀 더 좋은 표현은 없을까? 독자들이 이
> 해하지 못하면 어쩌지?
>
> **감정:** 답답함, 불안함, 초조함.
>
> **감각:** 머리가 아픔, 가슴이 답답함.
>
> **행동/충동:** 글 쓰는 것을 중단하고 그냥 침대에 눕고 싶었음(하지만 그러진 않
> 았음).

이와 같은 식으로 내적 경험을 개별 요소로 분리하면 상황을 더 객
관적으로 바라볼 수 있다. 자신의 생각을 더 또렷하게 인지할 수 있
고, 알아차리지 못했지만 과하게 부풀려졌거나 왜곡되었던 생각을 발
견할 수 있다. 그 결과 충동적인 행동을 막을 수도 있게 된다.

스트레스나 압박감이 그렇게 심각하지 않다면 혼자서도 이 과정을
잘 해낼 수 있을 것이다. 그보다 더 깊은 수준의 우울이나 불안을 겪
고 있다면 다른 이의 도움이 필요할지도 모른다. 예를 들어 정신건강
전문가는 다음과 같이 대화를 이끌며 내면의 생각을 찾는 데에 도움
을 줄 수 있다.

의사: 독자들이 글을 이해하지 못하면 어떨 것 같나요? 어떤 점을 걱정하고 계세요?

나: 제 글이 형편없거나 지루하다고 생각하고 관심을 주지 않을 것 같아요.

의사: 관심을 받지 못한다는 건 무슨 의미이기에 그렇게 나쁜 걸까요?

나: 제가 좋은 글을 쓰는 데에 실패했다는 걸 뜻하죠. 시간과 에너지를 허비한 셈이고요.

변화와 성장은 언제나 제대로 된 자각에서부터 시작한다. 복잡한 상황이나 불쾌한 감정을 걷어내면 생각 그 자체만 인지하고 받아들이기가 한결 수월해진다. 그렇게 생각과 거리두기를 시작하게 된다.

우리는 이제 내면을 다루는 첫 번째 기술을 배웠다. 분리하기를 통해 꾸러미를 해체하는 것이다. 당신이 이 연습을 더 잘할 수 있도록 이어지는 훈련 1에 몇 가지 유용한 팁을 적어두었으니, 반드시 직접 연습해 보길 바란다. 이 연습만 꾸준히 해도 디스턴싱을 제법 잘 실천할 수 있다. 물론 이것이 전부는 아니다. 우리가 이해해야 할 중요한 법칙들이 많이 남았다. 서둘러 다음 법칙들을 살펴보자.

생각 분리하기

기억할 법칙	• 생각은 자동적이다. • 생각은 '꾸러미'로 떠오른다.
목표	마음속에 자동적으로 떠오르는 꾸러미를 개별 요소로 분리한다.
방법	긍정적이든 부정적이든 강렬한 경험을 마주했을 때, 이를 객관적인 상황과 주관적인 반응(생각, 감정, 감각, 행동/충동)으로 분리해 기록해 본다.

상황	객관적인 상황만 적는다.
생각	주관적인 나의 해석, 판단, 평가를 적는다.
감정	그 순간 느껴지는 감정을 적는다.
감각	그 순간 느껴지는 신체 감각을 적는다.
행동/충동	결과적으로 어떻게 행동했는지, 또는 어떻게 행동하고 싶은 충동이 들었는지 적는다.

마음속에서 마주하는 경험

'진짜 짜증 난다. 쟤는 왜 내가 부탁하는 것마다 거절하지? 한두 번도 아니고. 내가 만만한가? 아니면 내가 지난번에 실수해서 그런가. 아무리 그래도 그렇지. 저렇게까지 거절할 일인가. 아, 머리 아파. 가슴이 답답하다. 그냥 제안 자체를 하지 말까? 시위하듯 입 다물고 있어 볼까?'

개별 요소로 분리한 경험

- **상황**: 내가 제안한 프로젝트를 동료가 거절함.
- **생각**: 동료는 내 부탁을 다 거절한다, 동료는 나를 만만하게 생각한다, 내가 지난번에 한 실수 때문이다.
- **감정**: 분노, 짜증.
- **감각**: 머리가 아프고 가슴이 답답함.
- **행동/충동**: 더 이상 제안 자체를 하지 않고 입 다물고 싶은 충동을 느낌.

- 많은 사람이 '주관적인 생각'과 '객관적인 상황'을 분리하기를 어려워하고, 객관적인 상황 부분에 주관적인 생각을 적곤 한다. 객관적인 상황 부분에는 '벌어진 일을 사실 그대로 기술'하는 데에 집중하자.
- '상황'은 객관적이어야 한다. 하지만 반드시 외적인 사건만 상황에 해당하는 건 아니다. 내적인 사건도 상황이 될 수 있다. 예를 들어 "자다가 눈을 떴는데 어제 회사 미팅 장면이 떠올랐다" "출근길 만원 버스에서 답답함을 느꼈다"와 같이 내면에서 벌어지는 일도 상황이 될 수 있다. 중요한 건 나의 반응을 만들어내는 기폭제가 무엇인지 알아채는 것이다.
- '생각' 부분은 자유롭게 적어도 좋다. 하지만 이 과정이 감정을 토로하기 위함이 아님을 분명히 기억하자. 많은 사람이 생각 부분에 자신의 감정을 하염없이 털어놓는 식으로 기록한다. 물론 감정 배

출도 일정 부분 효과가 있을 수 있지만 이는 기록을 통해 생각을 반복해 곱씹는 것과 비슷하다. 그 순간 나의 감정에 가장 큰 영향을 미치는 핵심 생각을 한두 문장, 또는 두세 문장 정도로 간결하게 적는 것이 좋다.

- '감정' 부분 또한 자유롭게 기술한다. 단, 많은 사람이 감정을 어떻게 표현해야 할지 모른다. 그렇다면 인터넷에 '감정 단어'를 검색하거나 훈련 11의 '감정 어휘 습득하기'의 내용을 참고해 다양한 예시를 익히고 감정을 표현하는 능력을 길러보자.

- '감각' 부분에는 많은 사람이 '별 반응 없었음'이라고 적는다. 하지만 자세히 관찰해 보면 신체는 분명 생각과 감정에 연동되어 반응한다. 가슴이 답답한지, 머리가 지끈거리는지, 어깨에 힘이 들어가는지, 다리가 방어적인 자세로 꼬여서 무릎 뒤쪽에 놓이는지, 심장이 빨리 뛰는지, 호흡이 답답한지 등을 자세히 들여다보면 생각보다 많은 신체 감각을 확인할 수 있을 것이다.

- '행동/충동' 부분은 "그래서 결과적으로는 이렇게 행동했다(또는 행동하고 싶었다)"라는 내용에 해당하는 문장을 적으면 된다.

주의는 '나'의
의도다

자동적이고 상징적인 생각으로부터 영향을 받지 않으려면 생각과 거리를 둘 수 있어야 한다. 문제는 생각이 '꾸러미'로 떠오른다는 것이다. 우리는 생각, 감정, 감각, 행동/충동이 뒤엉킨 소용돌이를 마주하게 된다. 그래서 우리는 생각을 그저 생각으로 바라보지 못한다.

우리 대부분은 이 꾸러미를 모호하고 추상적인 형태로 받아들인다. 즉, 우리는 꾸러미 속 생각, 감정, 감각, 행동/충동의 구체적인 특징이나 차이를 명확하게 인식하지 못한다. 그저 다양한 요소 사이를 정신없이 왔다 갔다 할 뿐이다. 분리하기를 실천하려던 사람들은 이내 다음과 같이 말하곤 한다. "뭔가 특별한 생각을 한 건 아닌데…" "무슨 감정을 느꼈다고 해야 하지. 그냥 싫었던 건데…" "신체 감각? 그런 건 잘 모르겠는데…" "별다르게 행동한 건 없어." 하지만 이들 중

상당수는 자신의 마음을 자세히 들여다본 후 마음속에 제법 명확하고 구체적인 생각, 감정, 감각, 행동/충동이 떠올랐었다는 사실을 깨닫고 놀라곤 한다.

마음속 요소들을 섬세하게 인지하기란 왜 이렇게 힘들까? 인간의 의식이 본래 산만하기 때문이다. 이는 당신의 잘못이 아니다. 우리가 태어나기를 그렇게 태어난 탓이다. 우리에게는 처음부터 주의를 집중하는 능력이 부족했다.

간단한 실험을 해보자. 잠시 눈을 감고 호흡에만 집중하는 것이다. 코와 입을 통해 숨이 드나드는 것을 가만히 관찰해 보라. 다른 생각에 정신을 빼앗기지 말고, 그저 호흡이 어떤지만 살펴보라. 들숨과 날숨이 한 번 반복될 때마다 숫자를 세며 호흡을 연속적으로 몇 번이나 관찰할 수 있는지 실험해 보라. 지금 해보자.

자, 어땠는가? 아마 쉽지 않았을 것이다. 대부분의 사람은 10번을 넘기지 못한다. 시작한 지 몇 초가 지나지 않아 다른 곳에 주위를 뺏기고 만다. 우리 마음속에는 호흡이 아닌 오만 가지 생각 팝콘들이 튀어 오르고, 우리의 주의는 무의식적으로 그것을 따라간다. 팝콘의 정체가 무엇인지도 모른 채 무작정 그 뒤를 쫓는다.

이 문제는 최근 들어 전체 인구 수준에서 본격적으로 악화되고 있다. 우리 주변에는 주의를 빼앗는 요소가 넘쳐난다. 손가락의 움직임 한 번이면 끊임없이 새로운 콘텐츠가 눈앞에 펼쳐진다. SNS 속 자극적인 이야기와 유튜브의 짧은 영상은 심리학적으로 정교하게 설계된 장치들이다. 인간의 산만한 주의를 순간적으로 낚아채기 위해 행동주의의 원리를 기반으로 치밀하게 디자인된 것이다. 이런 환경에 익숙해진 우리는 점점 더 주의력을 잃어가고 있다. 우리는 이유 없이 메일함을 확인하고, 습관적으로 휴대폰을 만지작거린다. 유튜브를 켰다가 메신저를 확인하고, 다시 포털사이트를 뒤적이는 등 무의식적으로 산만한 행동을 반복한다. 이 같은 반복은 우리의 마음을 한없이 약화시킨다.

그러나 주의는 분명 통제할 수 있다. 주의는 '나'의 의도다. 즉, 주의란 마음속에 떠오른 수많은 정보 중에서 어떤 정보를 의식에 포착할지를 '나'의 입장에서 선택하는 것이다. 주의는 마치 손전등과 같다. 마음속 특정 대상을 밝게 비추는 동안 다른 것들은 어둠 속에 남겨진다.

〈그림 3〉처럼 '나'는 마음속에 떠오르는 다양한 생각, 감정, 감각, 행동/충동 중 원하는 곳에 주의를 집중할 수 있다. 물론 마음속에 무엇이 떠오를지는 모른다. 팝콘 기계의 주인은 '나'가 아니다. 원치 않는 팝콘을 없애려고 애쓰거나, 특정 팝콘이 튀어 오르지 않도록 막으려는 시도는 현명하지 않다. 하지만 어떤 팝콘에 주의를 기울일 것인가는 선택할 수 있다. 그것을 자각하고 붙잡아 둘지 아니면 놓아줄지는 온전히 우리의 선택에 달렸다. 중요한 것은 마음속에 무엇이든 떠오를 수 있다는 사실을 인정하고, 내가 원하는 곳에 주의를 머물게 하는 것이다. 변화는 우리가 손전등을 쥐고 있다는 사실을 깨닫는 순간 시작된다.

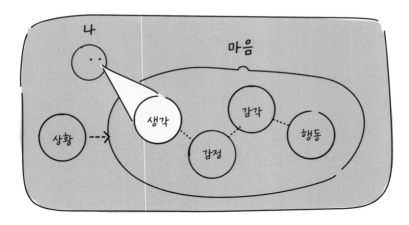

<그림 3> 주의는 '나'가 마음을 향해 비추는 손전등과 같다.

손전등을 비추듯 우리가 특정한 자극에 선택적으로 주의를 기울이고 그 대상을 인지하는 것을 '알아차림awareness'이라고 한다. 알아차림이란 '나'의 입장에서 마음속에 떠오르는 경험들을 명료하게 자각하는 일이다. 이를 통해 우리는 마음속에 어떤 생각, 감정, 감각, 행동/충동이 떠오르는지 알아차릴 수 있다. 자신이 특정한 생각을 끊임없이 곱씹는다는 사실, 특정 감정에 과도하게 반응한다는 사실도 알아차릴 수 있다. 그로 인해 신체가 어떤 감각을 느끼고, 어떤 모습을 하고 있는지 알아차릴 수 있으며, 반사적으로 행동하기 전에 그 충동을 포착할 수도 있다. 이처럼 알아차림은 우리가 마음속에 떠오르는 모든 것들에 기계적으로 반응하지 않도록 도와준다. 결과적으로 우리는 다른 선택을 할 자유를 얻게 된다.

알아차림을 잘 실행하기 위해서는 섬세한 주의력이 요구된다. 우리는 선택적 주의selective attention 능력을 함양할 필요가 있다. 의도와 목적을 가지고 특정 자극에 주의를 선택적으로 고정할 수 있는 능력은 마음의 변화를 이끄는 핵심 중 하나다. 우리는 내면에서 벌어지는 일을 통제할 수 없지만, 그 일에 주의를 기울이는 방식은 통제할 수 있다. 어디에, 어떻게 주의를 기울일 것인지는 우리의 의지와 의도에 달렸다. 그리고 이 선택은 내적 경험이 일어나는 방식에 큰 영향을 미친다. 마음을 과학적으로 수련하는 방법을 누구보다 진취적으로 발전시켰던 석가모니는 이렇게 말했다. "해로운 것에는 먹이를 주지 말라." "유익한 것을 계발하고 마음을 다스리라." 우리가 주의를 두는 곳에서 성장과 변화가 이루어진다. 즉, 매 순간 주의력을 어떻게 사용하느냐에 따라 우리의 정신 상태와 삶의 방향이 크게 달라진다.

주의력을 통제한다는 건 단순히 보고 싶은 것만 보고 불편한 것은 외면한다는 뜻이 아니다. 주의력 훈련은 불편한 감정을 피하고 즐거운 경험에만 집중하는 일이 아니다. 이 미묘한 차이를 잘 이해해야 한다. 우리는 주의를 기울이는 대상이 아니라 주의 그 자체를 통제할 것이다. 마음속에는 어떤 팝콘도 떠오를 수 있다. 개중에는 하루 종일 나를 괴롭히는 팝콘도 있을 수 있다. 그 자체는 문제가 아니다. 왜냐하면 그것은 내가 통제할 수 없는 부분이기 때문이다. 하지만 주의를 어디에 머물게 할지는 우리가 선택할 수 있다. 심지어 원치 않는 자극에 주의를 기울일 수도 있다. 주의를 기울이는 대상을 반드시 좋아할 필요는 없다.

이제부터 우리는 주의력 훈련을 시작할 것이다. 그 전에 몇 가지를
당부하고 싶다. 첫째, 만약 당신이 진심으로 마음의 힘을 함양하고자
한다면 이 훈련을 아주 오랜 시간 동안, 어쩌면 평생 동안 지속해야
할 수도 있다. 부디 꾸준히 노력해 주길 바란다. 둘째, 이 훈련은 생각
처럼 쉽지 않을 것이다. 당신의 주의는 끊임없이 방황하며 마음속을
산만하게 떠돌 것이다. 걱정하지 않아도 된다. 깨달음을 얻은 대가들
조차 비슷하니 말이다. 핵심은 주의가 흐트러졌다는 걸 인지하고, 다
시 내가 원하는 곳으로 주의를 옮기는 과정 자체에 있다. 주의가 백
번 흐트러지면, 백 번 다시 옮기면 된다. 얼마나 오래 집중했는지, 몇
번 주의가 흐트러졌는지는 전혀 중요하지 않다. 자책할 필요도 없다.
중요한 건 훈련을 이어가는 것이다.

주의를 통제할 수 있다는 것이 얼마나 큰 자유인지 아직은 느끼지
못할 것이다. 하지만 오직 나의 의도만으로도 엄청난 변화를 일굴 수
있음을 연습을 통해 차츰 알게 될 것이다. 이제 좀 더 깊은 이야기로
나아가 보자.

주의력 되찾기

**기억할
법칙**
- 생각은 자동적이다.
- 생각은 '꾸러미'로 떠오른다.
- 주의는 '나'의 의도다.

목표
'나'의 주의를 한곳에 집중시킨다.

방법
- 호흡을 활용하는 것이 가장 쉽다.
- 우선 가만히 눈을 감고 호흡에 집중한다. 숨이 코와 입을 통해 드나드는 모습을 관찰한다. 공기의 흐름에 집중한다. 들숨과 날숨이 이어질 때 나의 가슴과 배가 부풀었다가 다시 가라앉는 모습을 관찰하고 느낀다.
- 머지않아 당신의 주의는 흐트러질 것이다. 어느 순간, 자신도 모르게 호흡에서 벗어나 마음속에 떠오른 생각을 따라갈 것이다. 그 순간을 알아차린다면, 다시 주의를 호흡으로 옮긴다.
- 위 과정을 몇 차례 반복한다.

실습용 QR 코드

주의	• '나', 마음, 생각 사이의 관계를 의식적으로 떠올린다. 마음속에 떠오른 생각이 주의를 빼앗더라도 나에게는 호흡에 집중할 의도가 있고 나의 손전등은 그곳을 향해 있음을 기억한다.
	• 주의를 다른 자극에 빼앗기는 것은 전혀 문제가 아니다. 그것은 우리의 본성이다. 그러니 얼마 못 가 주의가 흐트러졌다고 해서 좌절할 필요는 없다. "이런, 또 주의를 빼앗겼네" 하고 생각한 뒤 다시 호흡에 집중한다.
더 나아가기	• 처음에는 5분으로 시작해 점차 시간을 늘려본다.
	• 시간이 충분히 늘어나면 10분 단위로 주의를 다른 곳으로도 옮길 수 있는지 확인한다. 즉, 처음 10분 동안은 호흡에, 다음 10분 동안은 신체 감각에, 그다음 10분 동안은 소리에 주의를 기울여본다. 이때 주의의 대상은 무엇이든 상관없다. 호흡, 청각, 미각, 촉각, 시각 등 당신의 주의를 붙들어 둘 만한 것에 집중하면 된다. 단, 당신이 느끼는 것이 '나' 자신이 아니라 나의 마음속에 떠오르는 것일 뿐임을 꼭 기억하고, 나와 마음, 그리고 마음속에 떠오르는 다양한 자극 사이의 관계를 인지한 상태로 연습한다.

7

생각은 하나의
심리적 사건이다

나는 나의 의도에 따라 주의를 한곳에 고정할 수 있다. 이는 분명 우리가 함양할 수 있는 능력이다. 그런데 한 가지 의문이 생긴다. 생각은 '나'가 아니다. 생각은 마음속에 떠오르는 것일 뿐이다. 그렇다면 '나'가 생각에 주의를 두고 지켜본다는 건 무슨 말일까?

생각은 하나의 심리적 사건일 뿐이다. 이 법칙은 특히 중요하니 잘 기억하길 바란다. 생각과 거리를 두고 다시 관계를 맺기 위해서는 생각을 하나의 심리적 사건으로 바라볼 수 있어야 한다. 우리는 삶에서 다양한 감정과 감각을 느낀다. 기쁜 일이 있으면 즐겁고 신나는 기분을 느낀다. 그렇다고 기쁨과 즐거움이 나 자신은 아니다. 그저 마음속에 떠올랐다가 우리에게 행복감을 준 후 소멸되는 현상일 뿐이다. 마찬가지로 힘든 일이 있으면 우울하고 불안한 감정을 느낀다. 그렇다고 우울과 불안이 나 자신은 아니다. 감정은 마음에서 경험하는 하나의 현상일 뿐이다.

비슷하게 우리는 삶에서 다양한 감각을 경험한다. 컨디션이 좋은 날 아침에 일어나면 몸이 가볍다. 아주 산뜻하다. 하지만 그 가벼운 느낌 자체가 나 자신은 아니다. 그저 나의 마음속에 떠오른 하나의 감각일 뿐이다. 아침에 일어나서 몸이 가볍다고 해서 '가벼운 몸'으로 스스로를 정의하는 사람은 없다. 한편, 우리는 병에 걸려 통증을 느낄 수도 있다. 감기에 걸려 몸이 펄펄 끓던 순간을 떠올려 보라. 이는 괴롭고 떨쳐내고 싶은 감각이다. 하지만 역시 그러한 감각 자체가 나 자신은 아니다. 감각 역시 삶을 살아가며 마주하는 다양한 현상 중 하나일 뿐 나 자신은 아니다.

생각도 정확하게 동일하다. 생각은 마음속에 떠오르는 하나의 심리적 사건이다. 자동적이고 무작위적으로 마음속에 떠오르는 하나의 현상일 뿐이다. 오늘은 이런 생각이 떠오를 수 있다. 하지만 그 생각이 나 자신은 아니다. 내일은 저런 생각이 떠오를 수 있다. 역시나 그 생각이 나 자신은 아니다. 생각은 단지 생각일 뿐이다.

심지어 **생각은 '현실'도 아니다.** 최근 당신이 회사에서 중요한 프로젝트를 성공시켰다고 가정해 보자. 당신의 노력으로 회사는 아주 큰 성과를 거두었다. 어느 날 회사에 지각한 당신을 보고 옆자리 동료가 "오늘 늦었네? 많이 피곤해?"라고 말한다. 당신의 마음속에는 다음과 같은 생각이 떠오른다. '내가 최근에 고생한 걸 그래도 인정해 주나?

걱정해 줘서 고맙네.'

이번엔 정반대의 상황이다. 당신은 회사에서 아주 중요한 프로젝트를 망쳤다. 회사에 지각한 당신을 보고 동료는 "오늘 늦었네? 많이 피곤해?"라고 말한다. 당신의 마음속에는 다음과 같은 생각이 떠오른다. "제대로 하는 것도 없는데 피곤하냐는 뜻인가? 조심해야겠다."

더 극단적인 예시도 있다. '오늘은 날씨가 안 좋다. 아침부터 짜증이 나며 왠지 하루 종일 일진이 안 좋을 것 같다. 오늘은 또 날씨가 화창하다. 왠지 모든 일이 술술 풀릴 것 같다.' 자, 생각이 이토록 임의적이라면 우리가 생각을 절대적인 사실, 현실, 또는 실제로 받아들일 이유가 무엇이겠는가? 그것에 강하게 영향을 받을 이유는 또 무엇이겠는가? 생각은 감정, 감각과 마찬가지로 주어진 환경에 반응해 마음속에 떠오르는 하나의 심리적 사건에 불과하다.

하지만 생각을 심리적 사건으로 바라보는 건 쉽지 않다. 생각에 관해서는 우리가 아주 자유로운 의지를 가지고 있다고 배우고, 믿고, 느껴왔기 때문이다. 하지만 이미 수많은 연구가 생각에 대한 우리의 오래된 관념을 깨뜨리고, 생각과 새로운 관계를 맺는다면 더 유연하고 평온한 심리 상태를 유지할 수 있음을 증명해 나가고 있다.

지금부터 그 방법을 하나씩 소개하겠다. 먼저 연습해야 할 것은 마음속에 떠오르는 생각을 하나의 심리적 사건으로 바라보는 일이다. 생각이 나 자신이라고 믿지도, 파고들지도, 곱씹지도 않는다. 그저 마음속에서 그러한 생각이 떠오른다는 것을 알아차린 뒤, 이어서 또 어떤 생각이 떠오르는지 지켜본다. 이 연습을 돕기 위해 세 가지 도구를 준비했다. 각자 머릿속에서 더 쉽게 떠올릴 수 있는 비유를 자유롭게 선택하면 된다.

첫 번째 비유는 **'생각의 강'**이다. 당신 앞에 강이 흐르고 있다고 상상해 보자. 강물 위에는 나뭇잎 한 장이 떠 있다. 나뭇잎은 물결을 따라 높은 곳에서 낮은 곳으로 떠내려간다. 여기에서 강물은 나의 마음이다. 나뭇잎은 나의 생각이다. '나'는 강물 앞에 있다. 나는 강 속에 있지 않음을 명심하자. 나는 강물에서 한 발짝 떨어져서 마음을 관찰하고 있다. 생각은 그저 마음속에 떠오른다. 나는 그 생각을 알아차리기만 하면 된다. 어떤 생각이 마음속에 떠오르면 그저 '생각이구나' 하고 바라보면 된다. 물결을 따라 떠내려가는 나뭇잎을 따라 강 아래쪽으로 헤엄쳐 가지 않는다. 나뭇잎을 쥐어보겠다고 물장구를 치며 소란을 피울 필요도 없다. 그저 강 앞에 가만히 서서 생각을 바라보기만 하면 된다.

간단해 보이는 이 연습을 실제로 해보면 좀처럼 쉽지 않음을 깨닫게 될 것이다. 어느 순간 자신도 모르는 사이에 나뭇잎을 쫓거나, 특정한 나뭇잎을 없애려 물속에서 첨벙댈지도 모른다. 하지만 괜찮다. 문득 정신을 차렸을 때 자신이 강 앞에 있지 않다면 다시 원래 자리로 돌아가면 그만이다. 우리가 해야 할 일은 단순하다. 나의 자리에서 생각을 하나의 심리적 사건으로 바라보다가, 제자리를 벗어난 걸 알아차린 순간, 즉 정신없이 어떤 생각에 빠져 있는 걸 알아차린 순간, 다시 제자리로 돌아오면 된다.

두 번째 비유는 **'생각의 하늘'**이다. 넓고 광활한 하늘을 떠올려 보자. 시야를 가득 채울 만큼 드넓은 하늘이다. 나는 들판에 누워 하늘을 바라보고 있다. 하늘에는 구름이 떠다닌다. 여기에서 하늘은 나의 마음이다. 구름은 나의 생각이다. '나'는 들판에 누워 하늘을 바라본다. 나의 위치는 하늘 위도, 구름 위도 아니다. 나는 그저 들판에 누워 나의 마음속에서 일어나는 일을 관찰하고 있을 뿐이다.

구름의 모양은 다양하다. 새하얀 뭉게구름일 수도 있고, 어둡고 우중충한 먹구름일 수도 있다. 모양이 어떻든, 그것이 마음속에 떠오르면 그저 '생각이구나' 하고 바라보면 된다. 특정한 구름을 쫓느라 들판을 뛰어다닐 필요도, 구름 위로 올라가 그 실재를 찾아 헤맬 필요도 없다. 들판에서 구름은 마치 실재하는 대상처럼 보이지만, 막상 하늘 위에 올라가 직접 만지려고 하면 결코 손에 잡히지 않는다. 생각은 실재가 아니다. 하나의 심리적 사건일 뿐이다. 구름을 관찰하고 있다고 믿었는데 어느새 들판을 뛰어다니는 자신을 발견할 수도 있다. 그러면 다시 들판에 누워 하늘을 바라보면 된다.

두 비유가 잘 와닿지 않는다면 **'생각의 공장'** 비유를 사용해도 좋다. 넓은 부지 위에 큰 공장이 우뚝 서 있다. 공장 안에는 컨베이어벨트가 돌아가고 있고, 그 위에 상자들이 줄지어 놓여 있다. 상자 안에 담긴 것이 나의 생각이다. '나'는 컨베이어벨트 위가 아니라 그 옆에 앉아 흘러가는 상자들을 가만히 바라본다. 아마 어느 순간 정신을 차렸을 때 벨트 위나 상자 속에서 허우적거리는 자신을 발견할 것이다. 역시나 이 순간을 알아차리는 것이 중요하다. 생각과 거리가 너무 가까워졌다는 사실을 깨닫고 다시 나의 자리로 되돌아올 수 있기 때문이다. 이처럼 우리가 해야 할 일은 생각이 마음속에 떠오르는 하나의 심리적 사건임을 이해하고 자신의 내면을 바라보는 것이다.

우선은 세 가지 비유 중 하나를 선택해, 딱 60초만 생각을 그저 생각으로 바라보는 연습을 해보길 바란다. 나의 위치에 머무르며 생각을 그저 생각으로 바라보다가, 생각(나뭇잎, 구름, 상자)을 무심코 따라가고 있는 자신을 발견하면, 그 생각을 놓아주고 다시 나의 위치로 돌아오면 된다. 자, 한번 해보자.

어떤가? 예상보다 쉽지 않았을 수도 있다. 하지만 생각을 자신과 동일시하지 않고 그저 바라보는 일이 가능함은 인지했을 것이다. 물론 단숨에 능숙해지지는 않으므로 꾸준한 연습이 필요한 과정이다. 일련의 연구에 따르면 이 연습은 뇌의 신경가소성neuroplasticity을 높여준다. 단단히 엉켜 있던 우리 뇌의 전선을 유연하게 풀어준다는 뜻이다. 신경이 유연해지면 우울, 불안, 공황, 반추 등 하나의 패턴으로 고착화된 심리적 문제를 새롭게 인식하고 재처리하기가 용이해진다. 일상에서 마주하는 스트레스, 압박감, 정신적 피로감 등에도 더 능숙하게 대처할 수 있다.

이 연습의 핵심은 **마음속에 공간감을 만드는 것**이다. 위 세 가지 비유에서 '나'는 개별 생각이 아니고, 심지어 마음도 아니다. 나는 멀찍이 떨어져 나의 마음을 바라보는 무엇이다. 손전등으로 생각을 비추는 존재다. 마음속에서는 다양한 생각들이 흘러간다. 앞으로 일상 속에서 마음이 복잡해지는 순간이나 짧게나마 여유가 찾아올 때, 마음속 공간으로 들어가 생각을 단순히 생각으로 바라보는 연습을 꾸준히 하길 바란다. 간혹 다음과 같이 말하는 사람도 있다. "지켜보는 건 가능하지만, 그것이 마음속에 있다는 사실 자체가 너무 불편해요." 무슨 말인지 이해한다. **하지만 생각은 그것들만의 수명을 가지고 있다. 내가 생각에 매달리지 않고 그것에 과도한 주의를 기울이지 않음으로써 더 이상 양분을 주지 않는다면, 생각은 곧 잠잠해지기 마련이다. 애초에 그것은 정신적 실재가 아니라 하나의 심리적 사건에 불과하기 때문이다.**

혹자는 이 연습이 앞서 했던 주의력 훈련과 비슷하다고 느낄 수 있다. 두 가지 연습 모두 생각에 사로잡힌 자신을 알아차리고 다시 제자리로 돌아오는 과정을 반복한다는 공통점이 있기 때문이다. 하지만 둘 사이에는 중요한 차이가 있다. 주의력 훈련의 주된 목적은 호흡에 초점을 맞추어 주의를 한곳에 집중시키는 것이다. 반면 생각의 강 연습은 생각을 그저 생각으로 바라보고, 생각과 나 사이에 거리감을 만들며 생각과 새로운 관계를 형성하는 데 초점이 있다. 물론 이 과정에 호흡을 활용할 수도 있다. 호흡에 집중하고 있다가 어떤 생각에 정신이 팔린 것을 알아차리면 다시 호흡으로 돌아오는 식이다. 하지만 그런 경우에 종종 이 연습은 부정적인 생각을 회피하는 '주의력 돌리기 훈련'으로 변질되곤 한다. 따라서 호흡 명상은 주의력 훈련을 위해, '생각의 강'은 생각과 새로운 관계를 형성하기 위해 하는 것이라고 그 목적을 구분하는 게 좋다.

우리는 부정적인 생각을 회피하기 위한 도피처를 찾으려는 게 아니다. 중요한 것은 부정적인 생각을 더 이상 외면하지 않고, 그 생각과 새로운 관계를 맺는 것이다. 이 차이를 잘 이해했을 때 이 연습은 단순한 주의력 돌리기가 아닌 생각을 하나의 심리적 사건으로 바라보는 훈련이 될 것이다.

정리해 보자. 생각은 팝콘처럼 튀어 오른다. 우리는 모두 마음속에 팝콘 기계를 가지고 살아간다. 팝콘 기계의 전원은 우리가 마음대로 끌 수 없다. 하지만 팝콘 기계가 나 자신은 아니라는 점을 이해할 수 있다. '나'는 그보다 훨씬 더 큰 존재다. 팝콘 기계와 나 사이의 거리감을 인지하길 바란다. 그러기 위해서는 꾸준한 연습이 필요하다.

생각 알아차리기

기억할 법칙
- 생각은 자동적이다.
- 생각과 거리가 가까울 때 문제가 발생한다.
- 주의는 '나'의 의도다.
- 생각은 하나의 심리적 사건이다.

목표
생각을 '나'와 동일시하지 않고 하나의 심리적 사건으로 바라본다.

방법
- '나', 마음, 생각 사이의 관계를 이해하고, '나'의 자리에서 마음속에 떠오르는 생각을 바라본다.
- 무심코 생각을 따라가고 있는 자신을 알아차리는 순간, 다시 나의 자리로 되돌아온다.
- 생각은 하나의 심리적 사건이라는 사실을 이해하며 위 과정을 몇 차례 반복한다.

실습용 QR 코드

주의
- 생각을 그저 생각으로 지켜보지 못하고 정신없이 휘말리는 건 인간의 본능이다. 그러한 자신을 발견했다고 해서 좌절할 필요는 없다.
- 오히려 그런 자신을 인지하는 순간, 즉, 그 '알아차림'의 순간을 배

움의 기회로 받아들여야 한다. 자신이 생각에 정신없이 매달리고 있음을 알아차리는 과정 자체가 이 연습의 핵심이다. 우리가 생각에 휘둘리지 않고 고고하게 자리를 지킬 수 있었다면 애초에 이 연습은 필요하지도 않았다.

법칙

8

생각은
부정확하다

지금까지 이야기를 정리해 보자. 1번부터 3번 법칙은 생각 그 자체의 특성에 관한 것이다. '생각하는 나'는 착각이고(법칙 1), 생각은 마음속에 자동적으로 떠오른다(법칙 2). 문제는 그러한 생각이 아주 상징적 효과를 지닌다는 것이다(법칙 3). 이하는 거리두기에 관한 것이다. 생각에 사로잡히지 않으려면 생각과 거리를 둘 수 있어야, 즉 디스턴싱할 수 있어야 한다(법칙 4). 이때 거리를 둔다는 건 생각의 내용을 바꾸는 것이 아니라 생각과 새로운 관계를 맺는다는 뜻이다. 하지만 현실에서 생각은 다른 감정, 감각, 행동/충동과 함께 하나의 꾸러미처럼 떠오른다(법칙 5). 이는 디스턴싱을 더욱 어렵게 만든다. 생각 꾸러미를 개별 요소로 분리하기 위해서는 각각의 요소에 섬세하게 주의를 기울이고 알아차릴 수 있어야 한다(법칙 6). 특히 생각을 하나의 심리적 사건으로 바라보며, 마음속에서 생각이 피어나고 사라지는 과정 자체에 주의를 기울일 수 있어야 한다(법칙 7).

대부분의 경우 앞서 배운 분리와 주의력 훈련을 통한 '알아차림'만으로도 많은 문제가 해결된다. 즉, 생각을 심리적 사건으로 바라보며 강·하늘·공장 저편으로 흘려보낼 수 있다. 하지만 어떤 사람에게는 이 과정이 특히 어려울 수 있다. 어떤 생각에는 이 방법이 좀처럼 적용되지 않을 수 있다. 이는 단순히 우리가 나약해서가 아니라, 그 생각 자체가 유난히 다루기 어려운 특성을 지녔기 때문이다. **이처럼 우리가 빠져들기 쉽고 거리를 두기 쉽지 않은 유형의 생각을 '생각함정'이라고 부른다.**

우리는 앞으로 여섯 가지 종류의 생각함정을 배우고, 그러한 생각으로부터 거리 두는 연습을 할 것이다. 그런데 연습을 시작하기 전, 반드시 짚고 넘어가야 할 사실이 있다. 생각함정을 다루다 보면 마치 생각의 내용을 다루는 것이 디스턴싱의 목적인 것처럼 느껴지기 쉽다. 하지만 누차 이야기했듯 생각 그 자체가 나쁘거나 잘못된 것은 아니다. 우리가 생각을 살펴보는 이유는 생각이 얼마나 부정확하고 때로 도움이 되지 않는지를 이해하고, 생각을 심리적 사건으로 바라보기 위함이다. 보다 긍정적이거나 나은 생각을 하기 위함이 아니다. 앞으로 생각함정을 설명할 때 이 점을 반복해서 강조할 것이다. 그때마다 우리의 초점은 생각의 내용이 아니라 생각과의 관계에 있음을 명심하길 바란다.

가장 먼저 다룰 생각함정은 **'근거 부족'**이다. 생각은 부정확하다. 그것도 아주 부정확하다. 우리의 추론 과정은 종종 허술하기 짝이 없으며, 마음속에 떠오르는 생각 중 절대적인 사실로 믿을 만한 것은 거의 없어 보인다. 이처럼 생각이 부정확한 데에는 이유가 있다. 우리가 제한된 몇 가지 정보만으로도 빠르게 결론을 내리고 행동에 나서도록 진화했기 때문이다.

잠시 시간을 거슬러 아주 먼 과거로 돌아가 보자. 두 유인원이 넓은 들판 위를 거닐고 있다. 그런데 어딘가에서 낯선 소리가 들려온다. 곧 무언가 튀어나올 것만 같다. 한 유인원이 신속하게 판단한다. "뭐야? 위험해. 일단 피하자." 다른 유인원은 더 신중하다. "낯선 소리가 들리네? 무엇인지는 모르겠다. 꼭 위험하다고 할 순 없지. 크기는 큰가? 이빨이 날카롭나? 공격적인가? 조금 더 살펴보자." 수백만 년이 지난 후 이들의 운명은 어떻게 되었을까? 이런, 두 번째와 같이 생각한 유인원은 멸종해 버렸다. 자연의 선택을 받은 건 부족하거나 부정확한 정보만으로 빠르게 판단을 내린 유인원들이다.

인간의 뇌는 기존의 정보와 새로운 정보를 통합하여 다가올 상황을 예측하고 판단한다. 이 과정은 추측과 직관에 의존한다. 우리의 추론은 부정확할 수밖에 없다. 충분한 근거가 쌓일 때까지 기다린 뒤 논리적으로 결론을 내렸다가는 일을 효율적이고 안전하게 처리할 수 없다. 생존을 위해 빠른 결정을 내려야 했던 문명 이전의 시대에는 더더욱 그랬다.

인간의 섣부른 판단은 생존에 필수적이었다. 하지만 지금에 이르러서 그 특성은 큰 문제를 야기한다. "아, 저 사람이 나를 싫어하는구나." "첫 번째 문제부터 어렵다니 이번 시험은 완전히 망했다. 나는 끝났구나." "오늘도 뉴스 기사에 안 좋은 이야기밖에 없네. 세상은 나빠지기만 해. 미래가 암담하다." 이런 생각이 마음속에서 되풀이되며 우리를 괴롭힌다.

'근거 부족' 생각함정은 특히 우울증이나 불안장애처럼 정신건강에 문제가 있을 때 두드러진다. 우울증을 앓는다는 건 마치 색안경을 쓰는 것과 같다. 나 자신과 타인, 세상이 모두 부정적으로 보이고 모든 일이 나쁘게 흘러갈 것처럼 느껴진다. 삶의 긍정적인 면보다는 부정적인 면이 훨씬 더 부각된다. 무슨 일을 하든 잘될 이유보다는 안될 이유를 더 많이 찾게 된다. 언젠가 우울증을 겪는 사람과 다음과 같은 대화를 나눈 적이 있다.

"세상은 어차피 나쁘게만 흘러가잖아요."

"왜 그렇게 생각하나요? 근거가 있을까요?"

"양극화는 심해지고, 빈부격차는 커지고 있어요. 뉴스에서는 온갖 범죄에 대한 이야기가 끊임없이 들려오고요."

맞는 이야기일 수도 있다. 누군가는 분명 그렇게 생각할 것이다. 하지만 정확히 반대되는 이야기를 할 수도 있다. 지난 100년간 인류는 끊임없이 진보해 왔고, 개개인의 생활 수준은 놀라울 정도로 개선되었으며, 평범한 사람조차 마리 앙투아네트가 누렸던 생활을 누릴 수 있게 되었다고 말이다. **사실 자체는 중요하지 않다. 중요한 건 우리가 얼마나 쉽게 특정한 생각에 고착되는지, 우리의 생각이 얼마나 빈약한 근거 위에서 섣부른 결론을 내리는지다.** 섣부른 결론이 자신에 관한 것일 때는 그 영향이 더욱 치명적이다. "내가 다 망쳤어." "내 삶은 망했어." "저 사람은 분명 나를 싫어할 거야."

무언가에 관해 판단하거나 결론짓는 생각이 떠오른다면, 그리고 그 생각과 거리를 두기 어렵다면 다음의 연습이 도움이 될 것이다. 먼저 판단이나 결론을 내리고 있는 생각의 내용을 정리한다. 그리고 그 생각을 일반적인 명제 형태로 바꿔본다. 이후 해당 명제가 성립하기 위한 하위 요소들을 적어본다. 마지막으로 자신의 경우에 각 요소가 얼마만큼 충족되고 있는지 점수를 매겨본다. 예를 들어, 도전에 실패해 좌절한 남자의 노트에는 다음과 같은 내용이 적힐 수 있다.

생각	"이번 실패는 치명적이야."	
일반 명제	어떤 시도가 치명적으로 실패했다.	
명제 성립에 필요한 하위 요소		**충족 점수**
1. 큰 금전적 피해를 끼쳤다.		60
2. 다시는 새로운 시도를 해볼 수 없다.		10
3. 비슷한 실패를 한 후 극복한 사람이 거의 없다.		10

다음으로 할 일은 앞서 정리한 '일반 명제'와 정반대 되는 '반대 명제'를 설정해 동일한 작업을 하는 것이다. 위 예시의 남자는 다음과 같이 적었다.

생각	"이번 실패는 치명적이야."

반대 명제	어떤 시도가 제법 성공했다.

명제 성립에 필요한 하위 요소	충족 점수
1. 큰 금전적 보상을 얻었다.	0
2. 시도를 통해 새로운 것을 배웠다.	50
3. 시도를 통해 뒤이어 해야 할 일에 대해 교훈을 얻었다.	50

마지막으로 해야 할 일은 두 결과를 놓고, 나의 생각이 얼마나 사실에 가까운지 판단하는 것이다. 두 주장의 하위 요소에 책정된 점수를 활용한다면 균형 잡힌 결과를 도출할 수 있다. 위 예시에서 "이번 실패는 치명적이야"라는 그의 생각은 어느 정도는 맞고 어느 정도는 틀린 것 같다. 그는 큰 금전적 피해를 끼쳤지만, 비슷한 실패 후 극복한 사람이 거의 없지는 않다. 금전적 보상을 얻진 못했으므로 시도가 성공했다고 할 수는 없지만, 그럼에도 무엇이 잘못되었는지 배울 수 있었고 뒤이어 무엇을 시도해야 할지 힌트도 얻었다. 이렇게 보면 "이번 실

패는 치명적이야"라는 생각에 대해 조금 다른 판단을 내리게 된다. 어떤가? 치명적이었다고 단정 짓기에는 근거가 부족해 보이지 않는가?

위 작업의 목적이 생각이 틀렸음을 증명하는 것이 아님을 기억하자. 핵심은 **생각이 이토록 부정확하다면 마음속에 떠오르는 모든 생각에 과하게 반응할 필요가 없다**는 사실이다. 이 사실을 진심으로 받아들이면 일정한 거리를 두고 생각을 흘려보내는 과정이 한결 수월해질 수 있다. '근거 부족' 생각함정을 찾고 위와 같은 연습을 해보는 일이 도움을 줄 것이다.

정리해 보자. 생각은 부정확하다. 그러니 마음속에 떠오르는 생각에 강하게 영향을 받을 필요가 없다. 마음속에 떠오르는 생각 중 '근거 부족' 생각함정을 발견했다면, 그 생각과 거리를 두고 그것을 하나의 심리적 사건으로 받아들이는 것이 더 현명한 선택이 될 것이다.

생각함정 다루기
| 근거 부족 |

기억할 법칙	• 생각은 하나의 심리적 사건이다. • 생각은 부정확하다.
목표	무언가에 관해 판단 또는 결론 내리는 생각과 거리를 두기 힘들 때, 그 생각의 근거를 따져보고 균형 잡힌 결론을 도출한다.
방법	1. 생각의 핵심적인 부분을 한 문장으로 정리한다. 2. 그 생각을 일반 명제로 만든다. 3. 일반 명제가 성립하기 위한 하위 요소를 적는다. 4. 각 요소가 나의 경우에는 얼마나 충족되는지 점수를 적는다. 5. 일반 명제와 정반대 내용인 반대 명제를 만든다. 6. 반대 명제가 성립하기 위한 하위 요소를 적는다. 7. 각 요소가 나의 경우에는 얼마나 충족되는지 점수를 적는다. 8. 점수를 종합하여 나의 생각을 평가하고 균형 잡힌 결론을 도출한다.

생각	
일반 명제	

명제 성립에 필요한 하위 요소	충족 점수

반대 명제	

명제 성립에 필요한 하위 요소	충족 점수

점수 총점 비교

일반 명제		반대 명제	

최종 결론

주의	• 때론 생각이 합당할 때도 있다. 중요한 것은 생각의 옳고 그름이 아니라 생각이란 때로 곧이곧대로 믿을 수 없는 것임을 이해하는 일이다.
	• 많은 사람이 '명제 성립에 필요한 하위 요소'를 잘 도출하지 못하거나, 도출한다 하더라도 편향된 관점에서 점수를 매기곤 한다. 이미

생각함정에 빠져 있기 때문이다. 만약 더 객관적인 접근법을 취하고 싶다면 가까운 지인에게 도움을 요청하는 것도 좋은 방법이다. 특히 정신건강 전문가들은 보다 체계적인 도움을 줄 수 있다.

9

생각은 부정적으로
치우친다

우리는 생각을 의심하기 위해 그 내용을 검토하고 있다. 하지만 생각의 내용 자체가 중요한 건 아니다. 중요한 것은 관계다. **생각이 얼마나 믿을 만하지 못한 것인지** 이해하기 위해 그 내용을 검토하고 있을 뿐이다. 이 사실을 이토록 강조하는 이유는, 생각의 내용을 바라보는 작업이 자칫하면 생각과의 거리를 더 좁힐 수 있기 때문이다.

많은 심리치료는 생각의 구체적인 내용을 다루면서 어떻게든 그 내용을 바꾸려 한다. 심리치료 과정에서 내담자는 부정적인 생각을 끊임없이 곱씹으며 제어하려 애쓴다. 그는 자신의 생각을 하나씩 꺼내 놓는 동안 상태가 나아지는 느낌을 받지만 임상적으로 검증해 보면 우울과 불안이 거의 호전되지 않는다. 결국 상담자에 대한 의존만 깊어지고 심한 경우 몇 년 동안 심리치료에 매달리게 된다.

심리치료를 부정하려는 건 아니다. 내용을 절대로 다루어서는 안 된다는 뜻도 아니다. 하지만 그 의도를 분명히 해야 한다. 내용보다 중요한 건 내용을 바라보는 관점의 변화다. 이 말을 꼭 기억하길 바란다.

앞서 생각이 부정확하기 때문에 믿을 만하지 않다고 이야기했다. 그뿐만이 아니다. 생각을 의심할 이유는 또 있다. **생각이 편향적이기 때문이다. 특히 늘 부정적인 쪽으로 치우친다.** 우리의 마음은 사건의 부정적인 면을 찾아내고 거기에 집중하는 경향이 있다. 부정적으로 태어나는 사람이 있는 게 아니다. 다만 생각과의 거리가 가까워 부정적인 생각에 강하게 휘둘리는 사람이 있는 반면, 유연하게 다른 관점을 취할 수 있는 사람이 있을 뿐이다. 이처럼 생각의 부정적인 면만 주목하게 되는 생각함정을 **'부정 편향'**이라고 부른다.

'부정 편향'이 발생하는 데에도 이유가 있다. '근거 부족'과 마찬가지로 인간의 안전과 생존에 도움이 되기 때문이다. 길거리에서 들려오는 아이의 웃음소리는 우리의 주의를 크게 끌지 못한다. 하지만 같은 크기의 소리라도 소음이나 비명은 우리의 주의를 더 쉽게 끈다. 다시 시간을 거슬러 원시시대로 가보자. 두 원시인이 있다. 첫 번째 원시인은 매우 낙천적이다. 위험을 걱정하지 않는다. 모든 일이 잘 풀릴 거라고 믿는다. 반면 두 번째 원시인은 매사 부정적인 면에 주목한다. 낯선 소리가 들리면 곧장 불안해한다. '뭐지? 사자인가? 위험한가? 도망쳐야 하나?' 첫 번째 원시인의 눈에 두 번째 원시인은 마냥 피곤하게 사는 사람처럼 보인다. 자, 이제 다시 수백만 년의 시간이 흘렀다.

자연의 선택을 받은 쪽은 누구일까? 살아남은 우리에게는 두 번째 원시인의 피가 흐르고 있는 것 같다.

부정 편향은 불안의 원천이다. 불안 자체가 문제는 아니다. 불안은 생산성, 추진력, 성과와 밀접한 관련이 있다. 심리학자 로버트 여키스Robert Yerkes와 존 도슨John Dodson의 고전적인 연구에 따르면 스트레스-불안 각성 수준이 중간 정도일 때 성과가 가장 높게 나타났다. 각성 수준이 지나치게 낮거나 지나치게 높으면 성과는 감소했다. 이를 여키스-도슨 법칙이라 부른다. 이처럼 불안은 삶을 추동하는 원동력이다. 불안은 미래를 현재로 끌고 와 현실로 만든다. 그 결과 우리는 미래에 더 잘 대비하게 된다. 그러니까 문제는 불안이 아니라 불안을 바라보는 우리의 관점이다. 불안과의 거리감이다. 불안이 마음속에 떠오르는 건 문제가 되지 않지만 불안에 휘둘려 균형을 잃어버리는 건 문제다. 불안을 말끔히 없애버리려고 할 때 비로소 불안은 문제가 된다.

부정 편향 생각함정에 빠지면 생각과 거리를 두기 어려워진다. 생각을 심리적 사건으로 바라보지 못하고 불안에 압도당한다. 이와 같이 부정적인 미래를 걱정하는 생각이 떠오르고, 그 생각과 좀처럼 거리를 두기 힘들 때 도움이 되는 연습을 소개하겠다. 가장 먼저 할 일은 지금 걱정되는 부정적인 사건을 한 문장으로 정리하는 것이다. 그다음, 그 사건이 발생했을 때 일어날 수 있는 최악의 사태를 상정하고, 그 최악의 사태가 발생할 확률을 예상해 본다. 글을 쓰고 있는 나의 예시를 들어보겠다.

확률 예상

예상하는 부정적 사건	법칙 9의 내용이 너무 어려워 사람들에게 외면받는다.
부정적 사건이 발생했을 때 일어날 수 있는 최악의 사태	결국 책이 별다른 관심을 끌지 못하고 시간과 에너지를 낭비한다.
최악의 사태가 벌어질 예상 확률 (A)	20%

이제 20%라는 나의 예상이 얼마나 정확했는지 실제 확률(I)을 계산해 보자. 가장 먼저 부정적인 사건이 일어날 수 있는 확률(B)을 예상한다. 이때 혹시 부정적인 사건이 발생했더라도 그것이 별다른 의미를 갖지 못할, 즉 사건이 무력화될 가능성도 있는가? 만약 있다면 그 확률(C)을 적는다. 다음으로 부정적인 사건이 발생했으며 그것이 무력화되지 않았는데, 최악의 사태와 일이 다르게 흘러갈 경우를 네 가지 나열해 보자. 이후 각각의 가능성(D, E, F, G)과 최악의 사태가 발생할 가능성(H)의 확률을 적어보자. 이때 최악의 사태가 발생할 수 있는 확률은 가장 마지막에 적어야 한다. 가급적 네 가지 가능성의 확률을 정한 후 남은 확률을 채워 넣는 식으로 계산하자. 결과적으로 실제 계산된 확률은 어떠한 부정적 사건이 일어난 후(B), 그 사건이 달리 무

력화되지 않고(1-C), 그 사건의 결과로 최악의 사태가 발생하는(H) 경우와 동일할 것이다. 이제 처음에 예상한 확률(A)과 실제 계산된 확률 {I=B×(1-C)×H}을 비교해 보자. 아래와 같은 식이다.

확률 계산

부정적 사건이 발생할 확률(B)	60% ('반반의 확률인데 이번 글은 어려우니 관심을 끌기가 좀 더 어려울 수 있겠다.')
부정적 사건이 발생했지만 무력화될 가능성(C)	40% ('특히 어려운 확률 계산 부분만 안 읽고 넘어갈 수도 있겠다.')

부정적 사건이 발생했지만 최악으로 번지지 않고 다르게 흘러갈 가능성과 그 확률

가능성 1. 법칙 9를 제외한 나머지 법칙은 긍정적인 반응을 얻음(D).	10%
가능성 2. 30가지 법칙 중 몇 가지는 반응이 있어서 해당 내용으로 책이 관심을 끔(E).	10%
가능성 3. 책을 쓰는 과정에 피드백을 받아 법칙 9의 내용을 수정, 개선함(F).	20%
가능성 4. 책을 출간한 후 다시 기회가 생겨 법칙 9의 내용을 수정, 개선함(G).	30%
가능성 5. 최악의 사태로, 결국 책이 별다른 관심을 끌지 못하고 시간과 에너지를 낭비함 {H=100-(D+E+F+G)}.	30%

최종 확률 계산{Bx(1-C)xH}

60% x (100 - 40)% x 30% = 11%

최악의 사태가 벌어질 예상과 실제 확률 비교

예상 확률(A)	20%	실제 확률(I)	11%

나는 최악의 사태가 벌어질 확률을 20%로 예상했지만, 실제 계산 결과 가능성은 11%에 불과했다. 이 결과는 나의 생각이 부정적으로 편향되었음을 보여준다. 이처럼 설령 부정적인 사건이 발생하더라도 그것이 최악으로 번질 확률은 우리가 예상하는 것보다 훨씬 낮은 경우가 많다.

누군가는 위 예시에서 11%가 여전히 의미 있는 확률이라고 주장할 수 있다. 합당한 이야기다. 하지만 처음 머릿속에서 떠올린 수치와는 분명히 차이가 있다. 핵심은 우리의 생각이 부정적으로 편향되어 있다는 점이지, 부정적인 사건이 발생할 가능성이 전혀 없다는 것이 아니다.

생각이 이토록 편향적이라면 마음속에 떠오른 생각을 그대로 믿고 따를 이유가 무엇이겠는가? 생각에 휘둘리고 그 생각과 싸우느라 소중한 시간을 낭비할 이유가 무엇이겠는가? 생각은 '나' 자신이 아니고 그저 자동적으로 떠오르는 것에 불과하다. 그런데도 생각은 레몬처럼 상징적 효과를 발휘한다. 하지만 거리를 두고 살펴보면 대개 생각은 정확하지 않다. 부정적으로 편향되어 있다. 우리에게는 생각을 곧이곧대로 믿을 이유가 없다.

그럼에도 부정적 사건이 발생할까 걱정을 떨칠 수 없다면 다음과 같은 질문에 대해 답해보는 것도 도움이 된다. "만약 최악의 사건이 발생한다면 나는 어떻게 대처할 수 있을까?" "그 상황에서 내가 도움을 구할 수 있는 사람이 있을까?" "그와 같은 어려움을 극복할 수 있는 나의 역량은 무엇일까?" 이 질문들에 차분히 답해보는 시간을 갖기 바란다.

생각은 그저 하나의 심리적 사건일 뿐이다. 마음속에 일었다가 또 지나가는, 때론 정확하지만 대부분은 턱없이 부정확하고 편향적이며 임의적인 대상일 뿐이다. 이런 관점을 바탕으로 생각과 어떤 관계를 맺어야 할지 고민해 보자. 생각에 얽매여 살아갈지, 아니면 다른 시각을 통해 자유를 찾아갈지, 선택은 당신의 몫이다.

생각함정 다루기
| 부정 편향 |

**기억할
법칙**

- 생각은 하나의 심리적 사건이다.
- 생각은 부정적으로 치우친다.

목표

나쁜 일이 벌어질까 걱정되어 특정 생각과 거리를 두기 힘들 때, 그 생각이 실제로 벌어질 확률을 따져보고 균형 잡힌 결론을 도출한다.

방법

1. 걱정하는 부정적 사건을 적는다.
2. 부정적 사건이 발생했을 때 일어날 수 있는 최악의 사태를 적는다.
3. 최악의 사태가 벌어질 확률을 예상해 적는다(A).
4. 부정적 사건이 발생할 확률을 적는다(B).
5. 부정적 사건이 발생했지만 무력화될 확률을 적는다(C).
6. 부정적 사건이 발생했을 때 최악의 사태와 다르게 일이 흘러갈 가능성을 네 가지 적어본다(D, E, F, G).
7. 각 가능성이 발생할 확률을 적는다.
8. 부정적 사건이 발생했을 때 최악의 사태가 벌어질 확률을 적는다 {H=100-(D+E+F+G)}.
9. 실제로 최악의 사태가 벌어질 확률{I=Bx(1-C)xH}을 계산한다.
10. 자신이 예상한 확률(A)과 실제 계산된 확률(I)을 비교해 본다.

확률 예상

예상하는 부정적 사건	
부정적 사건이 발생했을 때 일어날 수 있는 최악의 사태	
최악의 사태가 벌어질 예상 확률(A)	

확률 계산

부정적 사건이 발생할 확률(B)	
부정적 사건이 발생했지만 무력화될 가능성(C)	

부정적 사건이 발생했지만 최악으로 번지지 않고 다르게 흘러갈 가능성과 그 확률

가능성 1(D):	
가능성 2(E):	
가능성 3(F):	
가능성 4(G):	
가능성 5(H):	

최종 확률 계산{I=Bx(1-C)xH}

최악의 사태가 벌어질 예상과 실제 확률 비교			
예상 확률(A)		실제 확률(I)	

주의

- 사람들은 종종 '무력화'의 의미를 혼동한다. 보고서에 오타를 낼까 봐 걱정하는 직장인의 경우를 생각해 보자. 그는 이 사건으로 인해 자신이 작은 일도 못하는 사람이라는 평가를 받고 회사에서 해고 당할 가능성을 걱정한다. 이때, 실제 그가 보고서에 오타를 냈지만 담당자가 그 오타를 발견하지 못할 수도 있다. 이런 경우가 부정적 사건이 발생했지만 그 사건이 무력화되는 경우에 해당한다. 만일 본인의 경우에는 무력화 가능성이 거의 없다면 무력화 가능성(C)을 0%로 적어도 무방하다.

- 부정 편향이 심한 경우, 가능성 1~4(D, E, F, G)를 모두 최악의 사태로 적게 될 수 있다. 모든 가능성이 최악으로만 보이는 것이다. 최악의 사태는 이미 가능성 5(H)에 적었다는 것을 기억하자. 다른 가능성에는 말 그대로 최악의 사태가 아닌 다른 방향으로 흘러갈 가능성을 적는다.

- 다른 가능성을 적는 데뿐 아니라 그 확률을 계산하는 데에도 부정 편향이 강하게 작용할 때가 많다. 따라서 좀 더 객관적인 접근을 취하고 싶다면 근거 부족 생각함정을 다룰 때와 마찬가지로 가까운 지인에게 도움을 구하는 것도 좋은 방법이다. 역시나 정신건강 전문가들은 큰 도움을 줄 수 있다.

생각은
'나' 중심적이다

생각은 부정확하다. 편향적이기도 하다. 이쯤 되면 생각은 정말 믿을 게 못 되는 듯싶다. 마지막으로 생각의 특성을 한 가지만 더 살펴보고자 한다. 생각을 곧이곧대로 받아들일 필요가 없는 또 다른 이유는 **생각이 '나' 중심적이기** 때문이다. 우리는 주변에서 벌어지는 일들을 자신과 결부시켜 생각하는 경향이 있다. 모든 일은 나를 중심으로 해석되며 세상에서 나의 존재는 매우 중요한 것처럼 느껴진다. 그래서 우리는 나쁜 결과가 벌어졌을 때 종종 자신을 지나치게 탓하고 괴로워한다. 이처럼 어떤 상황이나 결과에 대한 자신의 기여를 과도하게 평가하는 것을 **'책임 과다'** 생각함정이라고 한다.

근거 부족, 부정 편향과 마찬가지로 책임 과다 또한 생존을 위해 진화한 인간의 특성이다. 어떤 문제가 발생했을 때 그 원인을 자기 탓으로 돌리면 상황을 더 주의 깊게 살피고 문제에 더 적극적으로 개입하게 된다. 잠재적인 위험을 더 빠르게 감지하고 적절하게 대응할 수 있다. 세상을 더 예측 가능하고 통제 가능한 것으로 만들려는 노력의 결과, 우리 마음속에서 '나'는 항상 '너'보다 더 큰 의미를 지니게 되었다.

'나'를 향한 의미 부여는 자연스럽고 필요하다. 문제는 그 의미 부여가 과도한 책임감과 결부되었을 때 아주 강한 '레몬'을 만든다는 것이다. "내가 그런 말을 하지 않았더라면 그가 이 지경까지 되진 않았을 텐데…" "내가 조금 더 잘했더라면 우리 팀이 더 좋은 성과를 낼 수 있었을 텐데…" 마음은 우리에게 끊임없이 이런 이야기를 건넨다.

심지어 우리는 **전혀 통제할 수 없는 일까지도 자신의 탓으로 돌리곤 한다.** 생명을 앗아가는 온갖 자연재해는 분명 안타까운 일이다. 하지만 자연재해는 우리가 손쓸 수 있는 영역이 아니다. 비슷하게 음주, 약물 복용 등에 의한 것이 아니라면 자녀의 타고난 장애는 부모의 책임이 아니다. 우리의 DNA는 본질적으로 불안정하며 이를 조종할 수 있는 사람은 세상에 없다. 하지만 때로 우리는 이러한 문제에까지 죄책감과 책임감을 느낀다. 죄책감과 책임감이 잘못되었다는 뜻이 아니다. 인간은 공감하고 연민할 줄 알기에 아름다운 생명체다. 다만, 스스로에게 불필요한 책임감을 지우는 일이 얼마나 쉬운지를 생각해 보자는 것이다. 책임 과다 생각함정에 빠지면 역시나 생각과 거리 두기가 쉽지 않다. 깊은 죄책감과 이어지는 자기 의심은 우리를 집요하게 괴롭힌다.

자책감이 과도한 건 아닌지 의심이 들 때 도움받을 수 있는 연습을 소개하겠다. 먼저, 발생한 결과에 대해 자신이 기여한 요인을 떠올린다. 이어서 나와 관련되지 않은 요인 다섯 가지를 적은 후, 가장 마지막에 자신이 기여한 요인을 적는다. 이제 각 요인이 결과에 얼마나 영향을 미쳤는지 그 기여도를 점수로 나타낸다. 자신의 책임을 과대평가하지 않으려면 100점을 만점으로 나와 관련 없는 요인의 기여도를 책정한 후 나머지 값을 나의 기여도로 할당하는 게 좋다. 뒤이어 각각의 요인이 스스로 통제 가능했는지 혹은 통제 불가능했는지 생각해 본다. 마지막으로 결과가 발생하는 데 통제 가능한 요인과 불가능한 요인의 비중은 각각 어느 정도였는지, 그중에서 통제 가능한 요인에 대한 나의 기여는 얼마나 되는지 분석해 보라. 담당하던 프로젝트를 성공적으로 완수하지 못한 어느 직장인은 다음과 같이 적었다.

발생한 결과 　담당 프로젝트를 성공적으로 완수하지 못했다.

기여 요인	기여 점수	통제 가능 여부
1. 최근 시장 상황이 너무 안 좋았다.	20	불가능
2. 협업하는 다른 부서 또한 해법을 찾지 못했다.	20	불가능
3. 경쟁사가 유달리 뛰어난 결과를 만들었다.	10	불가능
4. 애초에 목표가 너무 높게 설정됐다.	20	가능

5. 팀원들이 헌신할 수 있는 환경이 조성되지 않았다.	10	가능
6. 내가 업무의 우선순위를 잘못 설정해 일이 지연되었고, 결국 제품의 출시 타이밍을 놓쳤다.	20	가능

정리

통제 불가능한 요인의 기여 정도	50%
통제 가능한 요인의 기여 정도	50%
통제 가능한 요인 중 나의 기여 정도	40%

결론: 통제할 수 있었던 영역 50%에 대해 우선순위를 잘못 매긴 나의 잘못은 40% 정도 기여했다. 따라서 통제 가능했던 나의 기여는 20% 정도다.

이렇게 정리하는 과정을 거치면 애초에 통제 불가능했던 요인에까지 과도하게 자신의 책임을 부여하지 않을 수 있다. 그리고 통제 가능했던 요인에 대해서도 자신의 기여가 그렇게 크지 않았음을 눈으로 확인할 수 있다.

다만, 이 연습을 할 때에는 두 가지를 주의해야 한다. 첫째로 책임 과다 생각함정을 회피의 수단으로 활용하지 않아야 한다. 원인과 결과를 객관적으로 분석해 보는 것과, 변명거리를 찾아내 "몰라, 내 책임 아니야"라고 결론짓는 건 다르다. 전자는 생각과 거리를 둔 이성적이고 합리적인 행동이지만, 후자는 상황을 모면하기에 급급한 어린 아이에 불과하다.

두 번째로 다시 한번 강조하건대, 틀린 생각을 교정하려는 목적으로 이 연습을 하는 것이 아님을 기억하길 바란다. 나의 기여를 100이라고 예상했지만 계산 결과 80일 수도 있다. 다른 날에는 30일 수도 있고, 간혹 정확히 100일 때도 있을 것이다. 중요한 건 내용이 아니다. 생각이 얼마나 임의적으로 문제를 '나' 자신과 연결 짓는지를 이해해야 한다.

정말로 생각이 본질적으로 정확하지도 않고, 편향적이며, '나'를 지나치게 강조한다면 그대로 믿을 이유가 무엇이겠는가? 생각과 다시 관계를 맺고 내가 원하는 삶으로 나아가지 않을 이유가 무엇이겠는가? 괴로운 생각을 떨치기가 도무지 어렵다면 근거 부족, 부정 편향, 책임 과다 생각함정을 떠올려 보길 바란다. "생각은 하나의 심리적 사건에 불과하다." 이 명제를 실천하는 데에 큰 도움을 받을 수 있을 것이다.

생각함정 다루기
| 책임 과다 |

〜〜〜〜〜〜〜〜〜〜〜〜〜〜〜〜〜〜〜〜〜〜〜〜

기억할
법칙
- 생각은 하나의 심리적 사건이다.
- 생각은 '나' 중심적이다.

목표
결과에 대한 과도한 책임감으로 인해 특정 생각과 거리를 두기 힘들
때, 자신이 실제 기여한 정도를 따져보고 균형 잡힌 결론을 도출한다.

방법
1. 발생한 결과를 적는다.
2. 해당 결과가 발생하는 데에 내가 기여한 요인을 적는다.
3. 해당 결과가 발생하는 데에 나와 관련되지 않은 요인을 적는다.
4. 각 요인이 통제 가능했는지, 불가능했는지 적는다.
5. 각 요인이 해당 결과를 만드는 데에 어느 정도 기여했는지 점수를
   매긴다. 이때 나의 기여 요인은 가장 마지막에 점수를 책정한다.
6. 발생한 결과에서 통제 가능한 정도는 얼마나 됐는지, 나는 거기에
   얼마나 기여했는지 살펴본다.

발생한 결과			
기여 요인		기여 점수	통제 가능 여부

(나의 요인)		

정리

통제 불가능한 요인의 기여 정도	
통제 가능한 요인의 기여 정도	
통제 가능한 요인 중 나의 기여 정도	

결론:

주의   책임 과다 편향에 빠져 있을 땐 기여 요인 전체에 자신의 기여 목록을 적을 때가 많다. 나의 요인은 가장 마지막에 이미 적어두었다는 사실을 기억하자. 나머지는 자신과 관련되지 않은 다른 요인을 적도록 하자.

2장 : 감정 :

기꺼이
경험하기

생각 자체는 크게 위협적이지 않다. 설령 그것이 아무리 부정적인 생각이라고 하더라도 말이다. 문제를 일으키는 건 그 생각에 대한 우리의 반응이다. 마음속에 떠오른 것들을 피하고 없애고 대체하려는 순간, 괴로움이 생기고 문제가 발생한다. 하지만 만약 생각, 더 나아가 감정이나 감각 또한 하나의 심리적 사건에 불과하다면 우리가 그것들을 기꺼이 경험하지 못할 이유가 무엇이겠는가? 생각과 거리두기 이후 기꺼이 경험하기로 나아갈 때 우리는 비로소 내면의 자유를 얻을 수 있다. 이번 장에서는 거리를 둔 생각을 피하지 않고 기꺼이 경험하는 방법을 알아볼 것이다.

기꺼이 경험하는 10가지 법칙

Distancing

11

회피할수록
강해진다

1장에서 이야기한 것처럼 생각은 믿을 만하지 못하다. 생각은 부정확하며, 부정적이고 '나' 중심적으로 편향되어 있다. 그렇다면 우리는 대체 왜 그런 생각들에 휘둘리는 걸까? 왜 우리는 마음속에 레몬맛 팝콘이 떠오를 때 정신을 차리지 못하고 그곳을 향해 달려가게 될까? 이는 마음의 본질적 특성과 관련이 있다. **마음은 문제를 해결하기 위해 애쓴다.** 마음은 문제점을 발견하고, 해결 방안을 찾아내고, 이를 통해 상황을 교정하고 통제하는 데 탁월한 전문가다.

　한 가지 실험을 해보자. 역시나 경험적 지식이 중요하니 꼭 따라 해보길 바란다. 눈앞에 책상이 놓여 있다고 상상해 보자. 깨끗하고 널찍한 책상이다. 나는 이 책상에서 공부를 하려고 한다. 그런데 자세히 보니 책상에 못이 하나 박혀 있다. 반쯤 박힌 못은 위험할 뿐 아니라 공부에 방해가 된다. 마침 책상에는 장도리가 놓여 있는데, 못을 뺄 수 있게끔 한쪽이 둘로 갈라져 있다. 자, 이제 머릿속에서 문제를 해결해 보길 바란다. 어떻게 하면 될까? 10초간 상상해 보자.

어떤가? 아마 손쉽게 문제를 해결했을 것이다. 장도리를 이용해 못을 뽑으면 된다. 우리의 마음은 이처럼 손쉽게 문제를 해결해 낸다. 그리고는 우리에게 말한다. "자, 여기 답이 있어."

이와 같은 마음의 특징은 강력한 진화적 이점을 제공한다. 우리는 손으로 못을 뽑다 다칠 위험을 피할 수 있다. "곰 조심"이라는 문구, 또는 사나운 곰이 그려진 표지판만 보고도 다음에 해야 할 일을 알 수 있다. 숲을 헤매다 실제로 곰을 마주치거나 곰에게 공격당하지 않더라도, 발생할 수 있는 문제와 그 해결책을 쉽게 예측해 낸다. 우리의 마음은 이러한 과정을 놀라울 정도로 직관적이고 정확하게 수행한다. 머릿속에서 벌어지는 문제 해결은 자연스럽고 신속하다. 별것 아닌 것처럼 보이지만 바로 이런 능력 덕분에 인류는 근력이 약하고 달리기 속도가 느리며 날카로운 손톱, 대단한 후각이나 시각이 없음에도 지구의 정복자가 될 수 있었다.

그러나 정확히 이런 이유로 인류는 지구에서 가장 불행한 존재가 되었다. **마음이 자신이 할 수 없는 일에도 문제 해결적인 방법론을 사용**하기 때문이다. 못이 박힌 책상과 장도리. 해야 할 일은 명백하다. 몸이 그 일을 하지 않아도 마음은 머릿속에서 상황을 이해하고 문제를 해결한다.

이제 비슷한 실험을 우리 내면에 적용해 보자. 당신이 경험했던 부정적 사건을 떠올려 보길 바란다. 수치심, 죄책감, 자기 의심, 걱정, 후회, 외로움, 모든 것이 제대로 돌아가지 않는 듯한 느낌. 무엇이든 괜찮다. 나를 괴롭혔던 생각이나 감정, 기억을 떠올려 보자. 이들은 우리 마음속에 박힌 못이다. 이제 뭐든 좋으니 머릿속에서 이 문제를 해결하려고 노력해 보자. 30초 정도 시간을 들여 마음속 못을 뽑아보자.

잘되었는가? "네! 정말 효과적으로 못을 뽑을 수 있었어요. 정답이 있는 문제였군요!" 정말로 그랬다면 이제 책을 덮어도 좋다. 하지만 그렇지 않았을 것이다. 대부분의 사람은 이 상황에 놓이면 당황한다. '어떻게 해야 하지?' '생각을 하지 않아야 하나?' '해결책을 찾아볼까?' '그때 어떻게 했어야 했지?' '앞으론 어떻게 해야 하나?' '아니야. 그런다고 지금 당장 이 생각이나 감정이 해결될 것 같진 않아.' '이 못을 어떻게 뽑지?' 이와 같은 생각으로 30초를 흘려보낸다. 30초는 300분이 되고, 300일이 되고, 300개월이 된다. 우리는 그렇게 마음과 씨름하며 살아간다. 그러는 동안 제법 심각한 우울증에 빠지기도 하고, 공황장애를 겪기도 한다. 번아웃으로 인해 아무것도 못 하는 상태에 이르기도 한다. 결국 우리 중 3분의 1은 일평생 임상적으로 진단될 만한 수준의 정신건강 문제를 경험하게 된다.

우리가 내면의 경험에도 문제 해결 방식을 내세우게 된 데에는 문화적인 메시지도 큰 영향을 미쳤다. 우리는 항상 긍정적으로 생각해야 한다고 배운다. 밝고 깨끗하며 긍정적인 것들로 마음이 가득 차야 한다고 믿는다. 그래서 우울이나 불안 등 부정적인 감정을 해결하려고 부단히 애쓴다. '항'우울제'anti'depressant라는 이름에서도 이 사실이 드러난다. TV 광고에서는 행복이란 부정적인 내적 경험이 완전히 사라진 상태라는 메시지가 한껏 강조된다. 각종 상품과 서비스를 이용하는 광고 모델에게는 조금의 근심도 없어 보인다. 그 모습을 보면서 우리의 생각은 강해진다. '불안, 우울, 걱정, 근심, 괴로움. 이 모든 것들은 없어져야 하는구나.'

물리적인 세계에서는 "해결 방법을 찾아서 문제를 없애라"라는 원칙이 잘 작동한다. 하지만 같은 방식을 우리 내면에 적용하면 혼란만 가중된다. 심지어 같은 원칙이 정반대로 작동하는 것처럼 보이기도 한다. "해결 방법을 찾아서 문제를 없애려고 시도하라. 이제 문제는 더 깊어질 것이다." 이 원칙은 다음과 같이 바뀌어야 한다. "마음속에 떠오른 것은 하나의 사건일 뿐이다. 문제 해결을 위해 애쓰지 않아도 된다. 오히려 그와 같은 시도가 문제를 더 악화시킬 수 있다."

사회심리학자 다니엘 웨그너Daniel Wegner의 '백곰 실험'은 잘 알려져 있다. 누군가에게 백곰을 생각하지 말라고 하면 오히려 백곰을 더 자주 떠올리게 된다는 것이다. 사고 억제는 효과적이지 않다. 이처럼 사고는 그것을 억제하려고 할 때 더 강해지거나 오래 지속되곤 한다.

나도 가까운 지인에게 비슷한 실험을 시도해 봤다. 아침에 만난 그에게 "핑크색 코끼리를 떠올리지 말라"라고 말하며, 만약 그가 이 과제를 무사히 수행하면 밥을 사기로 약속했다. 그는 장난에 넘어가지 않겠다며 자신만만해했다. 그날 저녁, 우연히 마주친 그는 나를 붙잡고 이렇게 말했다.

"성공했어."

"뭘?"

"핑크색 코끼리를 떠올리지 않았다고!"

그의 뇌는 나를 보자마자 핑크색 코끼리를 떠올릴 만큼 핑크색 코끼리가 인상 깊었던 모양이다. 어쩌면 그 전에도 그의 마음속에 핑크색 코끼리가 몇 번이고 떠올랐을지도 모른다. 이처럼 **우리 뇌는 떠올려야 하는 것과 떠올리지 말아야 하는 것을 구분하지 못한다.** 팝콘 기계는 외부 정보에 반응해 팝콘을 마구 만들어낼 뿐이다.

부정적인 생각과 감정을 억누르거나 없애려는 시도는 상황을 악화시킬 뿐이다. 애초에 통제할 수 없는 것을 통제하려다 도리어 부작용이 생기는 것이다. 설령 부정적인 감정에서 벗어나려는 좋은 의도였다 해도, 하루 종일 우울과 불안을 붙들고 있는 사람이 갑자기 행복해질 수는 없는 노릇이다. 최악의 경우 삶에서 우울과 불안이 차지하는 비중이 커져가다가, 어느 순간 우울과 불안을 없애는 것이 삶의 가장 중요한 목표가 되어버린다. 부정적인 내적 경험은 더욱 강해진다.

'이런, 마음속에 부정적인 내적 경험이 더 강해지고 있다. 어떻게 해야 할까? 어떻게 하면 우울을 없앨 수 있을까? 어떻게 하면 불안을 말끔히 도려낼 수 있을까? 옳다. 바꿔야 한다! 부정적인 생각과 감정을 없애자. 그런 나쁜 생각은 하지도 말자. 마음속에 그런 생각이 있다니, 도저히 용납할 수 없어. 더 올바르고 긍정적인 생각들로 가득 채우자.'

이후에 벌어질 일을 예상하기란 어렵지 않다. 끝없는 악순환이다. 한없이 이어지는 심리적 괴로움의 소용돌이 속에서 너무나 많은 시간을 낭비하게 된다.

'경험 회피experiential avoidance**'는 악순환이다. 부정적인 내적 경험은 회피하려고 할수록 더 강해진다. 오히려 더 자주 떠오르며 더 깊은 정신적 흉터를 남긴다. 생각과의 거리는 점점 더 가까워진다((그림 4)).** 자신을 지키려다 자신을 파괴하는 결과를 초래한다.

공황장애를 예로 들어보자. 공황은 왜 발생할까? 안정적이던 사람

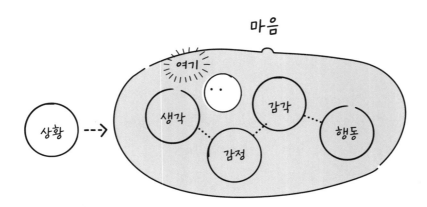

〈그림 4〉 '나'가 마음 바깥에서 마음 안으로 들어온 모습.
회피하려고 할수록 생각과의 거리는 가까워지고 결국 '나'와 생각이 동일시된다.

이 왜 갑자기 통제력을 잃고 패닉 상태에 빠질까? 불안을 통제하려는 노력이 만든 악순환 때문이다. "사람이 너무 많아." "답답해." "어, 왜 이러지?" "가슴이 너무 답답한데." "심장이 빨리 뛰어." "이러면 안 되는데? 이러다가 큰일 나." "쓰러지는 거 아닐까? 사람들이 쳐다볼 것 같아." "두근거림을 멈춰야 해." "여기서 나가야 해." "통제력을 잃어버리면 어떡하지?" "가슴이 너무 두근거려." "심장이 터질 것만 같아." "이러다가 실신하고 죽는 게 아닐까?" "어떡해. 멈춰야 하는데." "이러다가는 정말 공황이 올 거야." "그것만은 피해야 해." 생각이 들불처럼 번져나간다. 불안을 없애려는 시도가 다시 불안을 야기하고, 한껏 불안해진 채로 자신의 생각에 더더욱 몰두한다. 악순환이 반복되다가 결국 패닉에 치닫는다. 공황이다.

외상후스트레스장애나 강박장애에서도 비슷한 현상이 관찰된다. 머릿속에 침투해 오는 기억이나 생각을 없애려는 시도는 그 존재감을 더욱 부각시킨다. 강박장애를 앓고 있는 사람과 그렇지 않은 사람 사이에서 특정한 생각이 침투하는 정도는 크게 다르지 않다. 차이는 강박장애를 앓는 사람이 그 생각을 떨쳐내려고 필사적으로 노력한다는 점이다.

이 시도가 극단으로 치달을 경우, 앞서 말한 것처럼 **경험을 회피하는 것을 반복하다가 삶의 의제 자체가 '우울 줄이기' '불안 줄이기' '나쁜 생각 줄이기'로 바뀌어 버린다.** 10년 넘게 우울증을 앓아온 사람은 우울과의 심리적 전쟁을 쉽게 놓지 못한다. 그 경험이 곧 자신의 인생을 대변하기 때문이다. 우울이 곧 그의 자아가 되어버린 사람은 다음과 같이 생각하곤 한다.

'나는 지난 10년간 우울증과 싸워왔다. 그 과정에서 많은 것을 놓쳐버렸다. 소중한 인연들에 집중하지 못했다. 제대로 여행 한번 간 적이 없다. 어릴 적부터 좋아했던 피아노 연주는 까마득한 추억이 되었다. 열 번의 크리스마스와 새해는 매번 "다음에 괜찮아지면"이라는 조건문 뒤로 자취를 감추었다.'

부정적인 감정에서 벗어나려는 시도는 단순히 괴로운 경험을 안겨줄 뿐 아니라 삶을 허비하게 만들며 또 다른 괴로움을 불러일으킨다. '벌써 시간이 이렇게 지났네…' '그동안 난 뭘 한 걸까?' '이다음은 어떻게 흘러갈까?' '진짜 큰일이네. 이제 진짜 마음을 고쳐먹자. 새해부터는 부정적인 생각은 하지 말고, 나약한 마음도 품지 말고, 진짜 새로운 사람이 되자. 생각을 바꾸자. 나쁜 생각을 없애자.' 어디서 많이 들어본 듯한 이야기이지 않은가?

내면을 대할 때 우리가 이상적으로 여기는 상태가 있다. 바로 텅 빈 마음이다. 우리는 깨끗하고 맑은 마음을 지향한다. 긍정적이고 자기 확신으로 가득 찬 상태에 이르고자 한다. '어떻게 하면 더 나은 생각을 할 수 있을까?' '어떻게 하면 마음속 번민이 깨끗이 사라질까?' '어떻게 하면 복잡한 머릿속이 고요하게 정리될까?' 이런 생각은 난데없이 생긴 것이 아니다. 그와 같은 목표에 도달해야 한다고 주장하는 사람이 우리 주변에 너무나 많다. 가깝게는 작가와 콘텐츠 크리에이터부터 때로는 종교적 지도자까지. "마음속 근심과 걱정을 모두 떨쳐내세요." "구원을 얻고 궁극적인 평온에 도달하세요." 우리는 심리적·사회적으로 자연스럽게 이런 메시지에 이끌린다. 그리고 이런 메시지는 현재 자신의 상태가 잘못되었다고 느끼게 만든다. '누군가는 정말 텅 빈 마음을 가지고 있구나. 나도 저렇게 맑고 깨끗한 마음을 가지고 싶어.'

텅 빈 마음을 향한 추구는 인지치료, 행동치료, 마음챙김 명상 등 정신건강 문제를 해결하기 위해 고안된 수많은 기법들에서 오해를 불러일으킨다. 실제 인지치료를 받는 사람 중 상당수는 치료 과정에서 자신이 충분히 수용받지 못한다고 느낀다. 어설픈 치료자는 그들에게 다음과 같이 이야기한다.

"우울증에 걸리면 왜곡된 생각을 하게 돼요. 미래를 지나치게 걱정하거나 비관적으로만 생각하죠. 스스로에 대해서도 편향된 평가를 해요. 그건 당신의 잘못이 아닙니다. 우울증 때문이에요. 자, 우리에겐 12가지 유형의 인지왜곡이 있어요. 지난번에 말했던 당신의 생각은 12가지 중 하나에 해당하는 것 같네요. 같이 한번 살펴볼까요? 그것 보세요. 꽤나 잘못된 생각이죠? 지금 우리 생각에는 왜곡이 있다는 점을 명심하세요."

처음에는 명쾌해 보인다. 왜곡을 찾아주니 문제도 해결된 것 같다. 하지만 한편으로는 불편한 감정이 든다. '왜 자꾸 내 생각이 틀렸다고 하는 거지? 그런 생각이 드는 걸 어떡해.' 그래도 치료자의 말을 열심히 따른다. 부정적인 생각이 떠오를 때마다 교정하고 바꾸며 그 생각이 틀렸음을 확인한다. 더 이상 왜곡된 생각을 하지 않는 것을 목표로 삼는다. 합리적이고 이성적인 인간이 되려 한다. 문제가 없는 생각들로 마음을 가득 채우려 시도한다.

하지만 그 과정에서 부정적인 감정은 끊임없이 되새김질된다. 문제가 좀처럼 해결되지 않을 땐 삶 자체가 '더 나은 생각하기'만을 향해 흘러간다. 내가 원하는 행복한 삶은 뒷전으로 밀려난다. 수단과 목표가 뒤바뀐다. 왜곡된 생각을 가진 나는 끝내 스스로에게조차 수용되지 못한다. 그렇게 시간은 흐르지만 크게 달라지는 것은 없다. 치료는 실패로 끝난다.

행동치료에서도 비슷한 상황이 벌어진다. 우울증 치료에 효과적인 방법 중 하나로 행동 활성화behavioral activation가 있다. 이는 행동주의 심리학에 기반을 둔 접근으로, 활동 수준을 점진적으로 높여 에너지를 끌어올리는 치료 방식이다. 하지만 어설픈 치료자는 다음과 같이 이야기한다.

"에너지 수준을 높이는 게 중요해요. 일단 몸을 움직여야 해요. 그래야 활기가 생기고 부정적인 생각에서 벗어날 힘이 생기거든요. 지금 당장은 내키지 않는 걸 잘 알고 있어요. 움직이기 힘들겠죠. 그래도 움직여야 해요. 일단 움직이는 게 중요합니다. 그러니 과제를 하나씩 실천하며 활동량을 늘려보죠."

그들은 무기력에 빠져 몸을 움직이지 못하는 사람들에게 '일단은 움직여야 무기력이 해결된다'는 순환 논리를 내세우고 있다는 사실을 간과한다. 조금 더 숙련된 치료자는 더 타당한 논리를 제시하기도 한다. "그러겠다는 마음이 들기 전에 일단 움직이는 게 중요합니다. 기분이 아니라 계획에 따라 활동을 구조화하세요." 분명 따를 만한 조언이다. 하지만 이 이야기만으로는 어떻게 그렇게 할 수 있는지 선뜻 이해가 되지 않는다.

생각은 '나' 자신이 만드는 것이 아니라 자동적으로 튀어 오르는 것이라는 점, 부정확하고 편향적인 생각을 그대로 수용할 필요는 없다는 점, 그리고 생각은 회피할수록 오히려 강해진다는 점을 이해하지 못하면 행동은 생각과 감정에 크게 영향을 받을 수밖에 없다. 생각과 감정이 하나의 심리적 사건임을 머리로는 이해하더라도 마음으로 받아들이지는 못한다. 당연히 생각과 감정에 반대되는 행동을 실천하기도 어렵다. 오히려 맑고 깨끗한 마음, 의지적이고 희망찬 태도가 선행되어야 무언가 행동할 수 있을 것처럼 느껴진다. 그럼에도 불구하고 행동해 보려고 하지만 번번이 좌절된다. 반복되는 시도와 실패 사이에서 자책과 회의는 깊어진다.

마음챙김 명상에서도 상황은 비슷하다. 어설픈 명상 지도자들은 마음을 비울 것을 요구한다. 티 없이 맑은 마음, 번민과 혼란이 없는 평온한 상태, 궁극의 평화. 누가 이런 경지를 거부하겠는가? 하지만 마음챙김 명상의 목표는 마음을 비우는 데 있지 않다. 오랫동안 명상을 수련한 지도자들조차 텅 빈 마음의 주인공이 아니다. 그들의 마음 속에도 수많은 생각이 끊임없이 떠오른다. 팝콘 기계는 주인을 가리지 않는다. 다만 그들도 생각이 마음속에서 떠오르고 또 사그라드는 모습을 그저 지켜볼 뿐이다. 그들은 바꾸고 싶은 충동이 드는 대상이 거기에 있음을 인식한다. 다만 억지로 없애려 하지 않는다. 부정적인 생각과 함께 머무르며 자신이 원하는 선택을 해나간다.

이 사실을 알지 못하는 사람은 텅 빈 마음을 기대하며 명상을 시도하지만, 끝내 그 상태에 도달하지 못한다. 호흡으로 돌아가는 명상 연습은 어느 순간부터 부정적인 생각과 감정을 회피하는 시간으로 전락한다. 그렇게 시간은 흐르지만 크게 달라지는 것은 없다. 명상은 실패로 끝난다.

'텅 빈 마음'은 파랑새다. 누구도 약속할 수 없는 유토피아다. **텅 빈 마음은 우리의 목표가 아니다.** 생각을 멈추려고 애쓰면 더 많이 생각하게 된다. 회피할수록 강해진다. 마음을 치유한다고 알려진 모든 방법은 고통을 제거하거나 통제하기 위한 것이 아니다. 그저 생각과의 관계를 새롭게 정립하고 마음속 생각들에 보다 유연하게 대응하는 법을 배우는 과정이다. **행복이나 평온, 이완은 궁극적인 목적이 될 수 없다.** 오히려 매 순간을 그런 감정으로만 채우는 건 불가능하다는 사실을 진심으로 이해하고 받아들여야 더 깊고 본질적인 자유를 얻을 수 있다.

앞서 왜 그토록 반복적으로 '내용'이 아니라 '관계'에 집중하라고 강조했는지 이제 이해했을 거라고 생각한다. 생각의 내용을 없애고, 바꾸고, 교정하고, 제거하는 데 집착하면 바로 그 노력 때문에 문제가 더 심화될 수 있다. 생각은 애초에 제거할 수도, 통제할 수도 없는 상대이기 때문이다. 마음은 문제 해결을 위해 애쓴다. 하지만 회피하려고 할수록 강해진다. 이 사실을 잘 기억한다면 생각과의 지난한 전투를 끝낼 수 있다. 마침내 전쟁터에서 벗어날 수 있다. 정신없이 좇던 파랑새를 놓아주는 순간, 비로소 거기에 맑은 하늘이 있었음을 깨닫게 될 것이다.

고통은 불가피하지만
괴로움은 선택할 수 있다

부정적인 내적 경험을 피하려는 것은 본능이다. 물리적 세계에서는 위험을 피하거나, 그것과 싸워 없애는 일이 가능하기 때문이다. 따라서 불쾌한 감정, 이미지, 생각을 마주했을 때도 관성적으로 회피하려 할 수 있다. 하지만 내적 경험은 회피하려 할수록 강해진다. 밀어내려고 하면 할수록 더욱 강렬하게 모습을 드러내며, 우리의 마음을 압도한다.

부정적인 내적 경험은 누구도 피할 수 없는 일이다. 고통pain은 인간의 보편적 경험이다. 우리는 모두 언젠가 죽는다. 사랑하는 사람과 이별한다. 부모님과 작별하고, 목숨보다 소중한 자녀를 먼저 떠나보내기도 한다. 영원한 것이 없다는 사실은 크나큰 고통이다. 직장 일이 마음대로 풀리지 않아 좌절하기도 하고, 사업이 실패해 모든 노력이 수포로 돌아가기도 한다. 수년 동안 준비했던 시험에서 보란 듯이 낙방하기도 한다. 타인에게 멸시당하고 깊은 모멸감을 느끼기도 한다. 누구나 살면서 한 번쯤 이런 일들을 겪는다. '내가 잘하고 있는 걸까?' '이 방향이 맞을까?' '실패하면 어떡하지?' 이런 의문은 예고 없이 고개를 든다. 부정적인 감정도 마찬가지다. 우울, 불안, 후회, 분노, 짜증, 권태, 회의, 자책, 수치심. 이런 경험을 피할 수 없다. 즉, 고통은 피할 수가 없다.

한편 인간은 괴로움suffering을 경험한다. 이는 고통을 마주하는 것과는 다르다. 고통과 괴로움을 혼동해서는 안 된다. 많은 사람이 고통을 괴로움의 원인, 괴로움 그 자체로 여긴다. 하지만 괴로움은 고통 때문이 아니라 고통을 없애려는 시도 때문에 생긴다. 우리는 힘든 감정과 생각, 불쾌한 기억, 원치 않는 충동과 감각을 제거하기 위해 끊임없이 심리적인 전쟁을 치른다. 그 과정에서 우울증, 불안장애, 공황장애와 같은 정신질환을 앓기도 한다. 우울한 기분을 없애기 위해, 불안한 감정을 제거하기 위해 고군분투하지만 그럴수록 인생은 더 고단해진다.

하지만 같은 고통을 마주하더라도 다른 방식으로 삶을 이끌어가는 이들도 있다. 이들은 부정적인 생각과 감정이 떠올랐음을 인지하지만, 그것에 집착하지 않고 삶을 전진시킨다. 모든 것이 무너질 것 같은 절망의 순간에서 마음을 다잡고 변화를 만들어내는 사람들, 아무도 알아주지 않는 일을 묵묵히 해내며 남다른 결과를 이끌어내는 사람들, 극한의 상황에서도 타인을 위해 자신을 헌신하는 사람들, 오랜 우울증을 극복하고 풍요로운 삶을 살아가는 사람들. 이들 역시 고통을 마주한다. 하지만 괴로움에 잠식되진 않는다.

고통과 괴로움은 다르다. 고통은 불가피하지만 괴로움은 선택할 수 있다. 석가모니가 남긴 이 말을 잘 기억하길 바란다. 마음속의 부정적인 생각을 말끔히 없앨 순 없다. 그 생각을 긍정적인 것으로 모조리 바꿔버릴 수도 없다. 마음속에 그런 생각이 떠오르는 건 자연스러운 일이다. 마음속 팝콘 기계는 우리 말을 듣지 않으며 때로는 원치 않는 레몬맛 팝콘이 튀어 나오기 마련이다.

하지만 그것을 없애기 위해 평생을 애쓰지 않을 수는 있다. 문제를 해결해야 한다는 본능에 매몰되지 않을 수 있다. 부정적인 감정을 제거하려다 더 큰 악순환의 굴레에 빠지지 않을 수 있다. 생각을 하나의 심리적 사건으로 바라보고, 그것이 마음속에 떠올랐다는 사실을 기꺼이 인정할 수 있다. 생각과 거리를 둔 상태에서 자신이 원하는 선택과 행동을 할 수 있다.

이 글을 읽는 당신은 아마 이런 생각을 해본 적이 있을 것이다. '나는 왜 이렇게 불행할까?' '나는 왜 문제를 극복할 수 없을까?' '어떻게 하면 삶이 행복으로 가득 찰 수 있을까?' '나는 왜 행복해질 수 없는 걸까?' '나는 뭐가 잘못된 걸까?' '인생이 왜 이리도 힘들까?' 비밀을 공개하겠다. 나뿐만 아니라 모두가 힘들다. 고통은 누구도 피해 갈 수 없는 것이다. 그렇게 보이지 않을 뿐이다. 사람들은 행복을 도달해야 할 이상처럼 여겨서 행복한 모습만 드러낸다. 하지만 진실은 다르다. 우리 모두 저마다의 심리적 고통을 안고 살아간다. 혹은 그런 순간을 겪으며 살아간다. 특별한 행운을 타고난 사람도, 뛰어난 능력을 지닌 사람도 예외는 아니다. 삶은 누구에게나 힘겹다. 그러나 그 고통에 얼마나 괴로워하며 살아갈지는 각자의 선택에 달려 있다.

고통이 보잘것없다는 이야기가 아니다. 소수의 사람이 겪는 크나큰 불행의 무게를 폄하하려는 것도 아니다. 모두 안타깝고 위로받아야 할 일이다. 하지만 부정적인 생각들을 마음속에서 말끔히 뽑아낼 수는 없다. 그래서 생각과의 관계를 다시 생각해야 한다. 생각에 매달리며 괴로워하지 않기 위해서.

다시 처음의 질문으로 돌아가서, 왜 괴로움은 인간만의 보편적인 현상이 되었는가? 정신건강 문제는 왜 인간에게서만 이토록 광범위하고 강하게 나타나는가? 이제 답을 알 수 있다. 우리가 그 어떤 생명체보다 강한 자아를 갖고 있기 때문이다. 우리가 유일하게 '나' 자신을 생각하는 존재라고 믿기 때문이다. 우리가 유일하게 상징적인 의미를 이해하고 활용하며 그것을 언어로 표현해 내는 존재이기 때문이다. 우리가 생각의 포로이기 때문이다. 고통을 괴로움으로 만들기 때문이다.

고통은 불가피하다. 그러나 반드시 괴로워야 하는 건 아니다. 시련이 닥치는 상황 자체를 바꿀 수는 없더라도, 그에 대한 자신의 태도는 선택할 수 있다. 부정적인 내적 경험이 마음속에 떠오른다고 해서 그것이 반드시 문제가 되는 건 아니다.

"고통은 불가피하지만 괴로움은 선택할 수 있다." 수많은 격언 중에서도 특별히 마음에 담아둘 만한 말이다.

13

기꺼이 경험하면
괴롭지 않다

텅 빈 마음은 목표가 아니다. 부정적인 생각과 감정은 회피할수록 더 강해진다. 그렇다면 회피하는 것 말고 달리 무슨 방법이 있을까? 답을 예상하기는 그리 어렵지 않다. 그렇다. 마주하는 것이다. 그런데 '마주하다'라는 말은 자주 오해를 불러일으킨다. "야, 마음 별것 아니다? 정신 똑바로 차리고 이겨내면 돼." "일단 부딪쳐 봐. 불안감? 그것도 막상 부딪치면 별것 아니라니까?" "네가 왜 우울한지 알아? 당장 바쁘지 않아서 그래. 세상의 힘든 일 다 마주하고 겪어보면 우울할 틈도 없어." 귀담아들을 필요도 없는 이야기다.

반면 조금 더 설득력 있는 설명도 있다. 불안장애, 특히 특정공포증specific phobia과 같이 특정 대상에 극심한 불안을 느끼는 질환을 치료할 때는 체계적 둔감화systematic desensitization라는 행동치료 요법이 흔히 사용된다. 체계적 둔감화란 불안을 유발하는 대상을 환자에게 점진적으로 노출시키는 치료법이다. 예를 들어 거미를 무서워하는 사람에게 처음에는 거미 이미지를 보여주고, 그다음에는 거미 동영상을, 이어서 거미 인형과 모형을 차례로 노출시킨 후 최종적으로 실제 거미와 대면하게 하는 것이다. 문자 그대로 체계적으로 '둔감'해지도록 돕는 과정이다.

하지만 디스턴싱에서 말하는 '마주하기'는 자주 노출시켜 둔감해지는 것과는 본질적으로 다르다. 우리는 '억지로 마주'하기보다는 '기꺼이 경험'하려 한다. 마음속에 생각이 떠오른다는 사실을 부정하는 전자와 달리, 후자는 마음속에 어떤 생각이든 떠오를 수 있다는 점을 받아들인다. 전자는 싫은 생각을 억지로 버티려 한다. 후자는 그것조차 하나의 심리적 사건일 뿐이며, 회피할 필요가 없음을 이해하고 수용한다. 전자는 마음속에 떠오르는 생각과 감정에 괴로워한다. 후자는 마음속에 떠오른 고통이 나의 반응 없이는 실체를 가질 수 없음을 깨닫고 여유를 가진다. 고통을 기꺼이 경험한다면 괴롭지 않을 수 있다. 반대로 기꺼이 경험하지 않으면 고통은 괴로움으로 모습을 바꾼다. '고통은 불가피하지만 괴로움은 선택할 수 있다.' '회피할수록 강해진다.' '텅빈 마음은 목표가 아니다.' 이 세 법칙을 마음에 잘 새기길 바란다.

기꺼이 경험하기를 설명하는 데 좋은 비유가 있다. 당신은 깊은 늪에 빠졌다. 당혹스럽다. "어떡하지?" 발이 서서히 늪에 빨려 들어가자 패닉이 찾아온다. 늪에서 탈출하기 위해 허우적거린다. 한쪽 다리를 들자 다른 쪽 다리에 온몸의 무게가 실린다. 그러자 늪에 더 깊이 빨려 든다. 더 큰 패닉에 빠진다. 이러다가는 큰일이 날 것 같다. 당신은 몸부림쳐 보지만 그럴 때마다 늪은 당신을 더 깊이 끌어들인다.

어디서 많이 본 모습이지 않은가? 불안감을 통제하려고 애쓰다가 공황을 마주하는 사람은 꼭 이와 같은 과정을 겪는다. 머릿속에 침투한 생각들을 떨쳐내려고 애쓸수록 생각은 더 강하고 빈번하게 떠오른다. 초라한 자아를 과하게 보상하려 할수록 우울감은 깊어진다. 사랑을 간절히 갈구할수록 얄궂게도 상대는 멀어진다. 삶이 왜 이 지경이 되었는지, 나는 왜 이렇게 우울한지, 그 이유를 찾기 위해 생각을 곱씹어 보지만, 그럴수록 삶은 점점 더 우울한 방향으로 흘러간다.

늪에 빠지고 있다. 어떻게 해야 할까? 방법은 하나뿐이다. 늪을 향해 온몸을 던지는 것이다. 미쳤다고 생각할지도 모르겠다. 아니다. 정말로 유일한 방법이다. 늪에 빠졌다는 사실을 인정하고 최대한 몸을 넓게 접촉시켜 몸무게를 분산해야 한다. 물론 늪은 축축하고 끈적하다. 서 있으면 무릎밖에 잠기지 않지만 온몸을 접촉시키면 정말로 속절없이 빠져들 것만 같다. 하지만 그 외 다른 방법은 없다.

우리가 마음속 부정적인 생각과 감정에 현명하게 대처할 수 있는 유일한 방법도 이와 같다. 생각을 하나의 심리적 사건으로 바라보고 부정적인 생각조차 기꺼이 경험한다면 어떻겠는가? 생각과의 관계를 새로 맺기 위해서는 생각을 억지로 마주해서는 안 된다. 기꺼이 경험해야 한다.

기꺼이 경험하기는 더 나은 결과를 얻으려고 하는 행동이 아니다. "불안하다. 아, 맞아. 디스턴싱에서 기꺼이 경험하라고 했지. 기꺼이 경험하면 불안이 사라질 거야." 이는 '기꺼이 경험하기'라는 이름으로 위장된 회피일 뿐이다. 또, **기꺼이 경험하기는 이상적인 상태에 도달하려고 애쓰는 과정이 아니다.** 기꺼이 경험하기는 마음속 모든 근심과 걱정, 고통이 사라진 평온한 상태를 약속하지 않는다. **심지어 무언가를 고쳐야 한다고 주장하지도 않는다.** "아, 나는 기꺼이 경험하지 않고 있구나. 이건 틀렸어. 기꺼이 경험해야지." 이런 생각조차도 기꺼이 경험하기와는 거리가 멀다.

이 말이 혼란스러울 수 있다는 점을 이해한다. 하지만 곰곰이 생각해 보길 바란다. 마음속에 떠오르는 경험에 대해 목적을 가지고 판단하고 애쓰는 것은 '기꺼이 경험'하는 것이 될 수 없다. 중요한 건 내용이 아니라 관계다.

대부분의 사람은 살면서 한 번 이상 우울과 불안이라는 구덩이에 빠진다. 그때 우리가 손에 쥐게 되는 것은 '경험 회피'라는 이름의 삽이다. 우리는 구덩이에서 빠져나오려고 삽으로 구덩이를 파낸다. 우울과 불안을 모조리 없애려고 한다. 하지만 땅을 팔수록 구덩이는 더 깊어진다. 어쩌면 당신은 그와 같은 상황에서 이 책을 읽고 있을지도 모른다. 그렇다면 당신은 내가 더 멋진 삽을 건네줄 거라 기대했을지도 모르겠다. 크고 튼튼하고 검증된 삽이라면 구덩이에서 빠져나갈 수 있다고 믿으면서 말이다.

하지만 나는 당신에게 삽이 아닌 사다리를 주고 싶다. '기꺼이 경험하기'라는 사다리다. 만약 당신이 삽으로 땅을 파는 데에 너무 익숙해져 있다면 사다리를 이용해 땅을 파게 될지도 모른다. '계단까지 있는 삽이구나' 생각하면서 말이다. 이제 삽은 내려놓아야 한다. 관점을 바꿔야 한다. 누군가는 이 비유를 듣고 나서 "정말 맞는 말이네요. 이제는 기꺼이 경험하기 위해서라도 삽을 내려놓을 필요가 있겠어요"라고 이야기했다. 하지만 몇 주 후, 그는 다시 나에게 찾아와 항의했다. "삽을 내려놓았는데 왜 아직도 우울한 거죠?" 관점을 바꾼 게 아니라 사다리로 땅을 파고 있었던 것이다.

기꺼이 경험하기란 지금 이 순간에 머물며 마음속에서 벌어지는 모든 생각, 감정, 감각, 충동을 그저 하나의 심리적 사건으로 바라보며 관찰하는 일이다. 그것이 단지 심리적 사건이라면 거부할 필요가 없다. 우리는 소음을 피하려 하지만 들려오는 소리 자체를 머릿속에서 지우려 하지 않는다. 우리는 끔찍한 장면을 보기 싫어하지만 눈에 들어온 이미지 자체를 제거하려 하지 않는다. 우리는 소음과 이미지가 우리 뇌를 스치는 하나의 심리적 경험임을 알고 있다. 생각 또한 마찬가지다. 거부하지 않고 기꺼이 경험해 보면 나를 괴롭혔던 생각이 실은 빈 깡통이었음을 알게 된다. 기꺼이 경험하려 할 때 우리는 '나'의 자리를 지키며 생각과 거리를 둘 수 있다(〈그림 5〉).

한 가지 재밌는 실험을 해보자. 진지한 마음으로 임하길 바란다. 휴대폰을 꺼내 타이머를 켜라. 이제부터 가능한 한 오래 숨을 참아보

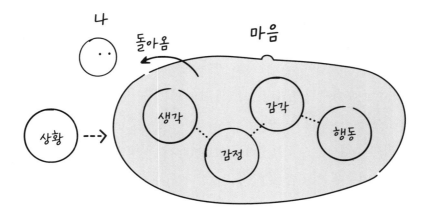

<그림 5> 기꺼이 경험하려 할 때 '나', 마음, 생각의 위치를 유지하며
생각과 거리를 둘 수 있다.

겠다. 최대한 오래 참으면 된다. 그리고 얼마나 오랫동안 숨을 참았는
지 측정하자. 자, 시작. 숨 참기. 최대한 오랫동안.

잘 참았는가? 아마 쉽지 않았을 것이다. 여러가지 생각이 스쳤을
것이다. "갑자기 왜 이런 걸 시키는 거야?" "이따 저녁 뭐 먹지?" "진짜
답답해." "이제 진짜 안 되겠어."

그렇다면 이번에는 다른 시도를 해보자. 숨을 참는 동안 몸에서 느
껴지는 감각에 최대한 집중해 보는 것이다. 숨을 참는 동안 답답함이
라는 감각이 구체적으로 어떤 느낌인지 살펴보자. 가슴이 답답한지,
코가 답답한지, 공기가 흐르지 않는 콧속의 감각은 어떤지. 한계에 도

달했을 때 몸이 어떻게 반응하는지 살펴보고 조금 더 버텼을 때 목구멍 안쪽에서 어떤 느낌이 치밀어 오르는지 들여다보자. '정말 이제 죽겠다' 생각이 들 땐 어떤 감각이 느껴지는지 확인해 보자. 살면서 이런 경험을 해본 적은 없을 테니 부디 호기심을 가지고 모든 걸 하나씩 최대한 자세히 관찰하길 바란다.

자, 이제 시작하겠다. 이전과 동일하게 타이머로 얼마나 오랫동안 숨을 참았는지 측정해 보자. 숨 참기. 최대한 오랫동안. 그 느낌과 감각을 최대한 자세히 관찰하면서. 좋다. 이번엔 어땠는가? 잘 진행했다면 대부분 후자의 방식을 통해 숨을 더 오래 참았을 것이다. 신기하지 않은가? 기꺼이 경험하려 했더니 숨을 더 오래 참게 되었다. 이 원리는 우리 내면의 경험에도 동일하게 적용된다. 부정적인 생각이 떠오르는 건 막을 수 없지만 거부하지 않고 기꺼이 경험하면 괴롭지 않을 수 있다. 고통은 불가피하지만 괴로움은 선택할 수 있다.

'기꺼이 경험한다면 괴롭지 않을 수 있다'는 법칙을 이해했다면, 다섯 번째 법칙에서 배운 '분리하기' 훈련을 한 단계 더 발전시킬 때다. 지금까지는 꾸러미로 떠오른 생각을 만났을 때 그것을 상황, 생각, 감정, 감각, 행동/충동으로 나누는 데 몰두했을 것이다. 물론 그 연습도 좋은 효과를 낼 수 있지만 누군가에게는 부족할 수 있다. 연습을 하면서도 마음 한편에서 그 생각을 떨치고 싶은 충동을 느꼈을지도 모른다. 하지만 회피할수록 강해질 뿐이다. 기꺼이 경험하면 괴롭지 않다.

이제는 각 요소를 분리해 적을 때 그 내용을 최대한 자세히 적어볼 것이다. 불편을 느꼈을 당시 그 공간의 온도와 풍경은 어땠는지, 나를 바라보던 상대의 표정은 어떻게 구겨졌는지, 불안한 감정은 내 몸의 어디에서 어떻게 느껴졌는지, 나의 목과 어깨는 움츠러들었는지 꼿꼿했는지, 심장 박동은 어느 정도 빨라졌는지, 분리하기를 실천하는 이 순간 어떤 충동을 느끼고 있는지. 여러 요소를 그저 분리하는 데에 그치지 말고 각 요소로 차례차례 주의를 옮기며 자신의 상태를 세밀히 관찰해 적는다. 꾸러미는 어차피 몇 가지 심리적 사건들의 묶음일 뿐이다. 거부하려 들지 말고 기꺼이 경험하며 관찰해 보길 바란다. 그러면 괴롭지 않을 수 있다.

마찬가지로 '기꺼이 경험한다면 괴롭지 않을 수 있다'는 법칙을 이해했다면 일곱 번째 법칙에서 배운 '생각 알아차리기' 훈련에서도 한 단계 더 나아가야 한다. 명상을 할 때에는 대개 호흡을 사용한다. 호흡은 목적 없이 부유하던 생각을 멈추고 지금 이 순간으로 돌아오게 해주는 훌륭한 닻이기 때문이다. 그럼에도 내가 호흡을 주의력 훈련의 목적으로만 활용한 이유는 많은 사람들이 호흡 명상을 주의를 전환하는 용도로 사용하기 때문이다. "호흡에 집중하면 부정적인 생각과 감정을 피할 수 있어요." "맑고 청아한 마음을 가질 수 있답니다." 어디서 많이 들어본 이야기 아닌가? 이는 명상을 가장한 회피에 불과하다.

부정적인 생각이나 감정을 만나면 당황하지 말고, 그 생각과 감정이 어떤 느낌으로 다가오는지, 신체가 어떻게 반응하는지, 그리고 그 순간 어떤 생각이 추가로 떠오르는지를 찬찬히 관찰해 보자. 이후 다시 나의 자리로 돌아와 강, 하늘, 컨베이어벨트를 바라보듯 생각을 바라보면 된다. 명상이 끝나갈 즈음 정신없이 생각을 좇던 자신을 발견하곤 "내내 생각만 따라갔네. 실패했어"라며 좌절하지 않아도 된다. 기꺼이 경험하기는 특정한 결과를 기대하면서 하는 것이 아니다. 어떤 상태에 도달하거나 무언가를 고치려 애쓰는 일도 아니다. 그저 자신이 생각을 좇고 있었다는 사실, 그리고 마음속에 "실패했어"라는 또 다른 생각이 떠올랐다는 사실을 알아차리는 과정이다.

마지막으로 연습을 해보며 이번 법칙을 마무리하자. 괴롭거나 잊고 싶었던 생각, 감정, 기억 등을 떠올려 보자. 잠시 눈을 감고 그것을 마음속에서 끄집어내어 1미터 앞 땅바닥에 놓아둔다고 상상해 보자. 그 생각, 감정, 기억은 어떤 모습인가? 무슨 색인가? 얼마나 무거운가? 촉감은 부드러운가 아니면 꺼끌꺼끌한가? 그것을 바라보는 나는 어떤가? 나의 호흡과 심장 박동은 어떤가? 그것을 바라보는 동안에는 어떤 생각이 떠올랐나? 잠시 관찰해 보길 바란다. 그 생각이 혹여나 무섭게 느껴진다면 잊지 말자. 빈 깡통일 뿐이다. 심리적 사건일 뿐이다.

관찰이 끝났다면 그것을 다시 마음속에 넣어놓자. 바닥에 놓아두고 가버리고 싶은 마음은 이해한다. 하지만 회피하지 말자. 기꺼이 챙겨 가길 바란다. 마음속에 그런 것이 있다는 걸 기꺼이 인정하고 경험하길 바란다. 그것이 내 마음속에 있다고 한들 문제 될 건 아무것도 없다. 수용한다, 받아들인다, 나를 사랑한다. 모두 같은 이야기다. 기꺼이 경험한다면 괴롭지 않을 수 있다.

반추에 빠지면
악순환이다

우리는 생각을 가까운 거리에서 바라보고 그것에 강하게 반응한다. 그것들을 제거하려고 하고, 통제하려고 하고, 바꾸려고 한다. 텅 빈 마음, 긍정으로 가득 찬 마음, 맑고 깨끗한 마음을 찾아 나선다. 하지만 회피할수록 강해질 뿐이다. 우리는 더 나은 대안을 선택해야 한다. 그것은 고통은 불가피하지만 괴로움은 선택할 수 있다는 점을 이해하는 것이다. 기꺼이 경험한다면 괴롭지 않을 수 있다는 관점을 가지는 것이다.

그런데 여기, 기꺼이 경험하기를 방해하는 고약한 녀석이 있다. 바로 **'반추'라는 생각함정**이다. 이는 마치 소가 되새김질하듯 생각을 곱씹는 행위를 뜻하는데, 과거의 잘못이나 놓쳐버린 기회, 자신의 단점 등 그 대상이 되는 생각의 내용과 범주는 다양하다. '그때 내가 그렇게 하지 않았더라면 지금 상황이 달라졌을까?' '나의 이 부분만 개선되면 참 좋을 텐데… 그랬더라면 지금쯤…' 불확실한 미래를 피해 갈 방법에 대해 생각하기도 한다. '앞으로 끔찍한 일이 벌어지면 어쩌지?' '그런 일이 생기지 않으려면 무엇을 해야 할까?' 특정한 대상이나 사건의 의미를 곱씹기도 한다. '나는 왜 이럴까?' '왜 이런 일이 벌어진 거지?' '다른 사람들은 행복해 보이는데, 왜 나만 이런 걸까?'

반추는 얼핏 문제가 아닌 것처럼 보일 수 있다. 과거를 반성하거나 미래를 계획하는 일처럼 보이기 때문이다. 과거를 통해 교훈을 얻거나 미래를 대비하기 위해 노력하는 건 자연스러운 일이다. 회고와 대비는 건강한 생각 습관으로, 그 의도가 분명하고 생각의 경계도 명확하다.

하지만 반추는 이와 다르다. 반추는 심리적 고통이 일어난 원인과 결과, 그리고 그 의미를 밝히려 할 때 발생한다. 겉으로는 문제를 해결하려는 시도처럼 보이지만, 실은 해결할 수 없는 심리적 고통에 얽매이는 과정이다. 반추에 빠진 사람은 끝없는 사색을 통해 자신의 나쁜 상황과 저조한 기분을 이해하려 한다. 불안을 없애려 하고 우울을 차단하려 하고 문제를 바꾸려 한다.

하지만 이는 문제 해결을 가장한 '거리 가까워지기'에 불과하다. 많은 연구는 반추가 어떠한 심리적 이점도 제공하지 못한다는 사실을 밝혀냈다. 우울이나 불안을 겪는 사람들은 종종 반추를 통해 귀한 통찰을 얻을 수 있다고 믿는다. 반추를 하다 보면 악화된 상황의 원인을 밝힐 수 있다고 생각한다. 하지만 그들의 생각을 들여다보면 특별한 깨달음은 찾기 어렵고 대부분은 인생의 부정적인 면에만 초점을 맞추고 있다. 반추를 통해 깨달음을 얻지 못하는 이유는 명확하다. 문제는 이미 과거에 벌어진 일이거나, 미래에 일어날 가능성에 불과하기 때문이다. 반추를 통해 당장 해결할 수 있는 일이 없기 때문이다. 반추는 지금 할 수 있는 일, 당장 내 삶에서 누릴 수 있는 것들과는 거리가 멀다. 현재를 놓치게 만들고 심리적 부담을 키울 뿐이다.

반추에 빠진 사람의 모습을 잘 보여주는 비유가 있다. 어느 좋은 날 당신은 운전을 하며 모임에 가는 중이었다. 가장 친한 친구의 결혼식, 부모님의 생일 파티, 자녀의 첫 번째 학예회, 손꼽아 기다려온 특별한 만남. 들뜨고 설레는 순간이다. 그런데 문제가 생겼다. 자동차 타이어에 펑크가 난 것이다. 당신은 근처 주차장에 급히 차를 세웠다. 모임은 30분 뒤에 시작하고 모임 장소는 주차장에서 15분 거리에 있다.

이 순간, 당신은 무엇을 할 것인가? 펑크의 원인을 철저히 조사할 것인가? 어디에서 바람이 새는지 확인하고 다시는 이런 일이 발생하지 않도록 손쓸 것인가? 아니면 타이어 펑크가 당신의 인생에서 어떤 의미를 가지는지 곰곰이 생각할 것인가? 분명 그렇지 않을 것이다. 당신에게는 그 모든 일을 제치고 달려가야 할 중요한 일이 있기 때문이다. 우리 인생도 마찬가지다. 우리 앞에는 해야 할 일들이 놓여 있다. 지금 이 순간 향유할 수 있는 행복들이 있다. 지금은 자동차에 앉아 상황의 의미, 과거, 미래를 파헤칠 때가 아니라 나에게 중요한 것들을 향해 움직여야 할 때다.

반추에 빠진 우리의 모습은 이와 같다. 펑크 난 타이어에 스스로 바람이 차오르게 할 방법은 없지만, 적정 거리를 유지하면 레몬맛 팝콘은 스스로 흐릿해지기도 한다. 하지만 우리는 자동차 좌석에 꼼짝없이 앉아 생각에 몰두한다. 내가 바라는 삶을 향해 한 걸음도 내딛지 않기로 선택한다.

이와 같은 '반추적 몰두'는 상황을 악화시킨다. 머릿속에서 반추의 회로가 돌아갈 때마다 부정적인 생각, 괴로운 감정, 불편한 신체 감각이 정신없이 튀어 오른다. 꾸러미 속 상황, 생각, 감정, 행동/충동이 뒤엉킨 실타래처럼 서로를 단단히 휘감는다. 어디에서부터 풀어야 할

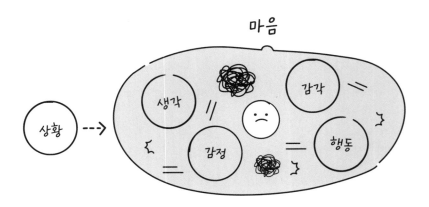

〈그림 6〉 반추에 빠지면 '나'는 마음속으로 들어간다.
꾸러미 속 요소들은 얽히고설켜 분리하기 어려워지며 그럴수록 '나'는
다시 반추의 악순환에 빠진다.

지 감이 잡히지 않는다. 레몬의 노란빛 과육에서는 즙이 뚝뚝 떨어진다. 팝콘 더미에 깔려 숨을 못 쉴 지경이 된다. 이 과정을 몇 차례 반복하면 삶을 지탱하기가 힘겨워진다. 게다가 반추에 빠지면 자신이 반추에 빠졌다는 사실조차 알아차리기 어렵다. 알아차리지 못하니 빠져나오기도 어렵다. 심리적 괴로움은 커져만 간다. 그럴수록 문제 해결처럼 보이는 반추에 다시 몰두한다. 악순환의 연속이다(《그림 6》).

이처럼 반추는 매우 강력한 생각함정이다. 만성적인 우울증을 앓는 사람은 반추에 빠진 자신의 상황을 다음과 같이 묘사하곤 한다. "나는 정말이지 머릿속 생각이라는 감옥에 갇힌 죄수 같아요." 반추는 우리가 자신의 머릿속에 구축한 세상 안에 머물도록 한다. 즉, 반추에 빠지면 현재가 아닌 과거거나 미래에 살게 된다.

따라서 반추에 빠졌을 때에는 의도적으로 '지금 여기'로 돌아올 방법을 찾아야 한다. 이는 생각을 생각으로 바라보는 데 주안을 두었던 이전의 연습들과 다르다. 주의력을 한곳에 집중시켜 우리의 뇌가 악순환 고리에 빠지지 않도록 봉쇄하는 것이다. 우리가 주의를 두기 가장 쉬운 초점은 다름 아닌 호흡이다. 그래서 반추에 빠졌을 땐 호흡을 마음의 닻으로 삼는 방법이 매우 유용하다. 호흡은 늘 나와 함께하기 때문에 언제 어디에서나 활용 가능하다. 방법도 매우 간단하다.

우선 반추에 빠진 순간을 알아차려야 한다. 이를 위해서는 14번까지의 법칙과 그동안 진행한 훈련들이 큰 도움을 줄 것이다.

만약 알아차림에 성공했다면, 다음의 세 질문에 답해보자. 답변을 직접 적어보는 것도 좋은 방법이다.

1. 나는 어떤 문제에 대해 곰곰이 생각하고 있었나?
2. 나는 명확한 목표를 가지고 과거를 회고하거나 미래를 대비하는 것이 아니라, 뚜렷한 목표 없이 어렴풋한 과거나 미래를 헤매고 있었나?
3. 나는 그러한 생각을 5분 이상 지속했나?

위 세 질문에 모두 "그렇다"라고 답했다면 다음의 두 질문에도 답해보자.

4. 그와 같이 생각을 반복했더니 현실의 문제를 해결할 수 있는 방법이 떠올랐나?
5. 그와 같이 생각을 곱씹었더니 기분이 '조금이라도' 더 좋아졌나?

4, 5번에 질문에 "아니다"라고 답했다면 곧바로 눈을 감고 호흡에 집중한다. 공기가 코와 목을 지나가는 감각, 호흡에 따라 움직이는 몸의 변화, 공기가 폐의 어느 부위까지 닿는지, 호흡의 속도와 간격, 들숨과 날숨이 바뀌는 순간 등을 느껴보자. 그 과정에서 문득 다시 생각의 미로를 헤매고 있다는 사실을 알아차릴 때가 있을 것이다. 괜찮다. 그것을 알아차리는 일 자체가 중요하다. 마음이 수백 번 방황하면 수백 번 호흡으로 돌아오면 된다. 횟수는 중요하지 않으며 얼마나 오랜

시간 방황했는지도 신경 쓸 필요 없다. 이 과정을 5분 정도 진행한다. 혹은 더 이상 생각 속을 헤매지 않을 때까지 반복해도 좋다. 가벼운 신체 활동, 운동 등을 이어서 진행하면 역시 반추에서 빠져나오는 데 도움이 될 것이다. 반추에서 어느 정도 빠져나왔다면 이제 나의 에너지와 시간을 다시 원하는 방향으로 전환시켜야 한다. 반추적인 마음이 떠올랐음을 인정하고 기꺼이 받아들인 후 나에게 행복감이나 성취감을 주는 일들을 선택하는 것이다.

마지막으로 한 가지를 더 당부하고 싶다. 우리는 반추적인 생각을 '없애기 위해' 호흡에 집중하는 것이 아니다. 호흡은 빠르게 돌아가는 반추의 회로를 멈추기 위한 브레이크다. 생각의 강에서 빠져나오기 위한 구명조끼다. 우리가 해체하려는 것은 반추의 내용이 아니라, 생

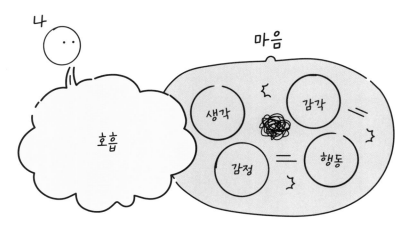

<그림 7> 마음속에 반추적인 생각이 있다는 것을 기꺼이 인정하고 내버려둔 채,
호흡에 집중한다. 이때 '나'의 위치는 마음속이 아님을 기억하자.

각을 곱씹는 과정 그 자체다. 즉, 생각과의 관계다. 그러므로 호흡에 주의를 두는 과정은 일련의 심리적 사건이 일단락되기를 기다리는 순간이다(〈그림 7〉).

우리가 에너지를 주지 않으면 생각과 감정은 더 이상 자라나지 않는다. 마음에 그런 생각이 있다고 해서 문제 될 것은 없다. 반추의 꾸러미들 또한 하나씩 뜯어보면 빈 깡통과 같은 심리적 사건일 뿐이다. 기꺼이 경험하면 된다. 마음속에서 없애거나 바꾸려고 할 필요도, 통제하려고 할 필요도 없다. 나는 그것과 함께 내가 원하는 바를 해 나갈 수 있다.

생각함정 다루기
| 반추 |

기억할
법칙

- 생각은 자동적이다.
- 회피할수록 강해진다.
- 기꺼이 경험한다면 괴롭지 않을 수 있다.
- 반추에 빠지면 악순환이다.

목표

하루 종일 생각을 곱씹으며 기분이 나빠지는 반추에 빠졌을 때, 반추에서 빠져나오는 법을 배운다.

방법

1. 다음 세 질문에 답해본다.
   1) 나는 어떤 문제에 대해 곰곰이 생각하고 있었나?
   2) 나는 뚜렷한 목표 없이 어렴풋한 과거나 미래를 헤매고 있었나?
   3) 나는 그러한 생각을 5분 이상 지속했나?

2. 위 세 질문에 "그렇다"라고 답했다면 다음 두 질문에도 답해본다.
   1) 그와 같은 생각을 반복했더니 현실의 문제를 해결할 수 있는 방법이 떠올랐나?
   2) 그와 같은 생각을 곱씹었더니 기분이 '조금이라도' 더 좋아졌나?

3. 위 두 질문에 "아니다"라고 답했다면 현재 반추에 빠져 있다고 결론 내리고 반추에서 빠져나오기에 돌입한다.
4. 호흡에 집중한다. 공기가 코와 목을 지나가는 감각, 호흡에 따라

움직이는 몸의 변화, 공기가 폐의 어느 부위까지 닿는지, 호흡의 속도와 간격, 들숨과 날숨이 바뀌는 순간 등에 집중하면서 반추가 잠잠해지기를 기다린다.

실습용 QR 코드

5. 반추가 어느 정도 잠잠해진 것 같다면 다음 두 가지 활동 중 한 가지를 선택해 '기계적으로' 이어서 진행한다.
  1) 자신에게 즐거움 또는 성취감을 주는 활동
  2) 신체 활동(예: 달리기, 요가, 헬스 등. 여건이 되지 않으면 설거지, 청소, 빨래와 같은 집안일을 밀도 있게 하는 것도 방법이다.)

주의　　호흡에 집중하는 건 반추의 내용을 없애기 위함이 아니라 반추의 악순환을 멈추기 위함이다. 즉, 호흡은 '나'의 위치를 마음속에서 원래 위치로 되돌리기 위한 것임을 명심하자.

법칙

15

본래 좋고
나쁜 것은 없다

'억지로 마주하기'가 아니라 '기꺼이 경험하기'다. 문제는 그 중요성을 이해했더라도 삶에 적용하기가 좀처럼 쉽지 않다는 점이다. 기꺼이 경험하려고 해도 괴로움이 너무 커서 어찌할 도리가 없는 경우가 많다. 부정적 생각과 감정에 대한 우리의 반응이 기꺼이 경험하기를 불가능하게 만든다. 어떤 사람들은 자신의 경험을 다음과 같이 재미있게 표현하기도 한다.

"제 앞의 생각의 강에는 아주 거대하고 무거운 나뭇잎이 떠내려오는 것만 같아요."

"제가 올라탄 컨베이어벨트는 시속 100킬로미터의 속도로 움직이는 것만 같아요."

"구름이 그저 스쳐 지나간다면 얼마든지 들판에 누워서 바라보겠어요. 하지만 어떤 날은 구름이 아주 강한 빗줄기를 쏟아붓는답니다. 심지어 강한 번개가 내리치기도 해요."

그 어려움을 잘 이해한다. 간단한 일이었다면 그토록 많은 사람이 괴로움에 시달리지도 않았을 것이다. 기꺼이 경험하기를 더 수월하게 실천하기 위해서는 우리의 강렬한 반응 자체를 더 자세히 다룰 필요가 있다.

불교 전통에서 전해 내려오는 꽤 유명한 설화가 있다. 한 수도승이 사찰에서 명상을 수행하고 있었다. 수도승은 명상이 좋았다. 고요한 사찰에서 내면을 관찰하며 알아차림을 수행하는 일은 그에게 큰 성취감을 안겨주었다. 하지만 수행이 마음처럼 되지 않는 날도 있었다. 사찰을 방문한 관광객이 소란을 피울 때면 그의 집중은 금세 깨지고 말았다. 수도승은 이 상황이 몹시 불만족스러웠다. 굳이 깊은 산속까지 찾아와 수양을 방해하는 이들을 보면 화가 났다. 결국 수도승은 더 깊은 산속으로 들어갔다. 하지만 얼마 지나지 않아 또 다른 훼방꾼이 등장했다. 여우의 울음소리, 뱀이 나뭇잎 사이를 지나는 소리, 온종일 지저귀는 새소리까지. 자신의 주의를 흩트리는 대상을 만날 때마다 수도승은 좌절했다. 그러던 중 그에게 한 가지 묘안이 떠올랐다.

"호수로 가자. 큰 호수의 한가운데라면 무엇도 내 수련을 방해할 수 없을 거야."

그렇게 수도승은 배를 띄우고 호수의 한가운데로 가서 명상을 시작했다. 그의 예상대로 거기에는 그를 방해하는 사람이나 동물이 아무엇도 없었다. 그는 매우 만족했다. 그렇게 수련을 이어가던 어느 날, 수도승은 건너편에서 배 한 척이 자신을 향해 다가오는 것을 발견한다. 놀란 수도승은 배를 향해 소리친다.

"위험합니다. 방향을 바꾸세요. 부딪힐 수 있습니다."

그러나 배는 점점 더 가까워졌다. 수도승은 뱃사공에게 계속 경고했지만 결국 배는 수도승의 배와 충돌하고 말았다. 물에 빠진 수도승은 분노가 머리끝까지 치밀었다. 그는 자신과 충돌했던 배에 올라가 소리쳤다.

"대체 눈을 어디에 두고 배를 조종하는 겁니까?"

그런데 그는 뱃사공을 찾을 수 없었다. 배 어디에도 사람은 없었다. 그저 호수를 떠돌던 빈 배가 바람을 타고 흘러와 부딪힌 것이었다. 이 사실을 깨달은 순간, 수도승의 분노는 허망함으로 바뀌었다. 애초에 분노의 대상은 존재하지 않았던 것이다. 수도승은 생각했다.

'빈 배였다. 내가 그토록 분노했던 대상은 사람도, 동물도 아니었다. 그들에 대한 나의 반응이 분노를 만들었을 뿐이다. 그 모든 방해꾼들은 빈 배였다. 나는 빈 배를 향해 소리 질렀을 뿐이다. 나의 반응이 없었더라면…'

이 이야기의 교훈은 명확하다. **본래 좋고 나쁜 것은 없다. 나의 반응이 그렇게 만들었을 뿐이다.**

인류의 감정 체계는 진화 과정을 통해 고도화되었다. 섬세하고 풍

부한 감정은 우리가 더 많은 위험을 감지해 행동하게 한다. 하지만 동시에 이와 같은 진화의 부산물이 문제를 일으키기도 한다. 우리가 심리적 사건들에 강력한 '평가'를 내리기 때문이다. "이것은 좋아. 이것은 나빠."

좋은 것은 취하고 나쁜 것은 없애야 한다. 당연한 이야기다. 하지만 정확히 그 과정이 고통을 괴로움으로 만든다. 즉, 괴로움을 만드는 것은 우리의 가치 판단이다. 우리의 반응이다. 하지만 우리는 사실과 가치 판단을 자주 혼동한다. 이처럼 가치 판단을 사실로 받아들이고 그것에 강하게 영향을 받는 과정을 **'평가' 생각함정**이라고 부른다.

여기, 나무로 만든 의자가 있다. 이 의자가 나무로 만들어졌다는 사실을 증명할 수 있을까? 물론이다. 의자를 잘라보면 된다. 그럼에도 믿지 못하는 사람이 있다면 의자를 가루로 만들어 성분을 확인하면 된다. 의자의 '목재성'은 의자에 내재된 본질적 특성이다. 반면 내가 "이 의자는 형편없다"라고 말한다고 해서 '형편없음'이 의자의 내재적 특성이 되지는 않는다. "형편없다"라는 말은 사실이 아니라 가치 판단일 뿐이다.

평가의 대상이 나무 의자가 아니라 자신일 때 우리는 사실과 가치 판단을 더 쉽게 혼동한다. '나는 형편없다'라는 생각이 마음속에 떠오를 순 있다. 하지만 그와 같은 생각이 떠올랐다고 해서 그것이 '나'의 속성이 되지는 않는다. '형편없음'은 내 몸 어디에도 존재하지 않는다. 그것은 나의 내재적인 특성이 아니라 마음이 만들어낸 평가, 즉 가치 판단이다. 내가 형편없는 게 아니라, 나의 마음속에 "형편없다"라는 생각이 떠올랐고 내가 그것을 사실로 받아들이고 반응했을 뿐이다.

이처럼 평가는 마치 레몬맛 팝콘이 침을 분비시키는 것처럼 강력한 상징적 효과를 발휘한다. 우리의 인지와 정서는 분리되지 않는다. 특정 대상에 대한 우리의 생각은 우리가 그 대상을 어떻게 느낄지를 결정한다. 불안 자체는 대체로 해롭지 않다. 불안은 자연스러운 현상이며 심리적인 경험일 뿐이다. 하지만 불안에 대한 우리의 평가는 우리를 괴롭게 만든다. 마음속에 떠오른 경험을 '나쁘다'고 평가할 때 불안은 더욱 커진다.

그렇게 '평가' 생각함정은 우리를 부정적인 감정과 신체 감각에 속수무책으로 빠지게 한다. "불안해. 참을 수 없어. 미칠 것 같아. 끔찍해." 마음속에서 불안감이 느껴지는 것은 사실이다. 감정 자체는 거짓이 아니다. 하지만 그것이 정말로 참을 수 없고, 미칠 것 같고, 끔찍한 것일까? 그것은 나의 평가일 뿐이다. 그와 같은 평가는 불안을 부추기고 몸을 긴장시킨다. 평가는 감정의 자양분이다.

그렇다면 오히려 방법을 찾기 쉽다. 우리가 사실과 평가를 구분할 수만 있다면 평가의 상징적 효과는 약해진다. "나는 형편없다"가 아니라 "나는 형편없다'는 생각이 마음속에 떠올랐구나"와 같은 태도로 내면을 바라보면 눈앞에 분명히 존재하는 것처럼 보였던 레몬이 실은 빈 껍질이었음이 드러난다.

마음속에 괴로운 생각이 떠올랐을 때 그 생각에서 사실과 평가 요소를 분리할 수 있다면, 나아가 평가라는 자양분을 주지 않는다면 감정은 빠르게 힘을 잃을 것이다. 우리가 그것을 억지로 통제하거나 제거하려고 하지 않는다면, 그래서 불안감에 대한 불안감을 키우지 않는다면, 불안이라는 감정 그 자체는 우리에게 어떤 위협도 가하지 못한다.

평가하지 않을 때 우리는 생각을 하나의 심리적 사건으로 바라볼 수 있다. 생각과 거리를 두고 기꺼이 경험할 수 있다. 그러니 기억하자. 지금 당신 마음속에 떠오른 생각은 사실이 아닐 수 있다. 나에 대한 생각은 '나'에게 내재된 속성이 아니다. 생각은 '나'가 아니다.

생각함정 다루기
| 평가 |

기억할 법칙
- 회피할수록 강해진다.
- 고통은 불가피하지만 괴로움은 선택할 수 있다.
- 기꺼이 경험한다면 괴롭지 않을 수 있다.
- 본래 좋고 나쁜 것은 없다.

목표
견디기 힘든 괴로운 생각/감정이 반복적으로 떠오를 때, 그 생각/감정과 그것들을 평가하는 자신의 반응을 해체하는 법을 배운다.

방법
1. 자신을 괴롭게 하는 생각이나 감정을 적는다.
2. 그 생각이나 감정에서 사실만 분리해 적는다.
3. 해당 사실에 대해 자신이 내린 가치 판단을 적는다.
4. 특정 생각/감정이 떠오른 자신의 상황을 제삼자가 바라보듯 '거리를 둔 문장'으로 묘사한다. (예: "나의 마음속에는 ___라는 생각/감정이 떠오르고 있다.")
5. '생각의 강' 훈련을 진행한다. 이때 평가를 제외한 관점에서 그 생각/감정을 바라본다. 생각이 잠잠해지면 훈련을 종료한다.

떠오른 생각 또는 감정	
사실	
사실에 대한 가치 판단(평가)	
거리를 둔 문장으로 생각/감정 묘사하기	
생각의 강	

실습용 QR 코드

예시

떠오른 생각 또는 감정	나는 진짜 한심하다. 나는 왜 이 모양일까. 나는 제대로 하는 게 없다.
사실	과제에서 큰 실수를 했고, 돌이킬 수 없을 것 같아 속상했다.
사실에 대한 가치 판단(평가)	그러한 나는 한심하다. 구제불능이다.
거리를 둔 문장으로 생각/감정 묘사하기	"나의 마음속에는 '나는 한심하다'라는 생각과 '자괴감'이라는 감정이 떠오르고 있다."

생각의 강

실습용 QR 코드

주의

- 우울, 불안, 죄책감 등의 감정은 얼마든지 마음속에 떠오를 수 있으며 이를 모두 평가로 치부할 순 없다. 다만 감정과 그것을 평가하는 나의 반응, 특히 '끔찍하다' '견딜 수 없다'와 같이 극단적인 반응을 분리하는 일이 중요하다.
- 평가 생각함정에서 벗어나기 위해서는 '나'의 위치를 정확히 파악할 수 있어야 한다. 따라서 자신에게 특정한 생각/감정이 떠올랐음을 보다 객관화된 시점에서 서술하는 문장을 적은 후, '생각의 강' 훈련을 진행해 '나'의 위치를 분명히 한다. 이는 지식보다는 경험의 영역이므로 '나'의 위치를 정립하는 연습을 실제로 수행하자.

감각은 하나의
심리적 사건이다

생각은 꾸러미로 떠오른다. 걱정스러운 생각이 들 때 마음은 불안하
고 가슴은 답답해진다. 하지만 생각은 하나의 심리적 사건일 뿐이다.
본래 좋고 나쁜 것은 없다. 나의 평가적 반응이 무언가를 좋거나 나쁘
게 만든다. 거리를 두고 바라보면 생각은 나에게 큰 영향을 미치지 못
한다. 생각은 '나'가 아니다.

그렇다면 걱정스러운 생각과 함께 느껴지는 신체 감각은 어떨까?
두근거리는 심장, 머리를 짓누르는 두통, 얕고 빠른 호흡과 같은 신체
감각은 정말로 내가 경험하는 것이기에 '나'와 분리할 수 없지 않을까?
하지만 감각 역시 '나'는 아니다. 감각도 하나의 심리적 사건일 뿐이다.

인지행동치료는 원래 우울증과 같은 정신건강 문제를 해결하기 위
해 고안된 치료법이다. 하지만 최근 들어 인지행동치료가 만성 요통

(CLBP, Chronic Low Back Pain)과 같은 통증을 관리하는 데에도 뛰어난 효과를 보인다는 연구 결과들이 속속 발표되고 있다. 정신건강 문제를 정신적으로 접근하고 치료하는 일은 자연스럽게 느껴지는 반면, 신체 통증 문제를 정신적으로 접근하는 일은 낯설고, 일면 사이비 과학처럼 보이기까지 한다. 그럼에도 많은 연구는 통증의 정신적인 측면을 강조한다. 어떻게 이런 일이 가능할까?

인지행동치료가 통증을 완화시키는 원리는 크게 두 가지다. 첫째, 인지행동치료는 통증이 유발하는 부정적 생각을 유연하게 다룰 수 있도록 도움을 준다. 만성 요통은 삶의 질을 크게 저하시킨다. 요통으로 인해 신체 활동이 줄고 인간관계가 단절되며, 심한 경우 경제 활동에도 어려움이 생긴다. 그럴 때 환자의 마음에는 강한 레몬맛 팝콘이 튀어 오른다. "통증 때문에 아무것도 할 수 없어."

이런 생각은 환자가 통증에 집착하도록 만든다. 삶을 잘 살기 위해 통증을 없애는 것이 아니라, 통증을 없애기 위해 삶을 사는 것처럼 주객이 전도돼 버린다. 인지행동치료는 이와 같은 역전 현상을 예방하고 보완할 수 있다. 통증이 사라지지는 않더라도 그 통증과 더불어 행복한 삶을 살아갈 수 있도록 돕는 것이다. 생각은 단지 하나의 심리적 사건임을 깨닫게 하고, 그러한 생각이 떠오른 것과는 별개로 해야 할 일들을 지속할 수 있도록 지원한다.

둘째, 인지행동치료는 통증과 관계를 다시 맺을 수 있도록 돕는다. 고통은 불가피하지만 괴로움은 선택할 수 있다. 회피할수록 강해지며 기꺼이 경험하면 괴롭지 않다. 이 법칙을 통증에도 적용하는 것이다. 통증을 피하려 하기보다는 오히려 그 감각에 집중해 본다. 통증을 잘 관찰하고 기꺼이 경험하면 보다 잘 수용할 수 있다.

통증을 경험하고 수용한다는 이야기가 허무맹랑하게 들릴 수도 있다. 하지만 언젠가 한 번은 직접 시도해 보길 바란다. 예를 들어 딴생각을 하며 걷다가 문지방에 발가락을 찧었다고 하자. 그때 발끝에서 올라오는 통증을 관찰해 보는 것이다. '발가락에 어떤 느낌이 드는지' '통증이 어느 부위까지 퍼지는지' '통증 부위가 찌릿한지 얼얼한지 화끈한지' '시간이 흐를수록 통증이 강해지는지, 아니면 서서히 사그라드는지' 무조건 발을 붙잡고 몸부림치기 전에 '나'라는 관찰자의 시점에서 이를 지켜보며 어떤 일이 벌어지는지 경험해 보길 바란다. 고통의 강도는 동일하더라도 괴로움의 정도는 크게 달라질 수 있음을 알게 될 것이다.

통증과 다시 관계를 맺을 수 있음을 보여주는 실제 사례가 있다. 1963년, 베트남의 한 스님이 독재 정부의 종교 탄압에 맞서 소신공양 燒身供養을 단행한 사건이다. 가부좌를 튼 스님의 머리 위로 휘발유가 쏟아지고, 성냥불이 옮겨붙자 불길이 순식간에 스님의 몸을 뒤덮었다. 그 순간 놀라운 일이 벌어졌다. 스님이 미동도 하지 않은 것이다. 불에 타는 고통 속에서도 그의 자세는 굳건했고 10분 뒤 그는 그 자세 그대로 뒤로 넘어지며 생을 마감했다. 그의 소신공양은 반정부 시위의 도화선이 되었고, 결국 독재 정권은 붕괴했다.

인간의 초월적 의지와 숭고한 뜻을 보여주는 사건으로 전해오는 이 이야기는 듣고도 좀처럼 믿기 어렵다. 대체 어떻게 이런 일이 가능한가? 불에 타는 고통은 인간이 느낄 수 있는 고통 중에서도 가장 극심한 것으로 꼽힌다. 그럼에도 스님은 불길을 참아내며 자세를 유지했다. 그 의지의 크기를 가늠하기란 불가능하지만, 이를 가능하게 했던 요인을 추정해 볼 수는 있다. 감각을 하나의 심리적 사건으로 보고 다시 관계 맺었기 때문이다. 스님은 자신의 몸에 느껴지는 감각에 어떤 평가적 반응도 하지 않았다. 그는 그저 감각을 있는 그대로 관찰하고 경험했을 것이다.

감각 또한 생각과 감정처럼 심리적 사건이다. 이는 감각이 거짓이라는 의미가 아니다. 극심한 통증 때문에 괴로워하는 사람에게 "그것은 심리적 사건일 뿐이니 괜찮다"라고 말하려는 것도 아니다. 감각과 통증은 우리의 신경세포가 만들어내는 전기적 신호로, 명백히 존재하는 것이다.

하지만 **아무리 괴로운 생각도 '나'가 아닌 것처럼, 아무리 강렬한 신체 감각도 '나'가 아니다.** 그럼에도 우리는 '나'로서 감각을 경험하지 못한다. 자유의지가 있다고 믿으며 생각에 무의식적으로 끌려 다니는 것처럼, 떠오르는 감각에 대해서도 무의식적으로 반응할 뿐이다.

'나'의 입장에서 신체 감각을 알아차리는 건 생각을 알아차리는 것만큼 중요하다. 거리를 두고 감각을 바라보는 과정에서 마음과 '나' 사이의 위치가 명확해지기 때문이다. 즉, 신체 감각을 알아차리는 작업은 마음과 '나' 사이의 거리두기에 도움을 줄 수 있다(〈그림 8〉).

그래서 신체 감각을 알아차리고 조절하는 일은 반대로 우리의 생각과 감정에 영향을 미친다. 몇몇 심리치료는 신체를 활용해 감정을 조절하는 방법을 제시한다. 주의를 신체에 집중시킨 후 '나'의 위치에서 신체 감각을 알아차리면 동시에 마음과 '나'의 위치도 정렬되므로, 자연스럽게 생각과 감정을 다스릴 수 있게 된다.

신체 감각을 주목하는 일은 단순히 신체적 상태를 아는 것을 넘어, 생각과 감정을 더 깊이 이해하고 수용하는 과정이기도 하다. 신체 감각은 감정의 상태를 반영한다. 흥분하면 속이 울렁거린다. 슬프면 가슴이 답답하다. 압박감을 느낄 때에는 턱에 힘이 들어간다.

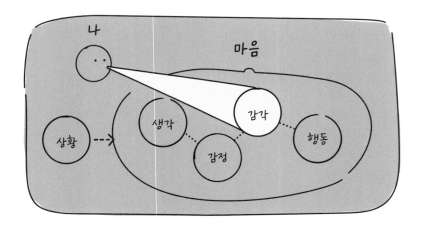

〈그림 8〉 '나'의 위치에서 보면 감각 역시 하나의 심리적 사건일 뿐이다.

또한 신체는 생각을 반영한다. 가슴을 펴고 턱을 치켜든 모습은 '나는 유능하다' '나는 사랑받을 가치가 있다'와 같은 신념을 반영한다. 움츠러든 어깨와 구부정한 자세는 '제대로 되지 않을 거야' '나는 연약해' 같은 신념을 반영한다. 감각을 알아차릴 수 있다면 감정이나 생각 또한 더 객관적으로 이해할 수 있게 된다.

감각을 알아차리기 위해서는 무엇보다 몸 구석구석을 세심히 관찰해야 한다. 몸이 가벼운지 무거운지, 뻐근하거나 통증이 있는 부위는 없는지, 특정한 부위에 과하게 힘이 들어가지는 않았는지 하나씩 점검해 보는 것이다. 이어지는 훈련을 통해 다양한 연습을 시도할 수 있다. 이 과정들은 얼핏 스트레칭과 비슷해 보이지만, 스트레칭처럼 이완을 목적으로 하지는 않는다. 이완은 이 과정에 수반되는 부가적인 이점일 뿐이다.

또한 앞서 몇 번이나 강조한 것처럼, 여기에서도 핵심은 내용이 아니라 관계다. 감각을 관찰하는 이유 또한 불편한 신체 감각을 제거하거나 통제하기 위함이 아니다. 감각을 마음속에 떠오르는 하나의 경험으로 받아들이고 관찰하며, 기꺼이 경험하기 위함이다. 그러므로 감각을 알아차리는 데에 그치지 말고, '나'라는 관찰자의 시점을 유지하면서 감각이 내 몸을 거쳐 마음속에 떠오르는 과정을 이해해 보자.

신체 감각을 자각하는 일은 부정적인 생각과 감정에 대한 경험을 변화시킨다. '꾸러미' 속 각각의 요소를 경험하는 과정이 본질적으로

달라지기 때문이다. 우리 마음속에 떠오르는 모든 경험과 새로운 관
계를 맺는 데 집중하자. 감각도 그중 하나일 뿐이다.

적정 거리두기 훈련 9

감각 어휘 습득하기

기억할 법칙	• 본래 좋고 나쁜 것은 없다. • 감각은 하나의 심리적 사건이다.
목표	감각을 알아차리기 위해 감각을 표현하는 어휘를 배운다. 단순히 '느끼는 것'과 '명명하고 설명할 수 있는 것'은 다르다. 감각의 존재를 알아차리는 일은 그 자체로 의미 있지만, 그것을 더 섬세하게 분류할 수 있다면 더 깊이 이해할 수 있다. "내 사고의 한계는 내 언어의 한계다." 위대한 철학자 비트겐슈타인의 말처럼 표현의 범위가 넓어지면 이해와 통찰의 폭도 그만큼 확장될 것이다.
방법	감각 알아차리기 훈련을 하며 느껴지는 감각을 다음 감각 어휘에 따라 명명해 본다.

분류	감각 어휘
통증/불편감	아픈, 뒤틀리는, 꽉 조이는, 압박된, 어지러운, 둔한, 찌릿찌릿한, (머리가) 띵한, 감각이 없는, 마비된, 저리는, 부어 있는, 따끔거리는, (어깨가) 결리는, 숨이 막히는, 숨이 가쁜, 핏발이 선, 뒤죽박죽, 긴장한
정서/심리	쾌활한, 신나는, 거북한, 오싹한, 소름이 돋는, 역겨운, 초조한
온도	타는 듯한, 뜨거운, 화끈거리는, 따스한, 식은땀 나는, (으슬으슬) 추운, 서늘한, 차가운

질감	축축한, 뻑뻑한, 꺼끌꺼끌한, 딱딱한, 촉촉한, 두꺼운
움직임/동작	(빠르게) 떨리는, 울렁거리는, 사시나무 떨듯, (가볍게) 떨리는, 뒤뚱거리는, 갑작스러운 움직임
에너지/활력	활력 넘치는, 상기된, 유연한, 축 늘어진, 힘없는, 텅 빈

주의	• 단순히 목록을 훑고 넘어가는 것이 아니라 반복적으로 활용하면서 다양한 감각 어휘를 개발하려고 노력한다. • 분리하기 연습을 할 때도 여기에 나온 감각 어휘를 참고해 감각을 보다 섬세하고 구체적으로 기록해 본다. • 훈련 10에서 '감각 알아차리기' 훈련을 할 때도, 특정한 감각이 느껴질 때마다 이름을 붙여본다. 연습 후 신체의 어느 부위에서 어떤 감각이 느껴졌는지 훈련 일지를 써보는 것도 추천한다.

감각 알아차리기
| 신체의 비언어적 표현 |

기억할 법칙
- 본래 좋고 나쁜 것은 없다.
- 감각은 하나의 심리적 사건이다.

목표
생각과 감정이 신체의 비언어적 표현으로 나타나는 것을 알아차린다(많은 사람이 분리하기 연습을 할 때 생각이나 행동을 자세히 적는 것과 달리, 신체 감각 부분은 제대로 적지 못하거나 "머리가 아팠다" "가슴이 답답했다" 정도로 간단히 적곤 한다. 하지만 신체의 알아차림에는 '가슴 답답함' '머리 아픔' 등과 같은 신체 변화 외에도 '신체의 비언어적 표현'이 있다. 의자에 몸을 기대어 상대와 거리를 유지한다거나 팔짱을 끼는 것, 앉은 상태에서 다리를 꼬고 무릎을 뒤로 당기면서 방어적인 모습을 보이는 것 또한 중요한 신체의 변화다. 이와 같은 신체의 비언어적 표현을 잘 알아차리면 분리하기 연습을 더 정교하게 진행할 수 있다).

방법
- 분리하기 연습 중 신체 감각을 적을 때, '신체의 물리적인 변화'와 함께 '신체의 비언어적인 표현'을 함께 기록한다.
- 비언어적인 표현을 해석할 때는 일반적으로 다음의 기준을 따른다. 다가가거나 여는 듯한 개방적인 모습의 신체는 편안함, 멀어지거나 닫는 듯한 방어적인 모습의 신체는 불편함을 나타내는 비언어적 표현이다.

예시 　　　**마음속에서 마주하는 경험(생각)**

진짜 짜증 난다. 쟤는 왜 내가 부탁하는 것만 다 거절하지? 한두 번
도 아니고 정말 내가 만만한가? 아니면 내가 지난번에 실수해서 그
런가? 아무리 그래도 그렇지. 그렇게 단호하게 거절할 필요가 있나?
아, 머리 아파. 가슴이 답답하다. 그냥 제안 자체를 하지 말까? 시위
하듯 입 다물고 있어볼까?

▼

개별 요소로 분리한 경험

- **상황**: 내가 제안한 프로젝트를 동료가 거절함.
- **생각**: 동료는 내 부탁을 다 거절한다, 동료는 나를 만만하게 생각
　　　한다, 내가 지난번에 한 실수 때문이다.
- **감정**: 분노, 짜증.
- **신체 감각**
　신체의 물리적 변화: 머리가 아프고 가슴이 답답함.
　신체의 비언어적 표현: 팔짱을 끼거나 한 손으로 엄지손톱을 물어
　뜯으며 동료와 이야기함.
- **행동/충동**: 더 이상 제안 자체를 하지 않고 입 다물고 있고 싶은 충
　동을 느낌.

주의 　　　나의 몸이 나타내는 비언어적 표현이 생각, 감정, 행동/충동과 어떤
관련이 있는지 생각해 보면 각각의 요소에 대해 더 많은 정보를 얻을
수 있다. 가령 당신은 불안할 때 손톱을 물어뜯고, 방어적일 때 다리
를 의자 뒤로 숨긴다. 압박감을 느낄 때면 턱에 힘을 준다. 때로는 구
체적인 생각이나 감정보다 이러한 신체의 비언어적 표현을 먼저 발
견할 때가 있을 것이다. 그땐 그 지점에서부터 마음속에 어떤 생각이
나 감정이 떠오르는지 살펴보며 자신의 현 상태를 알아차리면 도움
이 될 것이다.

| 정렬 |

기억할 법칙	• 본래 좋고 나쁜 것은 없다. • 감각은 하나의 심리적 사건이다.
목표	감각을 하나의 심리적 사건으로 바라보고 경험하기 위해, 자세를 알아차리고 중심부를 정렬하는 법을 배운다.
방법	다음의 방법을 따라 일상 속에서 수시로 자세를 알아차리고 중심부를 재정렬한다.

1. 나의 자세를 알아차린다. 특히 머리에서 시작해 어깨, 허리, 골반을 거쳐 무릎까지 이어지는 척추의 정렬을 살핀다. 척추가 굽었는지, 튀어나왔는지, 평평한지, 기울었는지 확인한다.

2. 어깨를 이용해 척추 위쪽 부분을 재정렬한다(〈그림 9〉).
   1) 목을 상하좌우로 움직이며 위치를 파악한 후, 정수리가 하늘을 향하도록 경추의 위치를 바로잡는다.

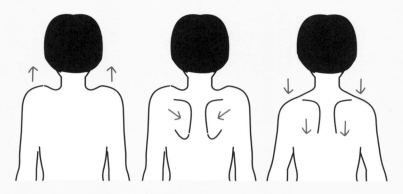

〈그림 9〉 어깨 정렬하기

2) 어깨를 귀까지 높이 들어 올린다.

3) 어깨를 뒤로 젖혀 양쪽의 날개뼈를 최대한 가깝게 붙인다.

4) 등을 타고 미끄러지듯 날개뼈를 천천히 내린다.

5) 위 동작을 반복하며 어깨를 펴고 위쪽 척추의 자세를 재정렬한다.

3. 허벅지와 발을 이용해 척추 아래쪽 부분을 재정렬한다(〈그림 10〉).

3-1. 서 있는 경우

(1) 양발을 정면으로 향하게 하고, 어깨너비만큼 간격을 둔다.

(2) 턱을 움직여 지면과 평행하게 놓이도록 한다.

(3) 두 발이 땅에 뿌리를 내린 것처럼 지면을 지그시 누른다.

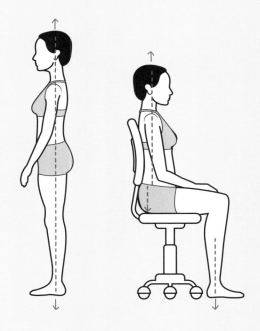

〈그림 10〉 중심부 정렬하기

(4) 정수리는 하늘 위로 끌어올린다고 생각하고 턱의 위치를 유지한 채 목을 곧게 편다.

3-2. 앉아 있는 경우

(1) 다리와 허벅지가 앞쪽을 향하게 하고, 90도를 이루도록 자세를 조정한다.

(2) 턱을 움직여 지면과 평행하게 놓이도록 한다.

(3) 허리의 척추를 곧게 편다.

(4) 꼬리뼈와 발바닥이 각각 앉아 있는 곳과 지면을 지그시 누르도록 한다.

(5) 정수리는 하늘 위로 끌어올린다고 생각하고 턱의 위치를 유지한 채 목을 곧게 편다.

주의 이는 단순히 자세를 바르게 하기 위한 운동이 아니다. 자세가 바로 잡히는 건 부수적인 효과일 뿐, 핵심은 '나'라는 관찰자의 시각에서 신체의 감각을 알아차리고, 그것을 '나'와 동일시하지 않은 채 하나의 심리적 사건으로 경험하는 데 있다.

| 호흡 |

기억할 법칙	• 본래 좋고 나쁜 것은 없다. • 감각은 하나의 심리적 사건이다.
목표	감각을 하나의 심리적 사건으로 바라보고 경험하기 위해, 호흡하는 신체를 알아차린다.
방법	1. 다음을 이해한다. 1) 들숨 시에는 가슴이 팽창하며 폐로 공기가 들어간다. 이는 가슴 아래쪽에 있는 횡격막이 수축하여 아래로 내려가 복강이 좁아지고, 동시에 가슴뼈 사이에 붙은 근육인 늑간근이 수축하여 흉강이 넓어지기 때문이다(〈그림 11〉).

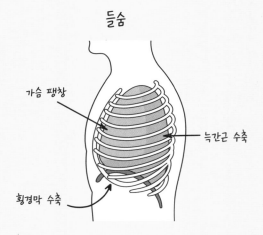

〈그림 11〉 들숨 시, 횡격막이 수축하여 아래로 내려가 복강은 좁아지고, 늑간근이 수축하여 흉강은 넓어진다. 즉, 횡격막이 아래로 내려감에 따라 복부의 공간은 좁아지고, 반대로 늑간근이 수축함에 따라 가슴의 공간은 넓어져, 넓어진 공간으로 공기가 들어온다.

2) 날숨 시에는 가슴이 수축하여 폐에서 공기가 나가는데, 이는 가슴 아래쪽에 있는 횡격막이 이완하여 위로 올라가 복강이 넓어지고, 동시에 가슴뼈 사이에 붙은 근육인 늑간근이 이완하여 흉강이 좁아지기 때문이다(〈그림 12〉).

2. 손으로 갈비뼈 부근을 감싼다. 이후 호흡을 하며 늑간근의 수축/이완을 알아차린다. 수축 시에는 근육에 긴장감이 생기고, 이완 시에는 근육이 느슨해지는 것을 느껴본다. 동시에 늑간근의 변화에 따른 흉강의 팽창과 수축을 알아차린다. 팽창할 때에는 가슴에 공기가 차오르는 것을, 수축할 때에는 가슴에서 공기가 빠져나가는 것을 알아차린다.

3. 다음으로 두 손을 복부에 포갠 다음, 호흡을 하며 횡격막의 수축/이완을 알아차린다. 수축 시에는 근육에 긴장감이 생기고, 이완 시

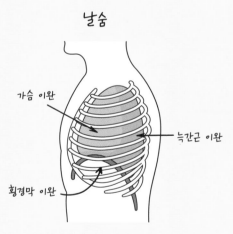

날숨

가슴 이완

늑간근 이완

횡격막 이완

〈그림 12〉 날숨 시, 횡격막이 이완하여 위로 올라가 복강은 넓어지고, 늑간근이 이완하여 흉강은 좁아진다. 즉, 횡격막이 위로 올라감에 따라 복부의 공간은 넓어지고, 반대로 늑간근이 이완함에 따라 가슴의 공간은 좁아져, 좁아진 공간에서 공기가 나간다.

에는 근육이 느슨해지는 것을 느껴본다. 동시에 횡격막의 변화에 따라 복강의 팽창과 수축을 알아차린다. 팽창할 때에는 복부가 부풀어오르는 것을, 수축할 때에는 복부가 쪼그라드는 것을 알아차린다.

<table>
<tr><td>주의</td><td>• 이 훈련에서는 호흡을 진행할 때 눈에 보이지 않는 횡격막과 늑간근이 어떻게 움직이고, 우리 몸의 부피가 어떻게 변하는지를 알아차리는 데에 집중한다. 훈련 중 주의가 다른 대상에 팔려 있는 것을 인지하면 이를 알아차린 후 다시 주의의 초점을 신체 감각에 맞춘다.</td></tr>
</table>

주의

• 이 훈련에서는 호흡을 진행할 때 눈에 보이지 않는 횡격막과 늑간근이 어떻게 움직이고, 우리 몸의 부피가 어떻게 변하는지를 알아차리는 데에 집중한다. 훈련 중 주의가 다른 대상에 팔려 있는 것을 인지하면 이를 알아차린 후 다시 주의의 초점을 신체 감각에 맞춘다.
• 이 또한 이완을 위한 훈련이 아니다. 편안함을 느끼는 데에만 초점을 맞추지 말자. 거리를 둔 '나'의 입장에서 각각의 신체 감각이 마음속에 떠오르고 사라지는 모습을 관찰자로서 알아차리고 경험해야 한다.

| 바디 스캔 |

~~~~~~

기억할   • 본래 좋고 나쁜 것은 없다.
법칙   • 감각은 하나의 심리적 사건이다.
               • 기꺼이 경험한다면 괴롭지 않을 수 있다.

목표   신체의 각 부분을 섬세하게 알아차리며 '나'의 관점에서 신체 감각과
               새롭게 관계 맺는 연습을 한다.

방법   • 바닥에 편안하게 눕는다.
               • 잠시 호흡을 하며 호흡할 때 신체 감각에 집중한다.
               • '나'의 위치를 상기한 뒤, '나'의 주의를 감각으로 보내는 것이 지금
                 의 의도임을 기억한다.
               • 위 입장을 견지한 상태에서 발, 다리, 하복부, 상복부, 가슴, 호흡,
                 팔, 손바닥, 손가락, 어깨, 목, 머리 등 신체 부위를 마치 스캔하듯
                 차례로 훑는다. 각 부위에서 어떤 감각이 느껴지는지 살펴보며, 알
                 아차린 경험이 있다면 감각 어휘를 활용해 그 느낌에 이름을 붙여
                 본다.
               • 위와 같이 몸 전체를 훑은 후, '나'의 관점에서 신체 자체를 잠시 관
                 찰한다. '나'는 신체를 가지고 있다. 하지만 '나'가 신체인 것은 아니
                 다. 거리를 두고 신체를 느껴본다.

실습용 QR 코드

주의

- 성공과 실패에 집착하지 말자. 신체를 '잘' 알아차리는 건 중요하지 않다. "내가 잘하고 있나?"라는 생각에 매달린다면 여전히 '나'의 입장에서 마음을 바라보지 못하는 것이다. 연습에 대한 평가가 떠오른다면 그 또한 하나의 심리적 사건으로 인식하고 알아차리며 기꺼이 경험하고 그대로 수용하면 된다.
- 지나치게 열심히 하려고 애쓸 필요는 없다. 이 연습은 특정한 상태에 도달하기 위한 것이 아님을 기억하자. 앞서 '텅 빈 마음'이 파랑새라고 했듯이 우리의 목표는 감각을 온전하게 알아차리는 경지에 이르는 것이 아니다. 그저 감각을 알아차리는 순간과 알아차리지 못하는 순간이 있을 뿐이고, 그 두 순간을 오가는 과정을 인식하는 것이다.
- 이완은 이 연습의 중요한 효과지만, 이완을 위해 이 연습을 하는 것은 아니다. '나', 마음, 감각 사이의 위치를 잘 이해한 상태에서, '나'의 입장에서 감각을 알아차리고 경험하는 데에 집중한다.

| 근육 이완 |

기억할 법칙	• 본래 좋고 나쁜 것은 없다. • 감각은 하나의 심리적 사건이다. • 기꺼이 경험한다면 괴롭지 않을 수 있다.
목표	근육을 수축하고 이완하면서 긴장감을 느끼고, 이를 통해 '나'의 관점에서 신체 감각과 새롭게 관계 맺는 연습을 한다.
방법	• 바닥에 편안하게 눕는다. • 잠시 호흡하며 신체 감각에 집중한다. • '나'의 위치를 상기한 뒤, '나'의 주의를 감각으로 보내는 것이 지금의 의도임을 기억한다. • 위 입장을 견지한 상태에서 발 근육, 종아리 근육, 허벅지 근육, 배 근육, 손목 근육, 팔 근육, 가슴 근육, 어깨 근육, 목 근육, 입 근육, 눈 근육, 이마 근육을 차례대로 수축했다 이완시킨다. 근육이 이완될 때 느껴지는 감각을 세심하게 관찰하고 알아차린다. • 마지막으로 전신 근육을 일제히 수축했다가 이완하며, 감각을 주의 깊게 관찰하고 알아차린다.

실습용 QR 코드

| 주의 | • 바디스캔을 할 때와 동일하게 성공과 실패에 연연하지 말고, 이 훈련의 목적이 이완이 아님을 기억하자. |
| | • 특히 원치 않는 감각(예: 두통, 가슴 답답함)이 있을 때에는 이를 외면하거나 없애려고 하기 쉽다. 하지만 이는 감각을 하나의 심리적 사건으로 바라보지 못하는 것이다. 관계보다는 내용에 집중하는 것이다. 무엇이 느껴지든 '나'의 위치를 유지한 상태에서 호기심을 가지고 주의를 기울이며 알아차리려고 해보자. |

| 그라운딩 |

기억할 법칙	• 본래 좋고 나쁜 것은 없다. • 감각은 하나의 심리적 사건이다. • 기꺼이 경험한다면 괴롭지 않을 수 있다.
목표	• 신체가 땅과 맞닿아 있는 느낌을 알아차리며 '나'의 관점에서 신체 감각과 새롭게 관계 맺는 연습을 한다. • 우리의 신체는 거의 대부분의 시간 동안 땅과 접촉해 있다. 이처럼 신체가 땅과 연결되어 있음을 인지하고 그곳에서부터 신체의 현재 상태를 자각하는 것을 그라운딩grounding이라고 한다. • 적절히 그라운딩 하면 우리는 머릿속의 과거나 미래를 헤매지 않고 지금 이 순간에 자신의 신체를 명확하게 알아차릴 수 있다. 반면 '나'의 주의가 마음속 어딘가로 달려 들어가 정신없이 과거와 미래를 헤맬 때에 우리는 그라운딩 되지 못하고, 지금 이 순간의 시점에서 신체 감각 또한 자각하지 못한다. 한편, 압박감 등으로 인해 과도하게 그라운딩 될 경우에 우리의 신체는 경직되고 무거워지며, '나'는 신체 감각으로부터 거리를 두지 못한다. • 따라서 이 그라운딩 연습은 지금 이 순간 '나'가 신체 감각과 적절히 거리를 둔 채로 그것을 알아차리고 경험하는 능력을 기르려는 목적으로 진행한다.
방법	1. 자리에서 일어선 후 양발을 정면으로 향하게 하고, 어깨너비만큼 간격을 둔다. 2. 양쪽 다리에 번갈아 힘을 주어 지면을 지그시 눌러본다. 3. 양쪽 다리에 동시에 힘을 주어 지면을 지그시 눌러본다.

4. 지면을 누를 때 발, 종아리, 허벅지 등의 느낌을 관찰해 본다.

5. 다리에 느껴지는 무게감이 척추에 전달되는 느낌을 관찰해 본다.

6. 선 상태에서 발에 주의를 기울여본다.

7. 발바닥, 발가락, 발등, 발목은 어떤 모습인지 알아차린다.

8. 각각의 부위에서 어떤 감각이 느껴지는지 감각 어휘를 활용해 알아차려 본다.

9. 양쪽 발가락을 번갈아 흔들어보고, 발목을 움직이며 그 느낌을 관찰해 본다.

10. 마치 버터가 녹듯이 두 발바닥이 지면에 완전히 밀착해 맞닿은 모습을 상상하며, 발바닥과 지면 사이의 접촉을 느껴본다.

11. 몸을 천천히 앞뒤, 좌우로 움직이며 양발에 느껴지는 무게감을 느껴본다.

12. 이번엔 무릎을 약간 구부렸다가 발바닥으로 지면을 밀며, 다리에 느껴지는 무게감을 느껴본다.

13. 가만히 서서 중력이 다리를 아래로 당기는 무게감을 느껴본다.

14. 주의를 골반으로 옮겨 골반의 위치를 알아차린다.

15. 몸을 앞뒤, 좌우로 움직이며 골반의 압박감을 느껴본다.

16. 가만히 서서 중력이 골반을 아래로 당기는 무게감을 느껴본다.

17. 선 상태에서 들숨과 날숨을 반복하며 다리가 지탱하고 있는 신체 위쪽 부분에서 가슴과 배가 부풀었다가 줄어들며 공기가 오가는 것을 느껴본다.

18. 그 상태에서 눈에 보이는 다섯 가지를 찾은 후, 무엇이 보이는지 하나씩 읊어본다.

19. 손으로 만져지는 물체 네 가지를 찾은 후, 어떤 감촉인지 느껴본다.

20. 귀로 들리는 소리 세 가지를 찾은 후, 어떤 소리인지 알아차려 본다.

21. 코로 맡아지는 냄새 두 가지를 찾은 후, 어떤 냄새인지 느껴본다.

22. 입으로 느껴지는 맛 한 가지를 찾은 후, 어떤 맛인지 알아차려 본다.

23. 다시 한번 하체와 지면이 맞닿은 느낌을 알아차리며 천천히 마무리한다.

실습용 QR 코드

주의 하체가 지면과 맞닿은 느낌을 알아차리는 것은 나의 주의를 지금 이 순간으로 돌리는 데에 큰 도움이 된다. 물리적으로 신체는 지금 이 순간, 지금 이 공간에만 존재할 수 있기 때문이다. 그럼에도 그 감각이 '나'는 아니다. '나'는 신체를 가지고 있지만, 신체가 '나'는 아니다. '나'의 입장에서 거리를 두고, 내가 가진 신체를 통해 마음속에 떠오르는 감각을 알아차리고 경험하고자 노력해 보자.

17

감정은 하나의
심리적 사건이다

원래부터 좋고 나쁜 것은 없다. 나의 평가적인 반응이 그렇게 만들 뿐이다. 이 말은 감정에 대해서도 정확히 적용된다. 드디어 감정이다. '드디어'라고 강조한 이유가 있다. 많은 사람이 감정을 다루길 원하기 때문이다. 하지만 이제서야 감정을 이야기하는 데에도 나름의 이유가 있다.

사람들은 부정적인 감정을 조절하거나 없애기 위한 방법을 찾는다. '항'우울제나 '항'불안제와 같은 약물의 도움을 받으려 하는 것이 대표적이고, 혼란스러운 감정을 다스리기 위해 명상을 시도하기도 한다. 이러한 도구를 사용하면 마음이 차분해지기도 하고 몸이 이완되기도 한다. 하지만 이와 같은 방법이 본질적인 해결책은 되지 못할 때가 많다. 많은 경우 이들은 상태가 악화되지 않도록 관리하는 도구에 그치거나, 심지어 감정을 회피하는 수단으로 전락하기도 한다.

항우울제는 의학적 근거를 갖춘 좋은 약물이다. 항우울제를 통해 불꽃을 만들어내고, 이후 생각과 행동을 체계적으로 다루며 에너지 수준을 높여 삶의 활력이 타오르게 할 수 있다. 이 과정에서 항우울제는 분명 중요한 역할을 한다. 하지만 대부분의 사람은 항우울제를 감정을 밀어내기 위한 알약으로 취급할 뿐이다. 그래서 그들은 우울감이 덜할 때는 마음대로 복용량을 줄이고, 우울감이 심할 때는 정해진 용량보다 더 많은 약을 입에 털어 넣는다. 결국 항우울제는 제 기능을 잃어버린다.

단언컨대 명상은 마음을 바라보는 혁신적인 발견 중 하나다. 명상이 어떻게 작동하는지를 이해하고 꾸준히 연습하면 삶은 크게 변화할 수 있다. 하지만 많은 경우 명상은 순전히 부정적인 감정을 외면하는 용도로 전락해 버린다. 명상으로 감정을 회피하려는 이의 머릿속에는 다음과 같은 회로가 만들어진다. "부정적인 감정이 든다 → 호흡 명상을 통해 주의를 돌린다 → 기분이 조금 나아진다." 호흡 명상을 이와 같이 사용하면 당장은 기분이 조금 나아지고, 그 결과 더 자주 명상하게 된다. 만약 잠깐의 이완과 주의 전환의 기능도 중요하지 않은가 하는 의문이 든다면, 다음의 법칙들을 떠올려 보자. "회피할수록 강해진다." "고통은 불가피하지만 괴로움은 선택할 수 있다." 머릿속에 자리 잡은 명상의 회로는 이 법칙들과 정확히 반대로 작동한다. 결국 명상은 제기능을 잃어버린다.

감정을 다루는 일은 쉽지 않다. 생각에는 적어도 명확한 내용이 있다. 행동/충동도 마찬가지다. 어떤 감각이 몸의 어느 부위에서, 어느 정도의 강도로 느껴지는지 이야기할 수 있다. 하지만 감정은 가장 추상적이다. 어디서 어떻게 느껴지는지 불분명하다. 신체 감각인 것 같기도 하고, 생각인 것 같기도 하다. '우울하다' '불안하다'는 말로 다 표현하기에는 지나치게 미묘하고 복잡하다. 그래서 정말로 '나'에게 내재된 특성처럼 느껴진다.

하지만 본래부터 좋고 나쁜 것은 없다. 감정 또한 그저 마음속에 떠오른 팝콘일 뿐이다. 나의 평가적인 반응 때문에 감정은 괴로움이 된다. 감정은 '나'의 내재적인 특성이 아니다. 그것을 우리 자신과 동일시할 필요는 없다. 감정 또한 하나의 심리적 사건일 뿐이다. 다음 두 문장을 살펴보자. "나는 불안하다(I am anxious)." "나는 약간의 불안을 느낀다(I have some anxiety)." 문법적으로는 모두 맞는 문장이다. 하지만 심리학적으로는 전자가 틀리고 후자가 옳다. 즉, 불안을 느끼는 것은 '나'지만 그렇다고 해서 '나'가 불안은 아니다.

감정 또한 생각의 강에서 떠내려오는 나뭇잎, 생각의 하늘에 떠다니는 구름, 또는 생각의 공장에서 흘러가는 상자와 다르지 않다. 하지만 때로 감정은 더 산만하고 어수선하다. 주체하기 어려울 때도 많다. 예를 들어 직장에서 작은 실수를 범했는데, 상사가 동료들이 모두 보는 앞에서 나를 질책해 망신을 준 상황을 가정해 보자. 내가 잘못한 건 사실이지만 아무리 생각해도 그의 대응은 지나친 것 같다. 화가 나고 억울한 감정이 든다. "도대체 왜 그런 거지? 내가 밉보인 점이 있나? 그렇다고 해도 그런 식으로 행동하면 안 되지." 이런 생각이 꼬리를 물 때면, 어느덧 내 마음속에는 야생마 한 마리가 뛰어다니는 것 같다. 야생마는 아주 흥분한 상태로 질주한다. 그리고 나는 어떻게든 야생마를 통제하려고 한다. 그의 두 다리를 움켜쥐거나, 꼬리를 잡아 당겨 본다. 눈을 가리거나 채찍질을 해서 길들여 보려고도 한다. 하지만 어떤 방법도 통하지 않는다. 얼마나 성질이 사나운 녀석인지, 통제하려 할수록 더 포악하게 날뛴다. 야생마의 체력을 이길 수 없는 당신은 서서히 지친다. 대부분의 사람은 그렇게 애쓴 끝에 탈진에 가까운 상태에 이르기를 반복한다.

하지만 야생마를 길들이는 방법은 분명히 있다. 가장 쉬운 방법은 그냥 놓아주는 것이다. 자유를 얻은 야생마는 들판을 질주하며 마음껏 성질을 표출할 것이다. 상관없다. 왜냐하면 야생마가 뛰어놀고도 남을 만큼 들판은 충분히 넓기 때문이다. 심지어 나는 그 들판에 있지도 않다. 들판의 울타리 밖에서 여유롭게 야생마를 바라보며 "고놈, 성질 참 고약하네"라고 말할 뿐이다. 들판을 누비던 야생마는 곧 제풀에 지친다. 언제 성질을 부렸냐는 듯 온순한 양처럼 들판의 풀을 뜯어 먹기도 하고, 때론 조용히 잠들기도 한다. 물론 이따금 다시 폭주하기도 하지만, 문제없다. 그저 들판 위에서 자유롭게 뛰노는 야생마일 뿐이다. 이처럼 야생마를 길들이는 가장 현명한 방법은 그 존재와 힘을 인정하는 것이다. 그리고 나는 야생마도 아니고, 심지어 들판도 아니며 그곳에서 멀리 떨어진 더 넓은 공간에서 그것을 바라볼 수 있는 존재임을 이해하는 것이다.

이미 눈치챘겠지만, 이 야생마는 우리의 감정이다. 통제하려고 할수록 감정은 더 걷잡을 수 없이 날뛴다. 하지만 감정이 나 자신이 아니라는 사실을 이해하고 거리를 둔 채 바라볼 수 있다면 상황은 달라진다. 지금 내가 어떤 감정을 느끼고 있는지 알아차리는 일에 그쳐서는 안 된다. "나는 분노를 느끼고 있구나"가 아니라 "나의 마음속에는 지금 분노라는 감정이 떠오르고 있구나"를 알아차리는 게 중요하다. 두 표현 모두 알아차림을 이야기하지만 둘 사이에는 큰 차이가 있다. 전자는 여전히 감정을 나와 동일시하는 반면, 후자는 감정과 자신을 탈동일시disidentification한다. 거리를 둔 알아차림이다. 감정은 나 자신이 아니라는 사실, 그리고 내가 감정에 어떻게 반응하는지가 그것을 더욱 명확한 실체로 만든다는 사실을 이해한 것이다. 우리는 감정을 자신과 동일시하지 않으면서 그것과 함께할 수 있다.

그렇다면 어떻게 강렬한 감정에 압도되지 않으면서 그것을 기꺼이 경험할 수 있을까? 우선 지나치게 과도한 감정이라면 조금은 잠재울 필요가 있다. 야생마가 흥분을 넘어 통제 불능 상태에 빠지지 않도록 진정시키는 것이다.

체온을 낮추는 것이 한 가지 방법이다. 찬물에 얼굴을 담그거나 얼음팩으로 얼굴을 문지르는 일은 몸의 휴식과 회복을 담당하는 부교감

신경을 활성화시켜 생리적 각성 상태를 완화한다. 호흡을 활용하는 것도 좋은 방법이다. 다만 명상을 위한 호흡이 아니라 부교감신경을 활성화하기 위한 호흡법을 사용해야 한다. 들숨 3초와 날숨 7초, 10초짜리 한 세트를 1분에 6번, 5분 동안 총 30번 진행한다. 날숨은 부교감신경을 활성화하기 때문에 들숨보다 더 길게 지속한다.

단, 호흡과 체온 조절은 기꺼이 경험하기가 더 수월해지도록 돕는 도구일 뿐, 이 역시 부정적인 감정을 완전히 제거하기 위한 것은 아님을 기억하자. 감정 때문에 다른 충동적인 행동을 하거나 패닉에 빠지지 않는 정도면 충분하다.

감정을 진정시켰다면 이제 다음 단계로 나아갈 때다. 생각이나 느낌, 감정을 외면하는 대신, 마음속에 그대로 두고 그들이 몸의 어느 부위에서 느껴지는지 관찰해 본다. 불안과 함께 가슴이 답답한 느낌이 든다면 그 느낌에 온전히 집중한다. 가슴이 답답하다는 건 대체 어떤 느낌인지 호기심을 가지고 관찰한다. 피하지 않는다면 언젠가는 감정이 또렷하게 느껴지는 순간이 찾아올 것이다. "마음이 무겁고 답답하구나." "죄책감이 느껴지는구나." 유레카! 관찰할 대상을 찾았다. 이제 그것을 온전히 관찰하고 느껴보자. 야생마가 뛰어놀 들판은 충분히 넓다는 점을 기억하길 바란다. 감정은 '나'가 아니다. 그러니 두려워하지 말고, 없애려고 하지 말고, 기꺼이 받아들인다는 마음으로 감정을 관찰해 보길 바란다(〈그림 13〉). "내 마음속에 불안이 있구나."

"불안은 이런 느낌이구나. 신기하네." "뭐, 얼마든지." 짐짓 태연한 듯 감정을 바라보다 보면 어느 순간 감정이 더는 자신의 주의를 끌지 못하는 현실을 발견할 것이다. 나뭇잎과 구름은 흘러가고, 상자는 이동하며, 야생마는 곧 낮잠에 들기 마련이다. 그 순간이 오면 잠시 생각의 강, 하늘, 공장에 앉아 내면을 돌아보았다가 다시 지금 이 순간으로 돌아오면 된다.

이와 같은 감정이나 느낌을 좋아할 필요는 없다. 부정적인 생각이나 감정을 갖고 싶지 않은 마음은 자연스럽다. 하지만 이 연습으로 그들을 완전히 없애지는 못한다. 대신 감정과 더 편안하게 관계 맺는 법을 배울 수 있다. 나의 마음속에 떠오른 심리적 사건들을 관찰할 수 있다는 것은 '나'라는 존재가 그것들을 담을 수 있는 더 큰 그릇이라는 뜻이다. 나는 그것들을 기꺼이 인정하고, 받아들이고, 경험할 수 있

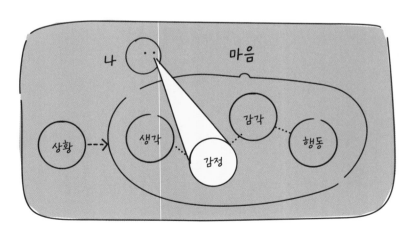

<그림 13> '나'의 위치를 유지한 상태에서 주의를 감정에 집중시킨다.

다. 꾸준한 연습을 통해 이 사실을 머리가 아닌 마음으로 받아들이게 되었을 때, 당신의 삶은 이미 크게 변화해 있을 것이다.

감정 어휘 습득하기

기억할 법칙	• 본래 좋고 나쁜 것은 없다. • 감정은 하나의 심리적 사건이다.
목표	감정을 알아차리기 위해 감정을 표현하는 어휘를 배운다.
방법	감정 알아차리기 훈련을 하며 느껴지는 감정을 다음 감정 어휘에 따라 명명해 본다.

분류	감정 어휘
슬픔	실망, 연민, 꺾임, 단절, 우울, 절망, 향수, 번뇌, 불쾌함, 괴로움, 침울, 비탄, 무시, 낭패, 불안정, 낙담, 비참, 소외, 상처, 서러움, 암울, 고립, 불만족, 거부당한 느낌, 패배감, 외로움, 비애, 심란함, 불행
분노	화남, 비통함, 격노, 분통, 복수심, 심술 남, 속상함, 토라짐, 짜증, 노여움, 안달 남, 잔인함, 언짢음, 약오름, 불만족, 적대감, 악의에 참
혐오감	역겨움, 싫음, 불쾌함, 반감, 구역질이 남, 질색함, 생색냄, 조롱, 증오, 섬뜩함, 저항감, 앙심, 악감정, 경멸, 무시, 질색, 지긋지긋함, 멸시
부러움	열망, 불쾌함, 탐욕, 옹졸함, 씁쓸함, 불만족, 못마땅함, 시기, 분함, 탐냄, 언짢음, 낙담, 소유욕

두려움	공포, 경악, 겁이 남, 충격, 거북함, 불안, 초조함, 히스테리, 압도됨, 긴장됨, 걱정, 우려, 놀람, 조마조마함, 공황, 무서움
질투	집착, 경쟁심, 경계심, 조심함, 방어적인 태도, 의심, 불신, 소유욕
수치감	비난받는 느낌, 당혹감, 굴욕, 부끄러움, 회한, 창피함
죄책감	비난받는 느낌, 회한, 미안함, 후회, 안쓰러움
행복	만족, 즐거움, 유쾌함, 황홀함, 기쁨, 축복, 승리감, 반가움, 흥미, 열광, 귀여움, 열정, 자긍심, 안도감, 명랑함, 흥분, 열의, 의기양양함, 재미, 설렘, 환희, 흥겨움, 신남, 매혹, 흥취, 엉뚱함, 편안함, 희망, 희열, 발랄함, 감사함
사랑	매력, 황홀함, 집착, 동정, 흠모, 배려, 우애, 갈망, 다정다감, 애착, 매혹, 심취, 욕망, 따뜻함, 흥분, 연민, 친절함, 열정, 좋아함, 감동

주의	• 단순히 목록을 훑고 넘어가는 것이 아니라 반복적으로 활용하면서 다양한 감정 어휘를 개발하려고 노력한다. • 분리하기 연습을 할 때도 여기에 나온 감정 어휘를 참고해 감정을 보다 섬세하고 구체적으로 기록해 본다. • 훈련 12에서 '감정 알아차리기' 훈련을 할 때도, 특정한 감정이 느껴질 때마다 이름을 붙여본다. 연습 후 신체의 어느 부위에서 어떻게 감정이 느껴졌는지 훈련 일지를 써보는 것도 추천한다.

감정 알아차리기

기억할 법칙	• 본래 좋고 나쁜 것은 없다. • 감정은 하나의 심리적 사건이다. • 기꺼이 경험한다면 괴롭지 않을 수 있다.
목표	마음속에 떠오르는 감정을 피하지 않고 알아차리며 기꺼이 경험한다.
방법	이 연습은 그것이 불편하든 유쾌하든, 어느 정도 인지할 만한 감정이 느껴질 때 진행한다.

1. 편안한 자세로 앉아 호흡을 가다듬는다.
2. 마음속에 떠오르는 불편한(또는 유쾌한) 감정 또는 느낌을 알아차린다.
3. 감정 어휘를 활용해 그 감정에 이름을 붙여본다.
4. 주의를 감정에 집중하며, 나의 몸에서 그 감정이 어떻게 느껴지는지 관찰한다.
5. 부정적인 감정이 가장 강하게 일어나는 신체 부위로 주의를 옮긴다.
6. 특정 부위에 주의가 집중되고 감각이 생생하게 느껴지면 불쾌할지라도 거부하지 말고 '그런 느낌이 여기 있구나'라고 생각하며 바라본다.
7. 주의가 집중된 부위를 통해 숨을 들이쉬고 내쉬어 본다. 호흡을 내쉴 때마다 "이 또한 기꺼이"라고 이야기해 본다. 있는 그대로를 경험하며 느낀다.
8. 신체 감각이 더 이상 이전만큼 주의를 끌지 않는다면 다시 감정을

탐색한다. 만약 또 다른 강렬한 감정을 만난다면 다시 그 감정을 관찰하며 느껴본다.

9. 만약 특별히 주의를 끄는 감정이 없다면 호흡에 집중하다가 마무리한다.

실습용 QR 코드

주의

• 떠오르는 감정을 좋아할 필요는 없지만 그렇다고 함께 있지 못할 이유 또한 없음을 명심하자. 경험 자체에 마음을 열고 기꺼이 경험해 보길 바란다. 감정은 하나의 심리적 사건일 뿐이며 그 자체로는 위협이 아니다.

• 때로 감정은 신체가 아니라 생각 또는 행동/충동을 통해 나타날 때도 있다. 그때 역시 생각, 행동, 충동에 감정 어휘를 활용하여 이름을 붙인 후, 그것이 신체의 어느 부위에서 어떻게 느껴지는지 찾아보도록 한다.

나의 이야기는
'나'가 아니다

우리 모두는 자신의 삶에 서사를 부여한다. 이는 생각이나 감정보다 더 깊은 믿음 차원의 이야기로, 우리의 정체성을 형성하기도 한다. 어린 시절 부모님과의 관계, 성장 과정에서의 경험, 그리고 그로 인해 형성된 현재 나의 모습. 단순한 문장으로 정리되는 이야기들은 우리가 어떤 사람인지를 설명해 주곤 한다.

하지만 이런 설명은 종종 우리에게 너무 경직된 틀을 부여한다. 우리는 제한된 틀에 끼워 맞추는 식으로 스스로를 해석하거나 틀에 맞지 않는 정보를 무시하고 등한시하게 된다. 예를 들어 스스로를 내향적이라고 여기는 사람은 외향적인 모습을 보이고 싶을 때조차 내향적으로 행동한다. 이따금 자신에게서 드러나는 외향적인 모습을 '나'답지 않다고 여기기도 한다.

이처럼 자신을 '어떤 사람'으로 간단하게 규정하려는 시도는 자연스럽다. 사람들이 각종 심리 테스트, MBTI, 혈액형별 성격처럼 단순화된 분류를 좋아하는 데에는 이유가 있다. 대상을 공통된 특성으로 묶어 이해하면 세부적인 특성을 일일이 파악할 때보다 인지적인 부담을 줄일 수 있기 때문이다. 제한된 인지 용량을 더 효율적으로 사용하려는 인간의 본능인 것이다. 이 본능은 자기 자신을 이해할 때에도 똑같이 작동한다. "나는 이런 사람이야." "과거의 경험 때문에 내게는 이런 특성이 있어." 이처럼 자신을 고정된 이야기나 틀에 가두어 이해하려는 경향을 자기 개념화self-conceptualization, 다른 말로는 **'개념화' 생각 함정**이라고 한다.

개념화는 세 가지 측면에서 문제가 된다. 첫째, **개념화는 우리가 매우 편협한 시각으로 세상을 해석하도록 만든다.** 개념화에 빠지면 개념에 부합하는 정보만 받아들이고 그렇지 않은 정보는 철저하게 무시하게 된다. 자기 자신에 대한 개념화는 특히 문제가 된다. "나는 부족한 사람이야." 이렇게 개념화한 사람은 자신이 이룬 좋은 성과조차 평가절하한다. "그게 뭐 대수라고…" 반대로 자신이 부족하다는 개념을 뒷받침하는 정보는 쉽게 받아들인다. 작은 실수에도 "그래 역시 난 부족한 사람이었지"라며 자신을 더욱 부정적으로 바라본다.

정신질환의 진단명으로 자신을 개념화하는 경우 또한 흔한 사례다. "저는 우울증 환자입니다." 마음속 깊은 곳에서는 다음과 같은 팝콘이 가만히 떠오른다. '우울증 환자의 삶이 어떻게 흘러가는지 아시죠?' 그들은 우울증 환자도 다양한 삶의 모습을 지닐 수 있다는 사실을, 자신에게 우울증과는 어울리지 않는 밝고 쾌활하며 호기심 넘치는 모습이 동시에 존재한다는 점을 인정하지 못한다. 스스로가 부여한 정체성을 반복적으로 강화하며 그에 집착할 때, 삶의 레퍼토리는 한없이 제한된다.

개념화가 문제를 일으키는 또 다른 이유는 그것이 우리의 생각, 감정, 행동에 그럴듯한 정당화를 제공하기 때문이다. "저는 어릴 적 부모님이 싸우는 모습을 자주 보며 자랐어요." 이와 같이 자신을 설명하는 사람의 마음속에는 다음과 같은 팝콘이 튀어 오른다. '그러니 제가 지금 왜 이러는지 알겠죠?' 과거의 경험이 우리를 괴롭혔던 것은 사실이다. 그로 인해 지금 정신건강 문제를 겪고 있다면 이는 분명 자신의 잘못이 아니다. 하지만 이런 이야기들은 우리가 왜 불안하고 우울하며 무기력하게 살아야 하는지에 대해 그럴듯한 이유를 제공한다. 그런 이야기로 스스로를 개념화하면 변화하려는 동력을 잃게 된다. 그리고 '나'가 그런 생각과 감정에 완전히 달라붙도록 만든다. 우리는 개념화된 이야기들이 뒷받침될 때 부정적인 생각과 감정을 하나의 심리적 사건이 아닌 자아 그 자체로 느끼게 된다.

다음은 한 남자의 생각이다. "나는 실패했다. 나는 어린 시절부터 골칫거리였다. 특히 부모님이 원하는 진로를 내가 선택하지 않은 것 때문에 우리의 관계는 심하게 어그러졌다. 그 영향으로 나는 성인이 되어 ADHD 진단을 받았다. ADHD 환자가 다른 일에 집중하지 못하는 건 당연하다. 이미 이렇게 되어버린 걸 어쩌겠는가? 진로 선택만 제대로 했더라면 나는 ADHD를 앓지 않을 수도 있었다. 그렇다면 내 삶은 지금과 달랐을 텐데." 이 사람은 '나는 ADHD 환자다'라는 틀에 스스로를 가둔 결과, 다른 일에 집중하거나 새로운 도전에 나서는 변화를 피하게 된다. 결국 '나는 부모님과 관계가 나쁜 사람이다'라는 이 개념화 때문에 부모님과의 관계를 개선하려는 노력 또한 하지 않게 된다. '나는 부모님과 관계가 나쁜 ADHD 환자다'라는 생각은 그에게 명백한 사실로 받아들여진다.

이처럼 마음속에 떠오른 개념화는 변화를 억압한다. 현재의 부정적인 상황과 생각, 감정에 대한 이유를 제공하고 이를 합리화한다. 따라서 개념화된 이야기 속에 갇히면 그 틀에서 쉽게 벗어나지 못하고 더 깊은 우울과 불안의 늪에 빠져버린다. 쳇바퀴처럼 반복되는 악순환에서 벗어나기는 점점 더 어려워진다. "우울해." "원인이 되는 경험이 있어. 그 경험 때문에 나는 이런 사람이 된 거야." "이건 바꿀 수 없는 거야." "우울해."

개념화의 마지막 문제는 그것이 정말로 거리를 두기 어려운 내용이라는 점이다. 마음속에 떠오른 생각을 하나의 심리적 사건으로 인지하는 것과는 차원이 다른 수준이다. '저 사람 짜증 나…' 이 생각을 심리적 사건으로 바라보는 데에는 그렇게 많은 연습이 필요하지 않다. "아, 내 마음속에 지금 저 사람이 짜증 난다는 생각이 떠올랐구나." 짜증을 느끼더라도 그 감정에 매달리며 괴로워하지 않을 수 있다. 어쩌면 다른 선택을 할 수도 있다. "그래도 나는 친절한 사람이 되고 싶어. 그냥 좋게 말해야겠다." 개념화된 이야기는 다르다. 삶의 경험에서 비롯한 자전적인 정보들은 정말로 '나' 자신처럼 느껴지고 내가 누구인지를 말해주는 것 같다. 나는 내향적인 사람이다. 나는 공부를 못하는 사람이다. 나는 사람들과 어울리지 못했다. 나는 왕따다. 나는 부족하다. 나는 연애 실패자다. 나는 사랑받을 수 없는 사람이다. 이런 생각들은 정말로 '나' 자신처럼 느껴져서 하나의 심리적 사건으로 바라보기가 매우 어렵다.

하지만 이는 착각이다. 그런 기억이나 사건은 '나'가 될 순 없다. '홍승주'라는 이름은 약속된 문자에 불과하다. 나는 홍승주지만, 홍승주라는 단어가 '나'는 아니다. 그것들은 임의적인 관계를 맺고 있다. 마찬가지로 우리가 스스로를 설명할 때 이용하는 경험, 기억, 특성 또한 '나'와 임의적인 관계를 맺고 있다. 우리는 종종 자신을 '내성적이고 인간관계가 좁은 사람'과 같은 식으로 정의하고, 그에 맞춰 행동한다. 하지만 그 또한 자신이 자신을 바라보는 방식일 뿐이다. 정체성은 본질적으로 임의적이며 스스로를 '어떤 사람'이라고 정의하려는 집착에 지나지 않는다. 김춘수 시인의 시 〈꽃〉을 알 것이다.

나는 그중 유명한 한 구절을 다음과 같이 응용하고 싶다. "내가 그것을 개념화 하기 전에 그것은 다만 스쳐 가는 심리적 사건에 지나지 않았다. 내가 그것을 개념화했을 때 그것은 나에게로 와서 썩은 꽃이 되었다."

만약 개념화가 어느 정도 사실을 반영한다 해도, 현실은 그보다 훨씬 더 복잡하다는 사실을 기억해야 한다. 이 글을 쓰고 있는 나는 비교적 이성적으로 생각하는 사람이지만 "나는 이성적이다"라는 표현은 진리가 될 수 없다. 내가 일면 이성적일지라도 언제 어디에서나 변함없이 이성적인 건 아니기 때문이다. 나는 때로 머리로는 이해할 수 없는 감정에 마음이 동해 선택을 내리곤 한다. 마찬가지로 "나는 부족하다"라는 표현 역시 진리가 아니다. 부족한 사람이라도 언제 어디서나 변함없이 부족한 건 아니다. 부족하지 않은 부분도 분명 존재한다. 개념화된 몇 가지 기억이나 문장은 모두 언어적으로 구성된 개념에 불과하며 결코 나에 대한 진실을 온전히 표현할 수 없다. 나는 그보다 훨씬 더 크고 유연한 존재다.

개념화는 자신을 이해하고 설명하는 데 도움을 줄 수 있다. 하지만 개념화된 정체성과 자기 자신을 완전히 동일시할 때 개념화는 일종의 심리적 저주로 변모한다. 자신이 부여한 정체성이 마치 따라야 할 규율처럼 느껴지고 그 정체성에 현실을 끼워 맞추는 지경에 이르게 된다면 말이다. 이런 이야기에 누군가는 "당신이 뭘 알아? 경험해 봤어? 내가 얼마나 괴로운지 알아? 당신은 나를 이해 못 해"라며 화를 낼지도 모르겠다. 누군가의 안타까운 경험을 부정하려는 의도는 결코 아니다. 다만, 부정하기 어려운 그 경험을 개념화하는 시도는 매우 위험할 수 있다고 이야기하는 것이다. 만약 당신이 지금 개념화의 함정에 빠진 것 같다면, 그것이 어떻게 당신의 삶을 제한하고, 변화를 억압하고, 삶을 갉아먹는지 생각해 보아야 한다. 당신의 마음속에 깊게 자리잡은 그 이야기 역시 하나의 심리적 사건은 아닐지 의심할 필요가 있다. 물론 그 관점을 받아들이기가 쉽지 않음을 알고 있다. 하지만 나의 머릿속에서 구축된 세계와 관계없는 바깥세상은 얼마든지 존재할 수 있고, 그리고 그 바깥세상에서 나는 이곳에서의 나와 전혀 다른 모습일 수 있다. 이 가능성을 받아들이는 일은 축복할 만한 성장의 과정이다.

생각이 '나'가 아니듯, 나의 이야기는 '나'가 아니다.

생각함정 다루기
| 개념화 |

기억할 법칙	• 생각은 자동적이다. • 나의 이야기는 '나'가 아니다.
목표	스스로를 특정한 사람으로 규정하는 생각과 거리를 두기 힘들 때, 개념화된 생각을 해체하고 심리적인 유연성을 기른다.
방법	다음 질문들에 답하며 개념화를 검토한다.

---

1. 스스로에 대한 개념화된 생각을 갖고 있지 않은가? 예시와 같은 생각이 있다면 적어보자.
   (예: "나는 내성적이다." "나는 자기 욕구에 충실한 인간이다." "나는 우울증 환자다.")
   :

....

2. 지난 삶을 돌아보았을 때, 위와 같이 생각하게 된 특별한 계기가 있는가?
   :

....

3. 위와 같은 삶의 경로를 밟은 사람은 언제나/어디서나/누구에게나/변함없이 위와 같은
   생각을 하는가?
   :

....

4. 나는 언제나/어디서나/누구에게나/변함없이 개념화된 생각에 맞게 존재하고, 생각하고, 행동하는가?
:

5. 개념화된 생각을 그대로 받아들이면 내가 놓칠 수 있는 나의 또 다른 모습은 없는가?
:

6. 개념화된 생각을 그대로 받아들이면 이후 나의 삶은 어떤 모습으로 흘러갈 수 있는가?
:

7. 지금 기분이 나쁘다고 가정해 보자. 개념화된 생각을 절대적 사실로 믿는다면, 그것이 나쁜 기분의 이유가 될 가능성이 있는가?
:

8. 자신이 느끼는 감정에 대한 이유로 개념화된 생각을 제시한다면, 삶에는 어떤 변화가 있을 것 같은가?
:

9. 개념화된 생각은 내가 부정적인 생각과 감정에서 빠져나오는 데에 도움이 되는가?
:

10. 내가 만약 개념화된 생각에 반응하지 않기로 선택할 수 있다면, 나는 그 에너지와 시간을 어느 곳에 사용할 것인가?
:

주의　　개념화된 '나'의 입장에서는 위 질문이 모두 의미 없는 질문처럼 느껴질 수 있다. 그때에는 '생각의 강'을 활용해 '나'와 마음 사이의 거리감을 만든 후 다시 시도해 보기를 권한다.

법칙

19

믿음 또한 하나의
생각일 뿐이다

지금까지 우리는 인지심리학에서 '자동적 사고'라고 부르는 생각에 대해 다루었다. 팝콘 기계에서 정신없이 튀어 오르는 팝콘들이 바로 자동적 사고다. 그런데 실은 이 팝콘에도 여러 종류가 있다. 즉각적으로 떠오르는 표면적인 생각이 있는 반면, 마음속 더 깊은 곳에 자리하는 근원적인 생각도 있다. 후자와 같은 생각을 우리는 **'믿음' 또는 '신념'**이라고 부른다. 삶의 여러 경험이 모여 믿음을 형성하고, 다시 믿음이 모여 자아를 이루게 된다. 따라서 나를 괴롭히는 부정적 생각이 믿음이나 신념에 해당한다면, 이 생각과 거리 두기는 더욱 쉽지 않다. 하지만 믿음 역시 하나의 생각일 뿐이므로 거리를 두는 일이 불가능한 건 아니다.

한 남자의 이야기를 살펴보자. 그에게는 매우 똑똑하고 유능한 형이 있었다. 일찍부터 공부와 운동에서 두각을 드러낸 형은 언제나 주변 사람들의 관심과 사랑을 받았다. 형처럼 특출나게 공부를 잘하지 못했던 남자는 늘 형과 비교당했다. "너도 형처럼 좋은 대학교를 가야지." 친척들의 격려는 남자의 마음을 불편하게 했다. 형과 같은 고등학교에 진학했을 때, "네가 ○○의 동생이구나. 기대 많이 하고 있어"라는 선생님의 말 역시 그에겐 부담이었다. 가장 큰 문제는 부모님이었다. 부모님의 기준은 언제나 형이었다. "조금만 더 노력하면 형처럼 될 수 있을 텐데…" "형만 따라 해도 큰 문제는 없을 거야." "형은 시키는 대로 잘하던데…" 이런 이야기를 듣고 자란 그의 마음속에는 "나는 부족하다"라는 생각이 자리 잡게 된다. **핵심 믿음**이다.

핵심믿음은 나, 타인, 그리고 이 세상을 향해 갖는 근원적인 믿음을 뜻한다. 이는 언제 어디서나 예외 없이 적용되는 생각이다. 예를 들면 "나는 부족해." "나는 사랑받을 수 없어." "나는 무가치해." "사람들은 나를 싫어해." "사람들은 항상 공격적이야." "이 세상은 나쁘게만 흘러가." "삶은 애초에 가치가 없어." 등이 있다.

이와 같은 핵심 믿음은 우리가 살면서 겪은 경험에 의해 형성된다. 이러한 경험을 **'핵심 경험'**이라고 부른다. 핵심 경험은 때로 아주 강렬할 수 있다. 위의 예시 속 남자는 대학 입시에 실패하고 재수, 삼수를 하게 된 것이 핵심 경험이었다. 이 경험으로 인해 "나는 부족해"라는 믿음이 그의 안에 강하게 자리 잡았다. 반면, 마치 가랑비에 옷이 젖는 것처럼 강렬하진 않지만 불편한 경험이 반복적으로 쌓인 끝에 핵심 믿음이 자리 잡기도 한다. 어린 시절부터 형과 비교당했던 그의 경험은 큰 사건은 아니지만, 점진적으로 핵심 믿음을 형성한 핵심 경험이다.

핵심 믿음으로 인해 괴로움을 느낄 때 대부분의 사람은 그것에 따르거나(굴복), 맞서 싸우거나(과잉보상), 달아난다(회피). 즉 사람들은 나름의 규칙, 태도, 가정을 만들어 자신의 믿음에 대처하는데, 이들을 **'중간 믿음'**이라고 부른다. 자신이 부족하다고 믿었던 남자에게는 다음과 같은 중간 믿음이 있었다. "항상 열심히 살아야 해(규칙)." "삶은 경쟁의 연속이야(태도)." "내가 노력하지 않는다면 사람들은 나를 좋아하지 않을 거야(가정)." 자신의 믿음에 과잉보상하며 맞서 싸우려던 그 남자와는 달리 핵심믿음에 그냥 굴복하는 경우도 있다. "실패할 수 있으니 아예 시작하지 말아야 한다." 혹은 핵심 믿음을 회피할 수도 있다. "열심히 살더라도 삶은 크게 달라지지 않는다." 이처럼 중간 믿음은 핵심 믿음에 대한 나름의 대처로서 우리 마음속에 자리 잡는다.

이러한 믿음 체계는 우리가 세상을 바라보는 프레임, 즉 렌즈처럼 기능한다. 우리 마음속 생각, 감정, 감각, 행동/충동은 특정한 상황에 반응해 떠오른다고 했다. 하지만 사람들은 같은 상황에도 저마다 다르게 반응하지 않는가. 바로 우리의 믿음 체계 때문에 벌어지는 현상이다. 우리는 자신의 믿음 체계를 렌즈처럼 이용해 상황을 바라보고 해석한 후, 그에 대응해 생각하고 감정을 느끼고 행동한다(〈그림 14〉). 따라서 자신의 믿음 체계를 이해하는 일은 자신의 내면을 한층 깊이

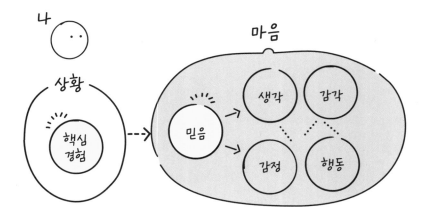

<그림 14> 우리는 지난 경험과 그로부터 형성된 믿음 체계에 기반해
특정한 상황에 특정한 방식으로 반응한다.

알아차릴 수 있도록 돕는다.

예시 속 남자가 회사에서 프로젝트를 진행하는 상황을 가정해 보
자. 혼자서 하기에는 다소 벅찬 프로젝트를 맡아보라는 상사의 요청
에, 그의 마음속에는 다음과 같은 생각이 떠오른다. "어떻게든 해내야
해." 이전까지 우리는 이런 생각을 단순히 무작위적이고 자동적으로
떠오르는 팝콘에 비유했다. 하지만 이제 우리는 이런 생각이 어디에
서 비롯되었는지 이해할 수 있다. 어린 시절 형과 비교당하며 형성된
핵심 경험, 그로 인해 자리 잡은 "나는 부족하다"라는 핵심 믿음, 그리
고 그 믿음에 대처하기 위해 생겨난 "항상 열심히 살아야 해" "내가 열
심히 노력하지 않으면 사람들은 나를 좋아하지 않을 거야"와 같은 중

간 믿음이다. 이처럼 생각의 기원을 알게 되면 자신의 마음을 더 깊이 이해할 수 있으며 생각과 거리를 두는 일 역시 한층 수월해진다.

괴로움을 유발하는 믿음을 그냥 따르는 것은 당연히 나쁘다. "나는 부족하다"라는 생각에 굴복하고 늘 그런 자세로 삶을 대한다면, 그 결과는 불 보듯 뻔하다. 회피 역시 당연히 문제를 해결하지 못한다. "나는 부족하다"라는 생각을 마주하기 두려워 도전이나 경쟁을 피하고 안전하게만 행동한다면 삶의 반경은 끝없이 좁아질 것이다.

반면 믿음에 맞서 싸우는 것은 좋은 해결책처럼 보이기도 한다. "어떻게든 해내야 한다"라는 남자의 생각 또한 그에게 좋은 동력이 된다고 볼 수도 있다. "어떻게든 해내야 한다"라는 생각이 나쁜 건 아니다. 그러나 심리적 괴로움을 제거하거나 통제하기 위해 만들어진 동력이라면, 이는 과잉보상에 지나지 않는다. 마치 언제 무너질지 모르는 모래탑과도 같다. 싸움에서 승리한 순간은 기쁠 것이다. 하지만 몇 번의 승리 끝에 패배의 순간이 찾아올 수도 있다. 누구든 공들여 쌓아 올린 탑이 무너질 때 더 크게 좌절하기 마련이다. "역시 나는 부족한 사람이었어." 심지어 싸움에서 매번 이길 수 있다고 해도 문제는 사라지지 않는다. 많은 사람이 큰 성취를 이룬 뒤에 오히려 깊은 우울감에 빠지곤 한다. 원하는 대학교에 입학하거나 직장에 취직한 뒤 방향을 잃고 무기력에 빠지는 경우다. 성취를 이룬다고 해서 취약한 내면이 단단해지지는 않기 때문이다. 오히려 뭔가 충족되지 않은 공허함이 들 뿐이다. "이제 어디로 가지…" "내 삶의 다음 이야기는 뭐지…"

이런 대처는 '기꺼이 경험하기'와는 거리가 멀다. 여전히 생각을 '나'와 동일시하며, 그것을 제거하거나 통제하려는 시도이기 때문이다.

한편, 그 모든 대처는 핵심 경험이 발생한 당시에는 타당한 선택이었다. 주변의 압박을 이기고자 '완벽하게 해야 해'라고 생각하는 게 잘못이겠는가? 회사에서 해고당한 뒤 마음이 괴로워 더 이상 사람들을 만나지 않고 방 안에만 있기로 한 선택이 그리 어리석은가? 뛰어난 형제와 계속 비교당할 바에 자신의 한계를 낮게 설정하고 굴복하는 걸과연 나쁜 전략이라고 할 수 있는가? 모든 것은 당시 상황에서는 이유가 있는 대처였다. 자신을 보호하기 위해 믿음 체계에 대한 정서적, 인지적, 행동적 대처 전략을 마련하는 것은 매우 자연스러운 일이다.

그러나 문제는 이런 대처가 시간이 흐른 현재 시점에서는 더 이상 효과적이지 않다는 사실이다. 오히려 이와 같은 대처 때문에 부정적인 믿음은 더욱 강해진다. 믿음에 굴복하면 믿음은 자연스럽게 강화된다. 믿음을 피하려고 하면 변화를 만들 기회를 잃게 되므로 결국 믿음은 강화된다. 믿음을 과잉보상하려다 넘어진다면 믿음의 존재를 더욱 크게 느끼게 된다.

핵심 경험과 그로부터 발생하는 핵심 믿음, 중간 믿음 또한 개념화된 생각일 뿐이다. 내 마음속에 어떤 믿음이 자리 잡았고 그것이 어디에서 비롯되었는지 이해할 때, 그리고 그것을 '나'와 동일시하지 않고 하나의 심리적 사건으로 바라볼 때, 과거와 경험은 지금의 나를 제한하는 족쇄가 아니라, 내가 원하는 삶을 향해 나아가는 도구가 될 수 있다.

잠시 눈을 감고 생각의 강에 들어가 보자. 시간을 과거로 돌려보자. 생각의 강에는 다양한 사건과 기억이 떠다닌다. 그중에는 행복한 기억도 있다. 사랑받았던 기억, 성취했던 기억, 인정받았던 기억. 그런 기억에는 자연스럽게 다음과 같은 믿음이 따라붙는다. "나는 사랑받을 만한 사람이야." "나는 유능해." "나는 친절한 사람이야." 하지만 그중에는 괴로운 기억도 있다. 누군가 나를 괴롭혔던 기억, 실패했던 기억, 무시받았던 기억, 스스로를 초라하게 여겼던 기억. 그런 기억에도 여러 믿음이 따라붙는다. "나는 부족해." "나는 무가치한 사람이야." "사람들은 나를 싫어해." 시간을 현재로 조금씩 옮겨보자. 아주 어릴 적 기억부터 시작해, 10년 전으로, 5년 전으로, 3년 전으로. 혹은 반대로 이동할 수도 있다. 5년 후로, 10년 후로. 어떤 시간대에 있든 당신에게 떠오른 생각들은 강을 따라 떠내려 가는 나뭇잎과 같은 하나의 심리적 사건에 불과하다. 다양한 생각이 떠오를 수 있다. 어떤 생각은 아주 자주 떠오를 수도 있다. 또 어떤 생각은 특별히 강렬한 존재감을 가질 수 있다. 하지만 그것들 또한 하나의 심리적 사건일 뿐이다. 생각의 강 앞에 앉아 심리적 사건을 바라보는 '나'와 그 사건들 사이의 공간감을 느껴보자. '나'는 항상 흘러가는 강 앞에 멀찍이 떨어져 앉아 그것들을 바라볼 수 있다. 삶의 어떤 시기에 어떤 경험을 하게 되든, 그 경험으로 인해 어떤 기억·생각·감정·감각을 갖게 되든 나는 늘 나의 위치에서 그 순간을 알아차릴 뿐이다. 언제나 그들을 지켜볼 뿐이다.

생각은 '나'가 아니다. 마음속 깊은 곳에 자리 잡아 나를 억압하는 개념화된 기억도 '나'가 아니다. **나는 언제든 그들과 함께하면서 내가 원하는 방향으로 나아갈 수 있다.**

'나'는 착각이다

이 장의 이야기가 조금은 어렵게 느껴지더라도, 차근히 따라와 주길 바란다. 이번 법칙은 지금까지 이야기한 19개의 법칙과 이어질 10개의 법칙을 이해하고 실천하는 데 바탕이 되는 중요한 내용이다.

'생각하는 나'는 착각이다. 생각은 심리적 사건일 뿐이고, 감정과 감각 역시 마찬가지다. 몸의 한계를 넘어서는 경험이 가능한 것처럼, 생각의 한계를 넘어서는 경험도 가능하다. 우리는 생각 그 자체를 바라보며 알아차릴 수 있음을 이미 경험했다. '나'는 생각을 관찰하지만 생각은 '나'가 아니었다. 감정과 신체 감각 역시 '나'가 아니었다. 나아가 오랜 시간 동안 만들어온 나의 이야기, 즉 정체성 또한 '나'는 아니며, 그 과정에서 형성된 믿음도 '나'와는 달랐다. '나'는 마음속에 떠오르는 꾸러미 속 요소들을 알아차릴 수 있지만 그것들은 '나'와 동일하지 않다.

그렇다면 대체 '나'는 누구인가? 마음에서 한 발짝 떨어져서 손전등으로 그 속을 비추고 있는 '나'는 대체 무엇인가? 이 질문은 왜 중요할까? 결국 '나'가 문제이기 때문이다.

우리 삶에서 생각은 필수불가결하다. 문제는 생각이 아니라 우리가 생각을 '나'와 동일시한다는 점이다. 생각을 하나의 심리적 사건으로 바라보지 못하는 것이 모든 심리적 문제의 근본 원인이다. 우울함을 인식하는 '나'는 우울하지 않고, 불안함을 알아차리는 '나'는 불안하지 않다. 하지만 우울함과 불안함을 '나'라고 믿는 순간, 우리는 그 믿음의 크기만큼 괴로워진다.

한편, 생각을 '나'와 동일시하지 않고 거리를 두었다면 심리적 사건과 독립적인 '나'의 존재는 무엇인지 의심하게 된다. 우리는 정말로 환경에 휩쓸리기만 하는 존재일까? 의식적인 차원에서 우리는 정말로 짚신벌레와 다를 바가 없을까? 우리는 대체 어디로 나아가야 할까? '나'에 대한 이해 없이는 이 이야기들을 끝내 완성할 수 없다.

결국 생각과 거리가 가까울 때에도 '나'가 문제이고, 생각과 거리를 두는 데 성공하더라도 제자리를 찾지 못하고 방황하는 '나'는 여전히 문제다. '나'가 무엇인지를 분명히 하지 않고 어설픈 설명의 여지를 남겨 둔다면 그때부터 온갖 형이상학과 경건한 착각이 개입한다. 우리는 '나'에 대한 이해를 통해 비로소 마음을 바라보는 관점을 완성할 수 있으며, 이는 세상을 있는 그대로 이해하는 관점에 가까이 가는 과정이다.

"'나'는 무엇인가?"라는 질문이 왜 중요한지 이해했다면, 이제 '나'를 찾아 주의의 손전등을 돌려보자. 생각, 감정, 감각을 알아차렸던 것처럼 '나'를 알아차리기 위해서는 손전등의 빛을 '나'를 향해 비추면 되지 않을까? 하지만 여기에는 한 가지 문제가 있다. 손전등의 빛이 그 자신을 비출 수는 없다는 사실이다. 손전등을 아무리 잘 활용하더라도 빛을 내뿜는 전구를 자신을 향해 비추는 일은 불가능하다(〈그림 15〉). 즉, 특정한 경험으로 주의를 향하게 하는 건 가능하지만, 그 주의를 자신에게 돌릴 수는 없다. 이는 '나'가 마음속에 떠오르는 심리적 사건들과는 본질적으로 다른 것임을 의미한다.

특정한 심리적 경험에 주의를 기울이는 과정은 우리의 디스턴싱을 도와주는 동시에, 우리가 완전히 디스턴싱된 상태로 나아가는 것을

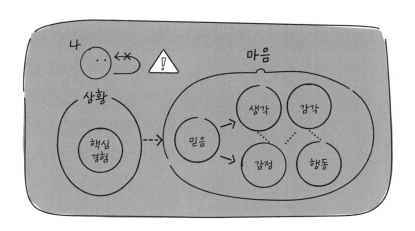

〈그림 15〉 손전등이 자기 자신을 비출 순 없다.

방해한다. 각 대상에 몰입하다 보면 결코 '나'를 인지할 수 없기 때문이다. 손전등을 이리저리 비추는 동안 손전등 자체는 결코 인식되지 않는다. 나는 결코 '나'를 알아차릴 수 없다. '나'에 대한 알아차림은 생각, 감정, 감각에 대한 알아차림 아래로 파묻혀 버린다. 그래서 특정 대상에 주의를 집중하며 '나'를 찾으려는 시도는 마치 바닷물 속에서 물을 찾으려는 것과 같다. 끝내 알 수 없는 답을 찾는 일이다.

생각은 '나'가 아니다. '나'는 생각을 관찰할 수 있다. 생각은 스스로를 관찰하지 않는다. 이는 감정과 신체 감각에 대해서도 마찬가지다. 굳게 믿어온 개념화된 정체성도 '나'는 아니다. 이는 모두 자기를 이해하기 위해 언어로 구성한 틀일 뿐이다. 그렇다면 대체 '나'에겐 무엇이 남는가? 엄밀한 논증 끝에 살아남는 것은 단 하나, **'지금 이 순간을 경험하고 있는 주체'뿐이다.** '나'는 매 순간을 알아차리는 '경험' 그 자체다. 이 외에 모든 자아라는 느낌은 착각이다. '나'는 착각이다. 우리는 자신을 실체가 있는 독립적인 존재로 인식하지만 이는 환상에 불과하다. 마음을 통제하는 단일한 존재가 있다는 믿음이나, 자아라는 불가침의 영역이 마음속 어딘가에 신비롭게 자리 잡고 있다는 생각은 허구에 지나지 않는다. '나'라는 느낌 또한 생각의 산물이다. 생각, 감정, 감각, 행동/충동을 지켜보는 단일한 '나'는 존재하지 않는다. 약 한 알 없이 사람의 마음을 치유한다고 알려진 모든 대가들은 정도나 관점의 차이는 있더라도 궁극적으로 '독립된 자아가 존재한다는 꿈'에서 깨어난 사람들이다.

그 꿈에서 깨어나지 못한 사람에게는 두 가지 길이 있다. 첫 번째 길은 더 많은 인정, 부와 명예, 좋은 집과 차 같은 외적인 조건을 통해 순간적으로 행복한 기분을 얻는 것이다. 이는 말 그대로 찰나의 행복이다. 좋은 것을 손에 얻은 적이 있는가? 나의 경우에는 국내에서 최고라고 불리는 서울대학교 의과대학에 입학한 경험이 있다. 입학이 확정되는 순간은 무척 행복했다. 하루 종일 행복감에 젖어 있었다. 하지만 그 감정이 얼마나 지속되었을까? 일 년은커녕 단 일주일 만에 희미해지고 말았다. 서울대학교 의과대학 학생 홍승주는 다시 행복감을 채워줄 무언가를 찾아 나서야 했다. 더 높은 성적이든, 더 좋은 자취방이든, 더 사랑스러운 연인이든, 무엇이 되었든 말이다. 두 번째 길은 조금 더 성숙하다. 내면을 돌아보는 것이다. 생각을 돌아보고, 호흡을 살피고, 신체를 스캔하는 것이다. 이는 여전히 '나'라는 틀 안에서 노력하며 괴로움의 근원을 자신 안에서 찾는 불완전한 과정이다. '나'가 매 순간 마음속에 떠오르는 것들을 알아차리는 경험 그 자체라는 사실을 깨닫지 못하면, '거리를 둔다'는 개념이 머리로는 이해되어도 가슴으로 와닿지는 않을 것이다.

우리는 반복해서 '나'라는 느낌을 해체해 왔다. 생각도, 감정도, 감각도, 개념화된 정체성도 모두 '나'는 아니다. 그럼에도 우리는 '나'를 놓지 못한다. 독립된 의식적 존재로서의 자아감을 포기하지 못한다. 그렇다면 자아감을 해체할 방법은 대체 무엇이란 말인가? 실은 질문

자체가 잘못됐다. 애초에 해체할 자아감 따위는 존재하지 않기 때문이다. 회피할수록 강해진다는 법칙을 기억하는가? 마찬가지로 자아를 없애려는 노력은 오히려 자아라는 환상을 만들어낸다. 존재하지 않았던 것을 없애려는 시도가 오히려 존재를 만들어내는 것이다. 즉, 자아란 '나'의 관점을 통해 창조되는 환상이다.

주의의 손전등을 이리저리 움직여 보라. 그 빛이 비추는 대상 중에서 '나'를 찾아낼 수 있는가? 그렇지 않다. '나'는 주의가 특정 대상으로 향하는 과정 자체, 즉 알아차림 그 자체일 뿐이다. 영화관의 스크린으로 비유를 들어보겠다. 우리는 빛이 투사된 스크린을 통해 영화를 본다. 액션, 호러, 로맨스, SF 등 장르는 다양하다. 남성, 여성, 동성애자, 이성애자 등 등장인물도 다양하다. 고난을 극복하고 성공을 이루는 이야기, 정의로운 진실을 찾아내는 이야기, 사랑을 손에 넣는 이야기 등 플롯은 무궁무진하다. 하지만 상영관 속 스크린이 영화의 주제, 인물, 플롯을 구구절절 설명하지는 않는다. 스크린은 그저 영화의 장면들을 '매 순간' 반영할 뿐이다. '나'는 스크린과 같다. '나' 또한 그저 매 순간의 심리적 사건을 알아차리고 경험할 뿐이다. '나'에게 그 이상의 독립적인 실체는 없다.

'알아차림으로서 나self-as-awareness'는 마음속에 떠오르는 경험들을 '지금 이 순간' 알아차리는 과정 자체를 의미하며, 이것이 '나'의 본질적인 실체다. 이 '나'는 그 어떤 심리적 사건과도 동일시될 수 없다. 바닷물이 다양한 독극물을 포함할 순 있어도 바다 자체가 독극물은 아니고, 거울이 많은 사물을 비추어도 거울 자체가 사물은 아닌 것처럼, '알아차림' 그 자체는 생각도, 감정도, 감각도 아니다. 그렇기 때문에 '나'는 어떤 경험과도 무관하게 온전하다. 모든 생각이 거짓일지라도, 모든 기억이 왜곡되었을지라도, 지금 내가 헛것을 보고 있거나 심지어 영화 속 이야기처럼 눈앞의 모든 현상이 다 시뮬레이션으로 조작된 것일지라도, 내가 매 순간을 경험하고 있다는 사실만큼은 적어도 나에게는 절대적인 진실이다. 이 진실만으로 우리는 '나'를 확립할 수 있다. 그것은 그 자체로 온전하고 침범될 수 없는 유일한 영역이다. 삶 전반에서 변하지 않고 연속적으로 이어져 온 유일한 진실이다. 따라서 디스턴싱된 '나', '알아차림으로서 나'를 확립하는 일은 모든 심리적 괴로움에서 해방될 수 있는 궁극적인 자유를 얻는 일이다.

'나'는 알아차림 그 자체이고, 우리에게는 이 알아차림을 알아차리는 능력이 있다. 우리는 그 모든 것을 생각하고 있다는 사실을 알아차릴 수 있다. 반복해서 강조한 것처럼 중요한 건 내용이 아니라 관계다. 생각 자체가 문제가 아니라 생각과의 거리가 문제다. 더 정확하게는 우리가 생각하고 있다는 사실을 알아차리지 못한 상태로 생각하는 것이 문제다. 당신은 지금 이 순간 당신이 무언가를 인식하고 있다는 사실을 알아차릴 수 있는가? 이 말이 다소 혼란스러울 수 있다는 점을 이해하고 있다. '나'와 관련해 주체와 객체 사이에 구분이 없다는 뜻이기 때문이다. 우리는 독립적인 주체로서 어떠한 객체를 인식하는 일에 익숙하다. 하지만 유일하게 '나'에 관해서는 이와 같은 구분이 사라진다. 오히려 이러한 구분이 모든 심리적 괴로움을 만들어낸다. 매 순간의 알아차림 그 자체가 '나'다. '나'라는 존재에게 알아차리는 이와 알아차림의 대상은 다르지 않다. 주체('나')와 객체('알아차림')는 다르지 않다(알아차림으로서 '나').

'알아차림으로서 나'는 결국 늘 '지금 이 순간'에 존재할 수밖에 없는 실체다. 알아차림은 지금 이 순간에 벌어지는 일이다. 진부한 표현이지만, 그렇기 때문에 모든 깨달음은 '지금'을 강조한다. 사람들은 생각과 거리를 두기 위해 머나먼 여정을 떠나야 한다고 믿는다. 특별한 경험을 통해 궁극적인 깨달음에 도달한다고 생각한다. 그래서 내면을 탐구하고자 노력하며 고행의 시간을 보내고, 깨달음을 찾아 떠난다. 하지만 이는 큰 착각이다. 텅 빈 마음은 파랑새일 뿐이다. 자아는 착각이며, 그 자아를 통해 어떤 깨달음이나 자유의 경지에 도달할 수 있다는 생각은 더욱 큰 착각이다. '알아차림으로서 나'는 늘 지금 이 순간에 존재한다. 이미 지금 여기에 존재하고 있다. 오히려 관찰되기에 너무 가까이에 있을 뿐이다. 등잔 밑이 어두운 것처럼 손전등이 자기 자신을 비추지 못했을 뿐이다. 하지만 '알아차림으로서 나'를 알아차리는 일, 즉 '알아차림에 대한 알아차림'은 가능하다.

'알아차림에 대한 알아차림'이 이렇게 가까이 있는데 사람들은 왜 그토록 방황하는 걸까? 마음의 자유를 얻으려는 사람들은 왜 그토록 긴 여정을 떠날까? 심리치료를 통해 삶을 바꿔보려는 사람들은 왜 그렇게 많은 치료자를 만나 여러 시도를 반복하고, 어째서 그토록 많은 지식을 습득하며 고군분투하게 될까? 내면을 돌아보려는 사람들에게는 이미 특정한 목적이 있었기 때문이다. 삶에서 개선하고 싶은 부분이 없었다면 내면을 돌아보려고 하지도 않았을 것이다. 이 지점에서 역설이 발생한다. 그들 행동의 동기가 된 목적은 그들이 특정 대상에 주의를 기울이는 데에만 집중하게 함으로써, 보다 궁극적인 '나', 즉 '알아차림으로서 나'를 발견하지 못하게 만든다.

생각을 돌아보고 호흡을 관찰할 때, 우리는 스스로를 특정한 대상에 주의를 집중시킬 수 있는 주체라고 느낀다. 독립적이고 완전한 주체가 나의 머릿속에 존재한다고 느낀다. 하지만 결국 그와 같은 관점이 '알아차림'이라는 과정 그 자체, 곧 '나'를 알아차리지 못하도록 만든다. 심지어 언제나 지금 이 순간에 온전하게 존재하고 있는 '알아차림으로서 나'를 먼 훗날에나 발견할 수 있는 신성한 깨달음처럼 여기고 방황한다. 하지만 우리에게 필요한 건 단지 우리 의식을 있는 그대로 알아차리는 것뿐이다. 그것은 '지금 여기'에서도 얼마든지 가능하다.

마음속에 떠오르는 심리적 사건을 알아차리는 것만으로는 충분하지 않다. 왜냐하면 그런 알아차림은 알아차림 그 자체가 인지되지 못한 채로, 마음속에 떠오르는 생각에 의해 진행되기 때문이다. 이는 얼핏 거리를 둔 것처럼 보일 수 있지만, 여전히 생각과 '나'를 동일시하고 있는 것이다. 그 마지막 끈을 놓지 못하고 있는 것이다. '나'가 알아차림이라는 사실을 알아차릴 때, 즉, '알아차림에 대한 알아차림'이 가능할 때, 같은 말로 '나' 알아차림이 가능할 때, 우리는 비로소 내면과 거리를 둔 '나'를 확립하게 된다. 마음속에 떠오르는 그 어떠한 심리적 사건에도 무의식적으로 반응하지 않을 자유를 얻게 된다.

'나' 알아차림은 특정한 기술이 아니라 존재하는 방식이다. 중요한 건 내면과 거리를 두고 디스턴싱된 상태를 경험적으로 기억하는 과정이다. '나'를 알아차리기 위해서는 애쓸 필요가 없다. 손전등을 이리저리 비출 필요가 없다. 밝은 공간에 있다가 어두운 방으로 들어간다고 상상해 보자. 방 안의 사물들이 눈에 보이도록 하기 위해서 우리가 할 수 있는 건 없다. 시간이 지나면 점차 보이지 않던 것들이 보이게 될 뿐이다. 마찬가지로 '나' 알아차림은 특정한 의도를 가지고 행해지는 것이 아니라 일련의 과정 속에서 발견되는 것이다. 즉, 심리적 사건을 향해 있었던 주의 집중을 이완시킨 상태에서 드문드문 그것들을 비추는 '나'를 알아차리는 것이다. 알아차리고 있다는 사실을 알아차리는 것이다. 알아차림이 알아차림을 알아차리는 것이다. 그러한 알아차림은 주의가 옮겨 가는 순간, 마치 영화가 상영되는 스크린 위에서 한 장면이 다른 장면으로 바뀌는 찰나처럼, 순간적으로 모습을 드러낸다. 주의를 어딘가로 향할 필요도 없고, 무언가에 집중할 필요도, 통제할 필요도 없다. 거리를 둔 상태에서 어느 한곳에 주의를 뺏기지 않고 내면을 바라보다 보면 주의의 근원이 드러나기 마련이다. 그때 마주하는 '알아차림' 그 자체가 '나'다.

우리가 내면의 심리적 사건, 특히 생각과 우리 자신을 동일시하는 건 실은 부자연스러운 일이다. 당신은 구토를 한다고 해서 그것을 자신으로 여기지 않는다. 구토는 몸에서 나온 것이지만 우리는 이를 자신과 이질적이며 불쾌한 것으로 여긴다. 생각 또한 구토와 마찬가지로 떠올랐다가 배출되어 지나가는 것이지만 우리는 생각을 구토처럼 흘려보내지 못한다. 이는 궁극적으로 '나'가 무엇인지 알지 못하기 때문에 생기는 문제다. 하지만 '나'를 알아차리다 보면 우리는 마음속에 떠오르는 그 모든 것들이 우리가 누구인가를 규정하지 않는다는 사실을 이해하게 된다. 심리적 사건들은 떠올랐다가 흘러가는 것일 뿐임을 받아들이게 된다. '나'가 그것을 알아차리고 있다는 사실을 알아차리고, 결국 그 알아차림 자체가 '나'였음을 깨닫는다. 그러한 '나'는 우울, 불안, 좋지 않은 기억들에 침범당하지 않는 것이며, 매 순간 지금 여기 존재하는 우리 의식의 근원이다.

'나'는 착각이다. 이 사실은 우리에게 큰 해방감을 준다. 마음속에 떠오르는 것들과 무관한 선택을 할 수 있는 자유를 준다. 이제 그 자유를 찾아 나설 시간이다.

'나' 알아차리기

기억할 법칙	'나'는 착각이다.
목표	'나'를 알아차리고, 마음과의 거리감을 만든다.
방법	1. 편안한 자세로 앉거나 눕는다. 자세를 억지로 고칠 필요는 없다. 편안한 것만으로 충분하다.

방법

1. 편안한 자세로 앉거나 눕는다. 자세를 억지로 고칠 필요는 없다. 편안한 것만으로 충분하다.

2. 잠시 동안, 자신을 있는 그대로 둔다. 어떤 것도 바꾸려고 하지 않는다. 지금 이 순간 '나'는 그 자체로 이미 충분하다. 호흡을 조절하거나 생각, 감정, 감각을 억제하려고 하지 않는다. '나는 명상을 하고 있다'는 생각도 억지로 붙잡지 않는다.

3. 몸에 떠오르는 감각을 알아차린다. 따뜻함, 차가움, 가벼움, 무거움, 뻐근함 등 어떤 감각이라도 떠오르는 대로 알아차린 후 내버려둔다.

4. 생각을 알아차린다. 마음속에 어떤 생각이 떠오르면, 그것을 밀어내지 않고 알아차린 후 내버려둔다.

5. 감정을 알아차린다. 어떤 감정이 느껴지면, 그것이 특정 부위에서 어떻게 느껴지는 알아차린 후 내버려둔다.

6. 이제 아무런 노력도 하지 않고 지금의 경험을 그대로 받아들인다. 모든 경험이 자연스럽게 일어나도록 한다. '나'의 위치를 지키며 떠오르는 것들을 알아차린 후 내버려둔다.

7. 위 상태에서 '나'가 지금 이 순간 그 모든 경험들을 알아차리고 있다는 것을 알아차린다. 단, 그 알아차림을 위해 주의를 전환하며

애쓸 필요는 없다. 그러한 알아차림이 떠오를 때만 알아차린다. 모든 것이 스스로 가라앉도록 내버려두며 거리를 둔 '나'의 입장에서 내면을 관찰한다.

8. 천천히 눈을 뜨며 마무리한다.

주의   '알아차림으로서 나'를 인지하기 위해 애쓰지 않는다. 그럴수록 알아차림은 요원해진다. 그저 모든 것을 열어둔 상태에서 아무 노력도 하지 않고 있는 그대로를 알아차린다. '나'의 위치를 지키며 있는 그대로 알아차리다 보면 '알아차림' 자체에 대한 알아차림이 떠오를 것이다. 그 알아차림을 느끼고 경험한다. 만약 알아차림이 떠오르지 않는다 해도 괜찮다. '무엇을 깨달았는지'에 집착하는 순간 '나'의 알아차림은 불가능해진다. 그러니 그저 있는 그대로 느끼고 경험한다.

3장 ： 행동 ：

가치로
나아가기

생각과 거리를 두고, 그것들을 기꺼이 경험하게 됐다고 가정해 보자. 그럼, 이제 당신은 어떻게 살 것인가? 앞에서 배운 방법들은 결국 이 질문에 답하고, 그에 맞게 행동하기 위해 존재한다고 해도 과언이 아니다. 당신이 삶에서 중요하게 여기는 가치는 무엇인가? 우울이나 불안은 당신의 삶에서 가장 중요한 의제가 될 수 없다. 당신이 진정으로 원하는 삶은 어떤 모습인가? 생각의 악순환에서 벗어나 당신이 진정 원하는 가치로 나아갈 때, 당신의 삶은 완전히 새로운 궤도에 진입할 것이다. 이번 장에서는 생각과 거리를 두고, 마음속에 떠오르는 것들을 기꺼이 경험한 채, 그것과 별개로 자신의 가치에 맞는 선택과 행동을 하는 방법을 알아볼 것이다.

가치로 나아가는 10가지 법칙

Distancing

자유는 선택할 수 있는 능력이다

'생각하는 나'는 착각이다. 생각은 자동적으로 떠오를 뿐이다. 우리의 목표는 텅 빈 마음이나 긍정적인 마음이 아니다. 깨끗하고 맑은 상태가 아니다. 디스턴싱의 원리를 연습하고 체화한 사람의 머릿속도 고요하지 않다. 그곳에도 수많은 팝콘들이 튀어 오른다. 하지만 거리를 두고 그것을 바라볼 수 있다. '알아차림으로서 나'를 이해하고 알아차리고, 그 위치에 머물며, 동시에 마음속에 떠오르는 것들과 무관하게 자신이 원하는 선택을 해나갈 수 있다. 내가 원하는 방향에 맞는 행동을 할 수 있다.

생각, 감정, 감각, 자아를 이루는 기억과 믿음, 심지어는 '나'라는 느낌까지도 디스턴싱의 대상이다. 하지만 이 과정은 결코 쉽지 않으며 많은 노력과 훈련이 필요하다. 그런 디스턴싱이 의미 있는 삶을 위해 활용되지 않는다면 그저 지적인 도취나 만족에 그칠지도 모른다. 겉보기에만 그럴싸한, 공허한 형이상학과 다를 바 없어진다.

그와 같은 일이 벌어지지 않도록, 이제부터는 디스턴싱의 원리에 기반해 삶을 새롭게 진전시키는 작업을 하려 한다. 생각을 통제하려 할수록 사태가 악화된다는 점을 그토록 반복적으로 설명한 후, 갑자기 무언가를 능동적으로 바꾸고 새로운 방향을 향한다고 하니 혹자는 의아함을 느낄 수도 있다. "뭐야? 진취적인 생각으로 가득 채우자는 거 아니야?" 하고 말이다.

분명히 짚고 넘어가야 할 점이 있다. **우리에게 자유의지는 없지만 우리는 자유로울 수 있다**는 것이다. 이 두 가지 개념을 구분할 수 있어야 한다. 생각은 무작위적으로 마음속에 튀어 오르고, 우리가 원하는 방향대로 이끌리지 않는다. 그 관점에서 자유의지는 없다. 생각, 충동, 의지는 모두 마음속에 떠오를 뿐이다.

하지만 디스턴싱을 이해한 지금, 우리는 전처럼 그것들에 무의식적으로 반응하지 않는다. 적어도 이제 우리 마음속에는 다른 관점이 '떠오른다'. 그 결과, 우리는 그것을 하나의 심리적 사건으로 바라볼 수 있다. 생각의 강에 머물며 심리적 사건과 나 사이의 공간감을 만든다. '나'를 알아차리고, '나'의 위치를 지키며 마음을 바라본다. '나'의 자리에서 주의의 손전등을 원하는 곳으로 향하게 한다. 그와 같은 공간감이 마련되면 우리에게는 새로운 선택지가 생긴다. 이전에는 한 번도

본 적 없던 완전히 새로운 팝콘들이 하나둘 마음속에 떠오른다. '아, 불안하다는 생각이 떠오르고 있구나.' '잠깐, 이건 그냥 많은 생각 중 하나일 뿐인걸.' '불편한데… 그런데 정확히 어디가 불편한 거지? 피하지 말고 기꺼이 경험해 볼까?' '그렇다면 이제 어떻게 행동해야 하지?'

이처럼 마음속에 원치 않는 생각이 떠오른다는 사실을 받아들이는 일이야말로 진정한 자유다. 떠오르는 생각들을 그대로 놓아둔 채, 내가 원하는 방향으로 삶을 위한 선택들을 해나갈 수 있을 때 우리는 비로소 자유로워진다. 즉, **자유란, 마음속에 떠오른 모든 것을 기꺼이 경험하며 다음을 선택할 수 있는 능력**이다. 디스턴싱의 궁극적인 목표는 오래된 마음의 습관에 매몰되지 않고, 자신이 매 순간 어떤 선택을 할 수 있는지 알아차리는 것이다. 그렇게 할 수 있다면, 우리는 적어도 우리의 의식 세계 속에서는 충분히 자유로울 수 있다. 비록 그 모든 심리적 사건들이 우리의 의지와 무관하게 마음속에 떠오른 것일지라도 말이다.

우리 앞에 놓인 선택지는 두 가지뿐이다. 하나는 심리적 경험과 맞서 싸우는 길이다. 나를 괴롭히는 것들을 통제하고 대체하려 하면서 궁극적인 이상향을 추구하는 길이다. 이 선택지가 여전히 당신에게 매력적으로 느껴진다면, 여기에 조금 더 시간을 써도 괜찮다. 그럼에도 좀처럼 마음이 마음대로 되지 않을 때 다시 돌아와도 좋다.

다른 하나는 정반대의 길이다. 이는 모든 심리적 사건과 거리를 둔 상태의 '나'가 존재한다는 사실을 이해하는 길이다. 아무리 애써도 나를 괴롭히는 생각과 감정은 완전히 사라지지 않는다는 진실을 이해하는 길이다. 그 사라지지 않는 것들을 기꺼이 받아들이고 경험하고 인정하는 길이다. 마치 늪에 온몸을 던지듯, 수용과 개방이라는 미지의 세계로 뛰어드는 길이다. 그리고 비로소 내가 진정으로 원하는 삶을 위한 선택을 하는 길이다.

이 선택은 그 누구도 아닌 나의 책임responsibility이다. 책임이라는 단어가 불편하게 느껴질지도 모르겠다. 자신의 의지와 무관하게 괴로운 상황이 발생한 경우라면 특히 그런 감정을 느낄 수 있다. 어린 시절 부모님에게 학대를 받았다면, 왜 그것이 나의 책임이란 말인가? 책임의 대상을 잘 구분해야 한다. 이미 벌어진 사건은 나의 책임이 아니다. 안타깝지만 그것은 나의 의지와 무관하게 일어난 일이다. 하지만 그와 같은 상황에서도 나의 삶을 이끌고 결정하는 건 오직 '나'만이 할 수 있는 일이다. 자신의 상황을 한탄하거나 비관하는 데 그치지 않고 '자신의 반응을 스스로 선택할 수 있는 능력'에 주의를 기울일 때, 우리는 비로소 나의 삶을 통제할 힘이 나 자신에게 있다는 사실을 깨닫게 된다.

즉, 우리에게는 마음속에 떠오른 다양한 팝콘에 반응할 수 있는 능력response-ability이 있다. 이와 같은 선택은 누구도 나를 대신해 줄 수 없다. 나의 책임이다. 심리적인 괴로움과 전쟁을 지속할지, 아니면 그것을 기꺼이 경험할지. 머릿속에서 끊임없이 생각을 곱씹으며 분석할지, 아니면 생각을 하나의 심리적 사건으로 바라보며 지금 이 순간 내가 당장 할 수 있는 일에 집중할지. 후자의 선택지가 당신의 길이 되기를 바란다. 당신은 살면서 반드시 심리적인 괴로움을 또다시 마주할 테고, 그 순간마다 이 선택의 팝콘들이 당신 마음속에 떠오를 것이다. 그때가 오면 꼭 다음의 내용을 기억하길 바란다. 마음속에 무엇을 들일지는 통제할 수 없지만, 그 이후에 우리가 무엇을 할지는 선택할 수 있다. 선택은 오롯이 '나'의 몫이다.

자, 이제 내가 원하는 삶을 위한 선택을 해나갈 시간이다.

법칙

22

경험 회피는
악순환이다

자유는 '선택할 수 있는 능력'이다. 여기서 말하는 선택은 자신의 내면을 알아차리는 것을 넘어, 자신이 원하는 삶을 실현할 수 있도록 **실질적인 '행동 변화'를 이끄는 것**이어야 한다. 물론 누군가는 단순히 심리 상태를 이해하고 싶어 내면에 관심을 가질 수도 있다. 하지만 대부분의 사람은 그 이상을 원한다. 그들은 삶을 바꾸고 싶어 한다. 침대 밖으로 나와 앞으로 나가고 싶어 하며, 타인에게 주눅 들지 않고 자신의 의견을 당당히 이야기하기를 바란다. 불합리한 상황에서 적절한 조치를 취하고, 할 일을 미루며 자책하는 대신 제 역할을 다하고 싶어 한다. 다람쥐 쳇바퀴처럼 도는 인연의 악순환을 끊고 새로운 길로 나아가고 싶어 한다. 디스턴싱은 그와 같은 행동 변화를 위해 사용되어야 한다. 지적인 만족에 그치는 정도라면, 더 고상한 방법으로도 충분히 이룰 수 있다. 그러나 진정으로 원하는 삶을 살기 위해서는 깨달음 이상의 실천이 필요하다.

행동을 변화시키기 위해서는 먼저 현재 자신의 행동을 면밀하게 분석하는 과정이 필요하다. '행동 분석'이다. 생각, 감정, 감각과 마찬가지로 행동 또한 하나의 심리적 사건이다. 행동은 마음속에 떠오르는 내적 사건이 외현적으로 발현된 결과물이다. 우리는 자유의지를 가지고 능동적으로 행동한다고 믿지만 실상은 그렇지 않다. 우리의 행동은 정교하게 설계된 보상 시스템에 의해 반복 혹은 지속된다. 조금 더 구체적으로 말하면, 당신의 행동은 특정한 기능을 수행하기 때문에 지속된다. 이를 행동주의 심리학에서는 행동이 강화reinforcement 된다고 말한다.

강화란 특정 행동의 결과에 따라 그 행동이 반복될 가능성이 높아지는 현상을 의미한다. 실험실의 쥐를 예로 들어보자. 쥐 앞에는 버튼이 하나 놓여 있고, 우리는 이 쥐가 버튼을 자주 누르게 하고 싶다. 즉, 쥐가 버튼을 누르는 행동을 강화하고자 한다. 이를 위해 사용할 수 있는 두 가지 방법이 있다. 첫 번째 방법은 쥐가 버튼을 눌렀을 때 그 행동의 결과로 쥐에게 가치가 있는 것을 제공하는 것이다. 예를 들면 버튼을 눌렀을 때 먹이가 배급된다면 쥐는 버튼을 더 자주 누르게 된다. 이러한 형태의 강화를 정적 강화positive reinforcement라고 한다. 두 번째 방법은 쥐가 버튼을 눌렀을 때 그 행동의 결과로 쥐가 싫어하는 무언가를 제거하는 것이다. 예를 들면 통증을 느끼는 상태에서 버튼을 눌렀을 때 진통제가 제공된다면 쥐는 버튼을 더 자주 누르게 된다. 이러한 형태의 강화를 부적 강화negative reinforcement라고 한다.

강화는 특히 다음 세 가지 특성이 충족될 때 더 강하게 일어난다. 첫 번째는 보상이 즉각적일 때다. 쥐가 버튼을 누르자마자 먹이를 배급한다면 5분 후에 배급하는 것보다 행동을 더 효과적으로 강화할 수 있다. 두 번째는 보상이 임의적일 때다. 쥐가 버튼을 누를 때마다 항상 5개의 먹이를 배급하는 것보다 어떤 때는 1개, 어떤 때는 3개, 어떤 때는 0개, 또 어떤 때는 10개를 제공하는 것이 행동을 강화하는 데 더 유리하다. 마지막은 보상이 인위적이지 않을 때다. 사람들은 단순한 쥐가 아니다. 사람들에게 먹이를 배급하듯 보상을 준다고 해서 행동이 쉽게 강화되지는 않는다. 보상은 그 사람이 실제로 원하는 것과 밀접하게 연관되어 있어야 한다. 사람들에게는 타인의 긍정적인 반응, 인정, 내적인 즐거움, 성취감 같은 요소들이 특히 자연스럽고도 강력한 강화물로 작용한다.

실험실의 쥐를 예로 드는 것이 현실의 복잡한 상황을 지나치게 단순화하는 것처럼 보일 수 있다. 하지만 이와 유사한 강화가 우리의 일상에서도 숱하게 일어난다. 유튜브의 쇼츠와 같은 소위 '숏폼 동영상'이 대표적인 예시다. 지하철에서 주위를 살펴보면, 많은 사람이 정신없이 엄지손가락을 움직이며 짧은 동영상에 몰두하는 광경을 쉽게 목격할 수 있다. 이 글을 읽는 당신에게도 비슷한 경험이 있을 것이다. 숏폼 동영상에서 빠져나오기가 그토록 어려운 이유는 엄지손가락을 움직이는 당신의 행동이 강력하게 강화되었기 때문이다.

지하철에 탔고 목적지까지는 한참 남은 상황을 가정해 보자. 이내 지루함을 느낀 당신은 유튜브를 켜고 쇼츠를 시청한다. 처음에는 그다지 재미없는 영상이 재생된다. 엄지손가락을 쓸어 올리자, 이번엔 재밌는 영상이 나온다. 보상은 즉각적으로 나타난다. 지루함이라는 부정적 감정이 사라진다. 당신은 15초 동안 즐겁게 영상을 시청한다. 그러고는 다시 엄지손가락을 쓸어 올린다. 이번엔 재미없는 영상이다. 다시 엄지손가락을 움직여보지만 여전히 재미없는 영상이다. 실망스럽지만, 다시 한번 스크롤해 본다. 그러자 이번엔 다시 재밌는 영상이 나온다. 이처럼 임의적인 결과는 엄지손가락을 움직이는 행동을 효과적으로 강화한다. 게다가 당신의 관심사에 꼭 맞는 맞춤형 콘텐츠들이 줄지어 떠오르니, 이보다 더 자연스러운 결과가 있을까? 이처럼 부정적 감정이 제거되는 효과 때문에 우리는 기분이 나쁘거나 해야 할 일을 미루고 싶을 때 더욱 무의식적으로 숏폼 동영상을 보게 된다.

정신건강 문제에서 부적응적인 행동이 반복되는 이유 역시 비슷하게 설명할 수 있다. 마음속에 불편한 생각, 감정, 감각이 떠오를 때 우리는 불편함을 없애기 위해, 즉 '경험 회피'를 목적으로 특정한 행동을 하게 된다. **이 행동은 단기적으로 불편함을 완화해 주므로 쉽게 강화된다. 문제는 그 행동이 장기적으로는 상황을 악화시킨다는 점이다.** 특히 반복되는 행동이 핵심 믿음과 같은 기존의 믿음 체계를 지지할 경우, 믿음에서 벗어나기가 더 어려워지고 비슷한 상황에 더 예민하게 반응하게 된다(〈그림 16〉). 정신건강 문제에서 빠져나오기가 그토록 힘든 이유는 대부분의 경우에 이와 같은 악순환 고리가 형성되어 있기 때문이다.

내가 만난 남성의 이야기는 이 악순환을 잘 보여준다. 엄격한 부모님 아래에서 뛰어난 성취를 강요당해 온 그의 마음속에는 "나는 부족하다"라는 핵심 믿음이 자리 잡았다. 시간이 흘러 어른이 된 그는 직장에서 비슷한 상황을 마주하게 된다. 뛰어난 성과를 요구하는 상사를 만난 것이다. 그의 마음속에는 '실수하면 어쩌지? 나를 열등한 인간으로 보는 건 아닐까? 이번 프로젝트를 잘 해내지 못하면 해고당하진 않을까?'와 같은 생각이 떠오른다. 그의 마음은 불안해지고, 두통

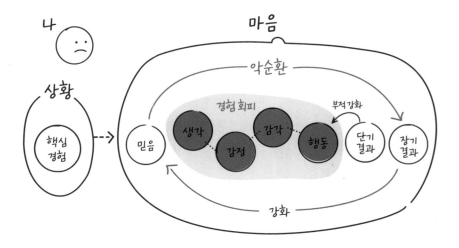

〈그림 16〉 경험 회피에 따른 행동은 단기적으로는 불편함을 제거해 주어 부적으로 강화되지만, 장기적으로는 부정적인 믿음이 더 강해져 악순환을 일으킨다.

과 가슴의 답답함도 느껴진다. 그와 같은 생각, 감정, 감각이 너무나 불편했던 그는 할 일을 미루고 상사를 피해 다니게 된다. 당장의 불편한 상황을 모면하기로 한 것이다. 당장의 불안감을 해소했으니, 그의 행동은 부적으로 강화된다. 하지만 장기적으로 상황은 악화된다. 결국 그는 일을 잘 해내지 못했고, 상사는 그를 질책했으며, "나는 부족하다"라는 그의 믿음은 더 강해진다. 믿음이 강화될수록 그는 이전보다 더 사소한 상황에서도 불편한 생각, 감정, 감각에 시달리게 된다. 역시나 그는 모든 것을 기꺼이 경험하지 않고 회피하기로 한다. 강력한 악순환이다.

　어릴 적 아버지로부터 사랑을 받지 못한 여성의 이야기도 있다. 아버지는 늘 그녀에게 "얼굴이 못났다" "성격이 모나서 남자들이 좋아하지 않을 것이다" 같은 말을 했고, 그녀의 마음속에는 "나는 사랑받을 가치가 없다"라는 핵심 믿음이 자리 잡았다. 시간이 흘러 그녀는 한 남자와 교제를 하게 되는데, 하루는 남자친구에게서 업무가 너무 바빠 데이트를 취소해야 한다고 연락이 왔다. 그 순간 그녀는 다음과 같이 생각한다. "이제 나랑 노는 게 재미없나? 분명 시간이 괜찮다고 했잖아." 그렇게 생각하니 불안하고 초조하며 화도 난다. 호흡도 가빠온다. 그녀는 결국 남자친구에게 연락해 화를 냈고, 그는 그녀의 요구에 못 이겨 업무를 미루고 그녀를 만나러 온다. 그 결과, 그녀의 불안감과 초조함은 사그라들었고, 남자친구를 압박하는 그녀의 행동은 부적으로 강화되었다. 하지만 장기적인 관점에서 상황은 악화되었다. 그녀의 고집스러운 요구에 점점 지쳐간 남자친구는 결국 그녀에게 이별을 통보했다. 좌절한 그녀는 내게 말했다. "저는 정말 사랑받을 가치가 없어요." 이런, 악순환이다.

이처럼 우리의 행동은 강화 시스템에 의해 수동적으로 조절되곤 한다. 자유의지라는 개념을 내려놓고, 행동의 기능적인 측면에 집중해 분석해 보면 이 사실은 명백해진다. "이 행동은 어떤 기능을 하는 걸까? 정적 강화일까, 부적 강화일까?" 이와 같은 질문을 던지다 보면 자신이 어떤 악순환을 겪는지를 명확히 볼 수 있을 것이다. 이처럼 행동이 미칠 기능적인 효과를 검토하는 것을 '행동 분석'이라고 한다.

방법은 어렵지 않다. 우리는 앞서 '분리하기'를 통해 마음속에 떠오른 꾸러미를 상황, 생각, 감정, 감각, 행동으로 분리하는 연습을 했다. 꾸러미에서 분리된 행동이 장단기적인 차원에서 행동을 정적으로 강화하는지, 혹은 부적으로 강화하는지 검토해 보면 된다. 행동 분석을 통해 악순환을 발견하게 되면, 그 악순환과 거리를 둔 '나'로서 어떤 선택을 해야 하는지 또한 명료해지기 마련이다. 반복해서 말하지만 변화와 성장은 항상 자각과 함께 시작된다. 자신이 어떤 행동을 하고 있는지, 그리고 그 행동이 어떤 기능을 하고 있는지 알아차리는 일은 행동 변화를 위한 핵심이다.

자신의 행동을 함부로 자책할 필요는 없다. 모든 행동에는 이유가 있기 때문이다. 비록 당신이 그 이유를 이해할 순 없더라도, 특정 행동은 나름의 원리 때문에 지속된다. 쇼츠에 중독되려는 의도를 가지고 쇼츠를 보는 사람은 없다. 알코올에 의존하겠다는 마음을 가지고 술을 마시기 시작한 사람도 없다. 그저 우리 마음이 작동하는 방식이 우리가 그렇게 행동하도록 만들었을 뿐이다. 그와 같은 관점에서는 모든 행동에 나름의 타당한 측면이 있음을 발견할 수 있다. 그러니 자책하지 말라. 하지만 역시나 변화는 전적으로 당신의 책임이다.

악순환 분석하기

기억할 법칙	• 자유는 선택할 수 있는 능력이다. • 경험 회피는 악순환이다.
목표	자신의 행동이 어떤 악순환 고리 위에서 반복되고 있는지 이해한다.
방법	1. 부정적인 경험을 했을 때 '분리하기'를 통해 경험을 상황, 생각, 감정, 감각, 행동으로 분리한다. 앞서 설명한 것처럼 행동은 '결과적으로 나는 그 상황에서 어떻게 행동했나'의 관점에서 작성한다. 2. 그 행동의 단기적인 기능을 생각해 본다. 3. 단기적인 기능이 자신의 행동을 강화하고 있는지 살펴본다. 4. 그 행동의 장기적인 기능을 생각해 본다. 5. 장기적인 기능이 자신의 믿음(또는 반응 방식)을 더 강하게 만들고 있지 않은지 살펴본다. 6. 자신의 행동 패턴에 '경험 회피의 악순환 고리'가 있는지 분석해 본다.
예시	• **상황**: 사람들 앞에서 발표를 해야 하는 상황. • **생각**: "나는 발표를 못하는 사람이야." "발표를 하면 사람들이 나를 비웃을 거야." "목소리가 떨리겠지?" • **감정**: 불안, 초조. • **감각**: 가슴이 두근거림. • **행동**: 다른 팀원에게 발표를 대신해 달라고 간곡히 부탁함. • **행동의 단기적인 기능**: 당장의 불안감을 해소함(부적 강화).

- **행동의 장기적인 기능**: "나는 부족해"라는 믿음을 강하게 만듦.
- **악순환 고리 여부**: 단기적으로는 이점이 있어서 강화되지만, 장기적으로는 상황을 더 악화시켜 악순환 고리를 만듦.

주의   행동 분석을 객관적으로 해내기란 결코 쉽지 않다. 객관성을 확보하기 위해 가까운 지인에게 도움을 요청하는 것도 좋은 방법이고, 정신 건강 전문가와 함께 분석한다면 더욱 수월하게 진행할 수 있다.

초점을 맞출 곳은
생각이 아니라 가치다

'나'는 착각이다. '알아차림으로서 나'의 위치를 명확히 하면 우리는 자유를 얻는다. '선택할 수 있는 능력'이 생긴다. 경험 회피라는 악순환에서 빠져나와 삶이 앞으로 나아가도록 선택할 능력이 우리에게는 있다. **그렇다면 무엇을 선택할 것인가?**

그동안의 과정은 모두 이 질문을 위한 것이었다고 해도 과언이 아니다. 심리적 괴로움의 영향은 단순히 괴로운 순간에 그치지 않는다. '나는 왜 이 지경이 되었나'라는 생각, 마음을 흔드는 우울·불안·무기력. 이것들이 가져오는 괴로움 자체도 문제지만, 그보다 더 큰 문제가 있다. 우리가 심리적 괴로움과 싸우는 동안 시계의 시침이 흘러간다는 사실이다. 째깍째깍. 삶은 그렇게 흘러간다. 얼마 지난 것 같지 않은데 벌써 이 나이가 되었다. 지금의 나는 어릴 적 내가 꿈꾸던 모습이 아니다. 더 넓은 세상을 꿈꾸며 설레는 마음으로 잠에 들었던 어린 나는 이제 찾아볼 수 없다. 소박하더라도 창의적인 일을 해보고 싶었고, 다양한 사람과 어울리고 싶었고, 작은 일이라도 남을 돕고 싶었고, 무언가에 정신없이 몰두하고 싶었다. 대단하지 않아도 자신 있게 이야기할 수 있는 취미를 가지고 싶었고, 변변찮은 숙소에서 자더라도 틈틈이 다양한 곳을 여행하며 세상과 연결되고 싶었다. 벚꽃이 만개한 강가를 거닐며 봄을 즐기고 눈이 쏟아지는 날 작은 눈사람이라도 만들며 겨울을 만끽하고 싶었다. 하지만 어느 순간 그 모든 일은 뒷전이 되어버렸다. 심리적 괴로움의 문제는 더 큰 삶의 문제가 되어버렸다.

여기에 숨은 강력한 악순환 고리를 발견했을 것이다. 심리적 괴로움을 없애는 데에 초점을 맞추고 시간을 쓰느라 놓쳐버린 삶, 그 사실을 평가하면서 또 다른 괴로움이 시작되는 것이다. 설상가상으로 심리적 괴로움을 없애려는 시도는 매번 실패로 끝난다. 조급한 마음은 상황을 더욱 악화시킨다. 나쁜 상황을 통제하기 위해 너무 많은 시간과 에너지를 썼다는 생각을 반복하는 동안, 삶에 더 집중할 수 없게 된다. 내가 원하던 삶은 점점 더 아득해진다. 무엇이라도 해결해야 할 것 같은 마음이 든다. 어떻게든 부정적인 생각과 감정들을 통제하고, 제거하고, 대체하려고 애쓴다. 하지만 회피할수록 강해질 뿐이다. 그렇게 상황은 나빠져만 간다.

이제 선택의 시간이 왔다. 내가 삶에서 진정으로 중요하게 여기는 것, 내가 원하는 삶의 형태, 즉 나의 '가치'에 맞는 선택을 할 때가 된 것이다. 가치는 매우 중요한 주제다. **마음속에 떠오른 생각들과 거리를 두었을 때 주의의 초점을 맞출 곳은 내가 정말로 중요시하는 것, 즉 나의 가치뿐이기 때문이다.**

가치와 관련해는 수용전념치료의 창시자 스티븐 헤이스의 정의가 가장 실용적이다. "가치는 내가 선택한 삶의 방향이다." 가치는 누가 나에게 강요하는 것이 아니며 '반드시 이래야만 한다'는 정답도 존재하지 않는다. 그저 내가 어떤 방향으로 갈지 선택하는 것이다. 가치가 고려될 때 디스턴싱은 비로소 완성된다. 우리는 이제야 디스턴싱을 정의 내릴 수 있게 되었다. 마음속에 떠오른 생각에 그대로 반응하지 않고, 거리를 둔 채 기꺼이 경험하며, 나의 가치에 맞는 생각에 더 반응하기로 선택하고 행동하기.

그동안 디스턴싱을 연습하면서 혼란스러운 순간이 있었을 것이다. '좋아… 불안감이 예전처럼 나를 압도하지 않아. 생각의 강 앞에 앉아서 떠오르는 생각과 감정을 지켜볼 수도 있어. 기꺼이 경험할 수도 있을 것 같아. 그건 심리적 사건이니까. 그런데, 이제 어디로 가야 하지? 뭘 해야 하지?'

이와 같이 혼란스러운 순간에 가치는 선택의 기준이 되어준다. 가치에 집중하는 것은 우리의 마음을 역이용하는 것과도 같다. 생각은 그 자체로 부정적인 것은 아니다. 마음속에 떠오르는 생각 중에는 우리가 진정으로 중요하게 여기고 우리의 가슴을 뛰게 하는 것들도 있다. 그것이 바로 가치다. 가치가 명료해졌다면 디스턴싱을 통해 마련한 공간감 속에서 나에게 도움을 주고 내가 바라왔던 팝콘들을 선택해 나가면 된다. 가치를 보면 삶에 무엇을 더 채워 넣어야 하는지 알수 있다. 디스턴싱을 연습하기로 결심한 많은 이들이 "삶의 목적이 없다" "어떻게 살아야 하는지 모르겠다" "삶의 의미를 찾고 싶다"라고 이야기한다. 이처럼 방향성을 잃은 이들에게는 가치라는 나침반이 필요하다.

지금까지의 과정이 다 가치를 위한 것일 만큼 가치가 중요하다면, 왜 이제서야 이야기하느냐고 묻는 사람이 있을 수 있다. 처음부터 가치에 따른 행동을 하도록 연습하면 되지 않냐는 것이다. 합당한 말이지만, 말처럼 쉬운 일이었다면 그토록 많은 사람이 혼란에 빠지지도 않았을 것이다. 가치를 효과적으로 적용하기 위해서는 지금까지 배운 디스턴싱 작업들이 선행되어야 한다. 마음속에 떠오른 생각에 그대로 반응하지 않고, 거리를 둔 채 기꺼이 경험하는 연습 말이다. 그렇지 않으면 가치는 또 다른 문제 해결적 본능, 또 하나의 회피, 또 하나의 텅 빈 마음, 또 하나의 부정확하고 편향적이며 과도하게 책임감을 지우는 생각이 된다. '기꺼이 경험하기'가 아닌 또 하나의 '이 악물고 버티기'가 된다.

그동안의 연습이 어떻게 가치와 연결되는지를 설명하는 좋은 비유가 있다. 당신이 '삶'이라는 버스를 운전하는 운전기사라고 생각해 보자. 그런데 기사로 살다 보면 버스에 태우고 싶지 않은 문제 승객들을 만나게 된다. 이들은 버스 안에서 소리를 지르거나 난동을 피우는 건 예삿일이고, 가끔 당신의 운전에 훈수를 두기도 한다. 자신이 원하는 방향으로 버스를 몰지 않으면 더 큰 문제를 일으키겠다고 당신을 협박한다. 이들에게는 버스에서 내릴 의사가 전혀 없어 보인다.

이때 당신에게는 여러 선택지가 주어진다. 먼저, 당신은 운전 자체를 중단해 버릴 수 있다. 삶 자체를 그만두는 선택이 여기에 해당한다. 다음으로 당신은 문제 승객들과 싸울 수 있다. 삶에 주어진 시간과 에너지를 소진하면서 끝내 버스에서 내리지 않을 이들을 통제하거나, 없애거나, 더 나은 승객으로 대체하려는 것이다. 혹은 승객들의 요구를 그저 따르는 방법도 있다. 삶이 어떻게 흘러가든 최대한 그들의 기분을 맞춰주는 것이다. 이 방법을 선택한 이들은 집 안에서 삶의 대부분의 시간을 보내기도 하고, 많은 것을 포기한 채 무기력한 삶을 살기도 한다.

그리고 당신에게 남은 마지막 선택지는 이전에는 한 번도 고려한 적 없는 선택지다. 불편한 승객들을 내리게 할 수 없다는 사실을 인정하고 당신이 원하는 방향으로 버스를 운전하는 것이다. 물론, 그렇게 한다고 승객들이 조용해지진 않는다. 그들은 여전히 제멋대로지만 당신은 더 이상 그들을 거부하지 않는다. 그들이 마음대로 떠들어대는 이야기에 오히려 귀를 기울여본다. 기꺼이 경험한다. 그들이 내뱉는 이야기가 때론 상징적인 효과를 발휘해 당신을 괴롭게 하지만, 그렇다고 그들의 이야기가 늘 진실은 아니라는 점을 이해한다. 그들은 하나의 승객일 뿐이며, 당신은 승객도 버스도 아니고 버스의 핸들을 움직일 수 있는 존재라는 점을 이해한다. 그리고 당신이 원하는 곳을 향해 버스를 운전한다. 불편한 승객이 다 내린 후가 아니라 바로 지금 이 순간부터 당신이 정한 목적지를 향해 핸들을 돌린다. 가치는 당신이 '선택'한 삶의 '방향'이다.

승객과 나의 관계나 승객이 내뱉는 말의 의미를 제대로 다루지 않은 채 무작정 버스를 운전하라고 하면 스트레스와 좌절감은 오히려 커진다. 그 부작용을 막기 위해 우리는 앞에서 충분한 연습을 거쳤다. '좋은' 승객을 찾는 것이 우리의 초점이 아님을 이해했고, 승객을 그저 하나의 승객으로 인식할 수 있도록 훈련했다. 생각, 감정, 감각, 자기 정체성, 심지어는 '나'라는 느낌은 우리 마음속에만 존재하는 환상일 뿐이며, 우리의 반응만큼만 힘을 발휘할 수 있음을 이해했다. 버스에 탄 승객을 좋아하지 않더라도 우리는 그들이 버스에 탔다는 사실을 기꺼이 인정하고 경험하며, 우리가 원하는 곳으로 버스를 운전해 나갈 수 있다. '알아차림으로서 나'가 있는 한 나의 태도를 결정하고 나의 길을 선택할 자유는 언제나 내게 있다.

우리가 가치에 집중해야 하는 이유는 그것이 진정한 '삶'이기 때문이다. 우울, 불안, 회의, 분노, 슬픔, 떨치고 싶은 기억과 싸우는 일이 삶의 주된 이야기가 되어서는 안 된다. 이제는 미뤄두었던 선택을 해나갈 시간이다. 설령 그 과정이 고통스러울지라도 괴롭진 않을 수 있다는 점을 이해하고, 기꺼이 경험하기로 선택해야 한다. 물론 그 와중에도 마음은 변함없이 팝콘을 만들어낼 것이다. 근거 부족·책임 과다·부정 편향에 빠진 생각이 우리를 유혹할 것이고, 평가·반추·개념화에 빠진 생각은 우리를 괴롭힐 것이다. 하지만 가치를 향해 서 있기만 한다면, 내가 그것을 선택하기만 한다면 마음과의 지난한 싸움은 끝날 것이다.

철학자 비트겐슈타인은 『철학적 탐구』라는 책에서 다음과 같이 말했다.

"우리는 마찰이 없는, 어떤 의미에서는 이상적인 조건인 미끄러운 얼음 위에 올라섰지만 동시에 바로 그 이유로 인해 걸을 수 없게 된 것이다. 우리는 걷고 싶다. 따라서 마찰이 필요하다. 거친 땅으로 돌아가라!"

원하는 삶을 향해 나아가기 위해서는 고통이라는 마찰이 있을 수밖에 없다. 우리는 걷고 싶고, 삶을 앞으로 나아가게 만들고 싶다. 따라서 우리에게는 고통이라는 마찰이 필요하다. 하지만 괴롭진 않을 수 있다. 거친 땅으로 돌아가자. 기꺼이 경험하며 가치를 향해 앞으로 나아가자.

당신을 둘러싼 이야기의 주인공은 부정적인 생각과 감정이 아니라 의미 있는 삶 그 자체라는 사실을 꼭 기억하길 바란다. 고개를 돌려보라. 흔들리는 나뭇가지, 피곤한 얼굴로 일하고 있는 직장 동료들, 책장에 오랫동안 박혀 있던 낡은 책들. 가치가 닿을 수 있는 것들은 지금 이 순간 이미 당신의 눈앞에 있다.

가치는 매 순간
내가 선택한 삶의 방향이다

가치는 내가 '선택'한 삶의 '방향'이다. 이는 얼핏 생각하면 그리 어렵
지 않게 느껴진다. "좋아. 내가 원하는 걸 분명히 하고 그에 맞는 선택
을 하라는 거지? 별것 없네." 하지만 앞서 연습한 디스턴싱의 내용이
뒷받침되지 않으면 가치에 대한 논의는 늘 혼란스러운 방향으로 흘러
가 버린다. 그 본질을 제대로 이해하지 못할 때 가치는 문제를 더 심
화시키는 또 다른 함정이 되고 만다.

가치를 둘러싸고 사람들이 가장 흔하게 범하는 오류는 타인을 만
족시키기 위한 가치를 자신의 가치라고 착각하는 것이다. "저는 좋은
대학교에 가고 싶어요." 이렇게 말하는 사람의 마음속에는 다음과 같
은 생각이 따라붙는다. "그래야 우리 아빠가 나를 인정해 줄 테니까
요." 회사에서 인정받는 것이 자신의 가치라고 이야기하면서 밤낮으

로 일에 매진하는 사람도 있다. 이 또한 "나는 무능한 사람이다"라는 믿음에 대한 방어기제로서, 상사를 만족시키기 위해 만들어진 것일 수 있다.

가치는 주어지는 게 아니라 선택하는 것이다. 타인 혹은 사회가 요구한다는 이유만으로는 가치가 될 수 없다. 타인의 기대에 맞춰 쌓아올린 가치는 모래 위에 쌓은 성과 다름없다. 초라한 자존감을 달래기 위한 방편에 불과한 것이다. 진실되게 자신의 마음을 따른 결과라면, 어떤 가치도 열등하지 않다. 내가 무언가를 중요하게 여기는 데에는 그럴듯한 이유가 필요하지 않다. 그저 나의 마음이 그렇게 움직였는데, 그와 같은 팝콘을 보았을 때 가슴이 뛰고 당당하고 만족스러웠을 뿐인데 어떻게 달리 해명할 수 있을까? 그러니 자신의 가치 앞에서 솔직해지자. 스스로에게 정직해지자. 모범적으로 보이려고 또는 좋은 사람이 되려고 억지로 가치를 만들어내지 말자. 다른 사람의 기대나 요구에 부응하는 대신, 나의 마음이 진정으로 반응하는 가치를 찾고 그곳으로 나아가자. 삶은 타인이 아니라 '나'를 위한 것이다.

사람들이 흔히 저지르는 또 다른 오류는 좋아 '보이는' 가치를 선택하는 것이다. 우리는 삶의 거의 모든 선택 앞에서 득과 실을 따진다. 평가적이고 문제 해결적인 본능을 내세운다. 언젠가 자신이 교제하던 연인과 이별을 고민하는 친구를 본 적이 있다. 그는 상대를 평가하는 몇 가지 항목을 나열한 뒤, 각 요소에 가중치를 부여해 점수를 매기고 있었다. 바보 같은 짓이다. 이처럼 우리는 종종 이성적인 판단이 적용되지 않는 영역에까지 계산적으로 접근한다. 마음속 본능을 마주하려고도 하지 않는다.

나는 과학적인 세계관에 깊이 매료되어 있으며, 이성적이고 논리적인 판단을 무엇보다 선호한다. 하지만 삶의 모든 문제를 이성만으로 해결할 수는 없다. 가치에 대해서도 마찬가지다. 특정한 기준을 근거로 가치를 선택한다 해도, 그 기준 역시 또 다른 근거에 의존할 것이고, 그 근거 역시 또 다른 기준에 의해 선택되었을 것이다. 가치에 대한 질문이 꼬리에 꼬리를 물고 이어진다면, 여전히 무언가를 회피하고 있기 때문일 수 있다. 자신의 가치와 자신의 삶이 어긋나 있다는 인식에서 비롯된 혼란스러움 때문일 수 있다.

그러나 우리는 모든 것들을 하나의 심리적 사건으로 바라보고, 기꺼이 경험하기로 했다. 이제는 머릿속에서 변명거리를 찾지 않아도 된다. 개념화를 통해 정당성을 부여하고 이유를 대지 않아도 된다. 선택하면 그뿐이다. 가치는 추론을 통해 얻는 게 아니라 선택하는 것이다. 이 선택은 생각과 거리를 두고 자신이 진정으로 원하는 것을 알아차리는 것이다.

"저는 정말로 원하는 게 없어요"라고 말하는 사람들이 있다. 하지만 진정으로 그럴 수는 없다. 그들은 이미 자신이 소중히 여기고 간절히 원하는 가치가 무엇인지 알고 있다. 다만, 가치에 맞는 삶을 살고 있지 않다는 사실을 받아들이지 못해서, 혹은 그렇게 하지 못했던 지난 세월을 인정하기가 어려워서, 또는 도무지 가치로 나아갈 용기가 나지 않아서 스스로에 대한 깨달음을 차단했을 뿐이다. 심리적인 괴로움을 피하기 위해 더 깊은 미로에 들어간 것이다. 이 선택은 단기적으로는 효과를 보일지라도 결국 더 깊은 혼란, 삶의 의미에 대한 고민으로 귀결된다. 시간이 걸리더라도 꾸준히 디스턴싱을 연습하고, 자신의 가치를 명료하게 다듬어나가는 과정이 필요하다. "나는 원하는 게 하나도 없다"라고 말하던 사람들이 디스턴싱 과정을 통해 깨달음을 얻고, 후회의 눈물을 흘리는 모습을 많이 보았다. "어릴 적에 그림을 그릴 땐 얼마나 행복했는지 몰라요." "가족과 다 함께 갯벌에서 조개를 캐고 야영하던 순간을 아직도 잊지 못해요. 그런 시간이 정말 소중했던 것 같아요." "명문대를 졸업하고 컨설팅 회사에서 기계처럼 일하는 대신 작은 공방에서 커피를 팔며 가구를 만드는 스스로를 상상하면 헛웃음이 나와요. 행복하지만 씁쓸한 헛웃음이요."

선택이 쉽지 않다는 점은 잘 알고 있다. 불안함, 두려움, 자기 의심, 그리고 결정에 따르는 책임감은 누구에게나 무거운 부담이 될 수 있다. 그러나 그럴 때일수록 지금까지 이해하고 연습해 온 디스턴싱을 적용해 보길 바란다. 선택이란, 그러한 모든 심리적 사건들을 있는 그대로 인지하고 받아들이면서도, 그것들과 별개로 온전히 내가 원하는 방향으로 나아가는 것이다.

자, 여기 두 문장이 있다.

"나는 불안함을 느끼고 있다. '하지만' 이런 선택을 하겠다."

"나는 불안함을 느끼고 있다. '그리고' 이런 선택을 하겠다."

첫 번째 문장에 비해 두 번째 문장이 그간의 법칙들을 얼마나 더 잘 표현해 주는지 생각해 보길 바란다. '하지만'은 불안함을 버티겠다는 의미를 담고 있다. 반면 '그리고'는 불안을 인정하고 그것과 함께 나아가겠다는 태도를 보여준다. 가치는 두 번째 문장과 같다. 우리는 마음속에 떠오르는 것과 별개로 특정한 선택을 할 수 있다. 가치는 주어지는 것도, 추론하는 것도 아닌, 선택하는 것이다.

한편, 가치는 목표나 결과가 아니다. 많은 사람들이 "당신의 가치가 무엇이냐"라는 질문에 다음과 같이 대답한다. "10억을 버는 거요." "대기업 임원이 될 거예요." "1조짜리 사업을 만들고 싶어요." "지금 만나는 사람과 결혼하는 게 꿈이에요." "제가 추진하는 프로젝트에서 기부 모금액 10억을 달성하는 일이요." 이와 같은 목표는 선택의 나침반이 아니라 실패를 가늠하기 위한 잣대 혹은 자신을 채찍질하는 기준이 된다. 가치로 둔갑한 목표를 마주할 때 마음은 문제 해결적인 본능을 앞세우게 된다. "너는 아직 목적지에 이르지 못했어. 어떻게든 지금의 상황을 바꿔서 목표에 도달해야 해." 이는 또 하나의 판단, 또 다른 평가일 뿐이다. 평가적인 반응은 고통을 괴로움으로 만든다. 생각과의 거리는 가까워진다. 매 순간 마주하는 것들을 기꺼이 경험하지 못한다. 삶의 주제는 목표를 달성하는 것이 된다. 생각과 새로운 관계를 맺고 기꺼이 경험하는 것이 아니라, 목표를 달성하기 위해 이 악물고 버티는 것이다.

가장 중요한 가치가 '최연소 승진'이라고 믿었던 남자를 상상해 보자. 그는 많은 것을 포기하고 목표만을 위해 애썼다. 눈앞에 성과가 기다리고 있었기에 그만두고 싶은 순간에도 끝까지 참았다. 그리고 마침내 그는 목표를 달성했다. 그토록 원하던 최연소 승진을 이루었다. 주변의 축하도 받고 기쁨의 순간을 만끽했다. 하지만 몇 주 후 새로 배정받은 자리에 앉았을 때, 그는 예상치 못한 기분을 맞닥뜨려야 했다. 이제 무엇에 전념해야 할지, 이전과 같은 삶의 동력을 어디에서 찾아야 할지가 보이지 않았기 때문이다. 그는 여전히 삶에 만족하지 못했고 앞으로도 그럴 것 같다고 느꼈다. 많은 사람이 이 남자와 같이 한순간에 방향을 잃어버리곤 한다. 간절히 바라던 학위를 취득한 후, 결혼을 한 후, 승진을 한 후에 오히려 깊은 무기력에 빠진다. 이들이 겪는 심리적 괴로움은 다른 내적 고통과 싸우느라 생긴 것이 아니었다. 자신이 만든 목표와의 싸움에서 승리한 끝에 역설적으로 찾아온 허망함과 상실감이 오히려 그 원인이 된 것이다.

가치는 목표가 아니라 방향이다. 즉, 가치는 삶이라는 여정이 매 순간 어디를 향해야 하는지 보여준다. 방향을 따라가는 과정에서 중간 목적지가 생길 수는 있지만, 목적지가 방향이 될 수는 없다. 방향은 여정을 시작하고 완성시키지만, 목적지는 그럴 수 없다. "사람들에게 사랑을 베풀기." "유능한 리더가 되어 팀원들을 잘 이끌기." "사회가 마주하고 있는 문제를 해결하는 데 기여하기." "자상하고 따뜻한 아빠가 되기". "어려운 사람들을 위해 봉사하기." "사업으로 더 나은 세상을 만들기." "주변 사람들이 믿고 의지할 수 있는 사람이 되기." "더 많은 사람과 연결되기." "최대한 많은 경험과 도전을 해보기." 이런 가치에는 끝이 정해지지 않는다. 특정한 시점에 달성 여부를 따질 수 있는 목표나 결과와는 다르다. 실제로는 목표를 달성하고자 하면서 그것을 그럴싸하게 포장하기 위해 가치를 들이밀고 있는 것은 아닌지 생각해 보길 바란다. 만약 그렇다면 자신의 가치를 명료하게 하는 시간이 더 필요할지도 모른다.

만약 가치가 특정 목표 지점이 아니라 방향 그 자체라면, 우리는 지금 이 순간부터 가치에 맞는 삶을 살아갈 수 있다. 자신이 원하는 원하는 삶을 먼 훗날로 미루지 않아도 된다. 매일의 삶 속에서 순간순간의 선택으로 가치에 다가갈 수 있다. 그리고 가치에 따른 선택을 하는 그 순간, 삶의 주도권은 나에게로 돌아온다. 우울과 불안은 뒤로 물러난다. 물론 그것들이 사라지는 것은 아니다. 하지만 나는 그것들을 기꺼이 경험하면서도 내가 원하는 방향으로 선택을 이어갈 수 있다. 내가 원하는 방향으로 삶을 이끌어가고 있다는 느낌은 큰 기쁨을 준다. 이 기쁨은 어떤 결과가 아니라 여정 그 자체에서 비롯된다. 스키를 탈 때 산 아래로 내려가기 위해서가 아니라, 그저 그 과정을 느끼기 위해 타는 것과 같다.

이 글을 쓰는 나는 스스로에게는 엄격하지만 남에게는 관대한 사람이 되고 싶다. 이는 나에게 중요한 가치이고, 나는 삶의 매 순간 가치에 맞는 선택을 할 수 있다. 예를 들어 식당에 갔을 때, 종업원의 실수로 주문이 잘못 들어가고 음식이 늦게 나왔다고 해보자. 허겁지겁 밥을 먹게 된 나에게는 분노라는 감정이 떠오른다. 나는 성인군자가 아니기에 마음속에 그런 팝콘이 떠오를 수 있다. 하지만 그것에 강하게 반응하지 않고 이를 알아차릴 수도 있다. 분노라는 감정과 부정적인 생각을 기꺼이 허용하면서 나의 가치에 맞는 선택을 할 수도 있다. 종업원의 실수를 이해하고 그의 불안감을 덜어주는 위로의 한마디를 건네는 것이다. 거창한 결과물로 자신의 가치를 증명할 필요는 없다. 어차피 가치는 어느 한 지점에서 끝나는 것이 아니다. 매 순간 그 방향으로 나아가기로 선택할 뿐이다.

한번은 가까운 지인이 "네가 말하는 가치는 삶에 대한 미적지근한 태도가 아니냐"라고 물은 적이 있다. "수단과 방법을 가리지 않고 1조짜리 정신건강 회사를 만들겠어"가 아닌 "사람들이 더 나은 정신건강을 가질 수 있도록 도움을 주는 기술과 서비스를 만들겠어"라는 나의 말이 "되면 좋고, 아니면 말고"처럼 들린다는 것이었다. 하지만 진실은 오히려 반대다. 전자와 같이 생각할 때 사람들은 목표와 현실 사이의 괴리 속에서 좌절하게 된다. 일이 뜻대로 풀리지 않거나 그 과정이 예상보다 길어지면 쉽게 지쳐버린다. 하지만 후자처럼 생각할 때는 매 순간 자신의 가치에 맞는 선택을 하고 그에 전념할 수 있다. 어떤 종착지에 도달하지 못하더라도 괜찮다. 나는 매 순간 내가 정한 방향을 향해 나아가고 있기 때문이다. 내가 할 일은 나의 하루하루가 내가 정한 방향을 향하도록 노력하는 일뿐이다. 물론 이 과정이 매우 힘들 수 있다. 하지만 고통을 피할 수 없다는 것을 인정하고 기꺼이 경험한다. 이는 결코 미적지근한 태도가 아니다. 오히려 더 도전적이고, 행동지향적이다.

때로 사람들은 기적을 기대한다. 우울증이나 불안장애처럼 깊은 수렁에 빠진 경우에는 특히 그렇다. 큰 성취가 빠르게 이루어지고, 눈앞의 모든 것이 한순간에 바뀌길 바란다. 그래서 당장의 결과나 목표가 보이지 않으면 쉽게 좌절한다. 그런 기적을 기대하지 말자. 가치는 완성된 결과물이 아니라 방향이다. 그리고 그 방향으로 가는 길은 결코 일직선 도로가 아니다. 가치를 향해 가다가 큰 장애물을 마주할 수도 있고, 그 장애물을 해결하다가 방향이 틀어질 수도 있다. 북극성을 향해가는 줄 알았는데 정신을 차려보니 동쪽이나 서쪽으로 가고 있을 수도 있다. 하지만 상관없다. 다시 북쪽으로 가기로 선택하면 된다. 기적을 기대하는 마음, 현실이 완벽하지 않다는 마음, 마음속에 어떤 부정적인 생각과 감정이 '지워지지' 않았다는 마음, 그 모든 생각들은 하나의 심리적 사건일 뿐이다. 그것을 알아차렸다면 생각과 거리를 두고 우직하게 매 순간 북쪽과 더 가까운 선택들을 해나가면 된다.

마지막으로 가치는 '매 순간' 내가 선택하는 삶의 방향이다. 부정적인 생각과 감정이 마음속에 떠오른다면 잠시 거리를 두고 이를 알아차린 후 기꺼이 경험해 보자. 그런 다음, 나의 가치를 향해 방향을 전환하자. 선택은 지금 여기, 이 순간에 있다. 누구나 살다 보면 과거를 돌아보며 후회하는 때가 온다. 왜 그때 그런 선택을 했는지, 왜 더 노력하지 않았는지, 왜 시간을 낭비했는지 자문하게 된다. 하지만 **가치는 과거나 미래가 아니라 오직 현재에 관한 것이다.** 매 순간에 존재하는 '알아차림으로서 나'의 관점에서는 오직 이 순간만이 실제로 존재할 뿐이다. 그리고 '나'는 바로 이 순간부터 나의 가치에 맞는 삶을 선택할 수 있다. 가치에 따라 사는 삶의 풍요로움은 지금 당장 누릴 수 있음을 꼭 기억하길 바란다.

회피와 버티기는
가치가 아니다

가치는 내가 '선택'한 삶의 '방향'이다. 타인에 의해 주어지는 결과도, 어느 순간 달성할 수 있는 목표도 아니다. 이 사실을 제대로 이해하지 못하면 디스턴싱을 위한 노력이 모두 수포로 돌아갈 뿐 아니라, 오히려 심리적 괴로움이 가중될 수도 있다.

가장 위험한 것은 회피를 가치로 착각하는 경우다. "당신의 삶에서 중요한 가치는 무엇입니까?"라는 질문에 일시적인 쾌락의 순간을 답하는 사람이 적지 않다. "저는 편하게 유튜브를 볼 때가 제일 행복해요." "저는 맛있는 음식을 배 터지게 먹을 때가 좋아요." "저는 아무것도 안 하고 침대에 가만히 누워 있을 때가 제일 좋은데요."

이 행동들 자체는 문제가 아니며, 삶에서 중요한 경험일 수 있다. 하지만 부정적인 감정이나 생각을 피하기 위해 이 같은 행동을 한다면 큰 문제가 된다. 지루함, 따분함, 걱정, 불안, 초조, 우울, 반추, 과거에 대한 후회, 해야 할 일에 대한 자신감 부족. 우리는 이런 감정을 마주하고 싶지 않을 때, 그 회피처로 너무나 쉽게 유희에 빠지고 만다.

설상가상으로 이 회피 행동은 매우 쉽게 강화된다. 앞서 불쾌한 감정과 생각을 피하기 위해 숏폼 동영상을 보는 경우, 그와 같은 행동이 부적으로 강화된다고 설명했다. 그렇게 '동영상 보기'라는 회피 행동이 습관으로 자리 잡으면, 어느 순간부터는 무의식적으로 동영상을 보게 된다. 동영상을 보는 동안 해야 할 일은 뒤로 밀리고, 그로 인해 다시 불안은 커진다. 불안을 피하기 위해 또다시 동영상을 켠다. 악순환의 시작이다. 도박이나 숏폼 동영상 중독, 그리고 회피의 악순환에 빠지는 현상은 동일한 원리로 발생한다. 불편한 생각과 감정을 피하려고 시도한 행동의 결과가 즉각적이고 임의적이며 적어도 피상적인 수준에서는 자신이 원하는 것과 맞아떨어졌기 때문에 반복적으로 강화된 것이다.

회피의 악순환은 정신건강 문제가 왜 그토록 파괴적이고 만성적인지를 잘 보여준다. 우울증을 앓고 있는 사람의 예를 살펴보자. 그는 종종 '나는 못났고, 내가 하는 일은 잘 풀리지 않을 것 같다. 내게는 희망이 없다'라고 생각한다. 그는 이처럼 불쾌한 생각과 감정을 피하기 위해 밖에 나가지 않기로 한다. 침대에 누워 유튜브를 보기로 한다. 종종 찾아오는 답답함은 배달 음식으로 달래기로 한다. 단기적으로는 불쾌한 생각과 감정이 해소되고 마음이 편해진다. 하지만 일련의 행동이 반복될수록 그의 삶에서 선택할 수 있는 길은 점점 좁아진다. 미래는 더 가망이 없어 보이고, 스스로는 점점 더 초라하게 느껴진다. 친구를 만나는 일, 새로운 연인을 사귀는 일, 미래를 위해 노력하는 일, 나와 내 주변을 돌보는 일은 뒷전으로 밀려난다. '나는 못났고, 내가 하는 일은 잘 풀리지 않을 것 같다. 내게는 희망이 없다'라는 그의 생각은 점점 더 현실이 된다. 이런, 생각은 심리적 사건이 아니라 현실이었다! "나는 정말 그렇단 말이에요!" 그는 자신의 생각을 거부할 수 없게 됐다. 다른 선택을 할 여지는 없어 보인다. 그는 그렇게 회피만 반복하게 된다. 악순환을 그만두기로 하거나, 아니면 다른 우연한 계기로 악순환에서 빠져나오기 전까지는 말이다.

회피는 가치가 아니다. 가치는 순간적인 즐거움을 추구하는 것이 아니다. '그저 좋게 느끼는 것'도 아니다. 오히려 가치를 추구하다 보면 좋지 않은 느낌을 받을 때가 많다. 두려움이나 걱정, 혹은 무기력을 경험하기도 한다. 심지어 내가 원하는 방향으로 나아가고 있다는 확신이 들 때에도 긍정적인 감정만 찾아오지는 않는다. 눈에 보이는 변화가 있기 전에는 특히 그렇다. 그래서 가치가 선택이고 방향임을 이해해야 한다. 가치를 좇는 과정에서 느끼는 모든 생각과 감정을 하나의 심리적 사건으로 바라보며 기꺼이 경험할 수 있음을 이해해야 한다. 행동은 생각이 아니라 '나'가 하는 것임을 알아야 한다. 가치의 목표는 '좋은 느낌을 느끼는 것' 혹은 '바람직하게 느끼는 것'이 아니라 '자신이 원하는 형태의 삶을 영위하는 것'이다. 부디 가치라는 이름으로 회피를 선택하지 않기를 바란다. 회피하지 않고도 지금 이 순간부터, 즉시, 가치에 따른 선택을 해나갈 수 있다.

가치를 둘러싼 또 다른 오해가 있다. 가치를 추구하는 과정을 일종의 '이 악물고 버티기'로 생각하는 것이다. 가치는 강력하다. 잘 찾아내면 강력한 동인이 되어준다. 가치에 따라 사는 자신의 모습을 상상해 보면 마음이 설레기도 한다. 어떤 이들은 "가치를 떠올리면 희망이 생긴다"라고 이야기한다.

"맞아. 나에게 정말로 중요한 건 이거였어." "해보자. 할 수 있어. 이 악물고 해내자."

하지만 여기에도 큰 오해가 자리 잡고 있다. 가치에 따라 행동하기란 결코 쉽지 않다. 관계를 개선하기 위해 불편한 사람에게 말을 걸어야 할 수도 있다. 매일 체육관에 나가 운동을 해야 할 수도 있다. 눈코 뜰 새 없이 바쁜 와중에도 가족과 함께하기 위해 시간을 쥐어짜야 할 수도 있다. 탈락할 것이 분명한 대회에 출전하거나 고전할 것이 뻔히 보이는 사업을 시작해야 할 수도 있다. 매일 아침 무거운 몸을 억지로 일으켜야 할 수도 있다. 이 모두 쉬운 일이 아니다. 가치를 추구하는 데에는 늘 어려움이 따른다.

가치에 대한 열망은 종종 이와 같은 고통을 이겨보려는 의지로 발현된다. "버티자. 할 수 있다." 하지만 **버티기는 가치가 아니다.** '억지로 마주하기'는 '기꺼이 경험하기'가 아니다. 가치를 위해 버틴다는 말은 여전히 마음속에 떠오르는 부정적인 생각을 '나'로 받아들인다는 뜻이다. 없애버리고 싶은 생각이지만 그래도 가치를 위해 참아낸다는 뜻이다. 이는 기꺼이 경험하기가 아니다. 마음속에 떠오르는 생각들을 거리 두고 바라보며 수용하고, 내가 원하는 선택을 해나가는 게 아니다. 그저 이 악물고 버티는 것이다. 이는 일종의 자기기만이다. 속으로는 전혀 다른 생각을 품고 있으면서 겉으로는 "기꺼이!"라고 외치는 모습이다. '부정적인 생각과 함께하는 것'과 '이 악물고 버티는 것'은 다르다. 가치에 대한 열망이 다시 마음의 문제 해결적인 본능을 자극하는 일을 경계해야 한다. 힘든 일을 하면서 힘들다는 생각조차 하지 말라는 뜻이 아니다. 변화하려고 하는데 어떻게 힘들지 않을 수 있겠는가. 텅 빈 마음은 허상이다. 그런 유토피아를 주장하는 사람들을 오히려 경계해야 한다.

다만 그 과정에서 떠오르는 괴로운 생각과 거리를 두자. 때로 자신의 한계를 마주할 때도, 눈에 보이는 성과가 없어 조급해질 때도 있을 것이다. 성공한 주변 사람들과 자신을 비교하며 우울해질 때도, 죄책감·수치심·회의감·모멸감 등 견디기 힘든 감정을 느낄 때도 있을 것이다. 괜찮다. 모두 하나의 심리적 사건으로 바라보며 기꺼이 허용하자. 생각을 하나의 심리적 사건으로 바라보는 연습, 꾸러미를 개별 요소로 분리하는 연습, 생각함정을 찾아내는 연습, 기꺼이 경험하는 연습을 적용하자. 고통을 인정하되 그에 매달려 괴로워하지 말자. '그리고' 또다시 내가 원하는 선택을 이어나가자. 사실은 버틸 필요도 없

다. 모두 잠깐 떠오른 후, 다시 흘러가는 심리적 사건들이니까. 그것
들과 거리를 두고, 기꺼이 경험하며, 가치에 따라 한 걸음씩 나아가면
된다.

정리하면 가치는 매 순간 내가 선택한 삶의 방향이다. 회피나 버티
기가 아니다. 그렇다면 대체 어떻게 가치를 찾을 수 있을까? 많은 사
람은 이미 자신의 가치를 잘 알고 있다. "저는 어릴 때부터 이런 게 좋
았어요." "저는 이런 사람이 되고 싶었어요." "저는 이런 일들을 보면
가슴이 뛰어요." 이와 같은 답을 할 수 있다면 거기에서부터 시작하면
된다.

반면 자신의 가치를 찾는 데 어려움을 겪는 사람도 있다. 이 경우
에는 가치를 명료화하기 위한 작업을 시도해 보길 권한다. 일상에서
긍정적인 감정을 느낄 때마다 그 상황과 내용을 기록하고, 어떤 점에
서 행복감을 느꼈는지 분리해 파악해 보는 것이다. 이런 기록이 쌓
이면 가치의 윤곽이 조금씩 드러나게 된다. 온전히 디스턴싱된 상태,
즉, 생각과 감정 등을 하나의 심리적 사건으로 바라볼 수 있는 상태가
되면 자신의 가치가 분명해진다는 사람들도 있다. 이는 매우 자연스
러운 일이다. 우울, 불안, 회의, 자기 의심 등 자신을 괴롭히던 먹구름
이 걷히면서 비로소 청명한 하늘을 보게 된 것이다.

다만, 하나의 절대적인 가치를 찾을 필요는 없다. 가치는 한 사람

안에서조차 다양할 수 있으며, 때로는 서로 상충할 수도 있다. 예를 들어 나는 사회를 진보시키는 일에 큰 가치를 두는 동시에, 적더라도 단단한 관계로 맺어진 주변 사람들에게 헌신하면서 관심과 사랑을 건네고 싶어 한다. 사회를 진보시키려면 무엇보다 일을 우선시해야 할 것 같고, 관계를 지키려면 가족이나 연인에게 집중해야 하기 때문에 두 가치는 서로 상충하는 것처럼 보인다. 하지만 두 가치 모두 진심으로 나의 마음을 돌아본 후 선택한 삶의 방향이라는 점에서 완벽하다. 조정이 필요한 건 가치가 아니라 내가 선택하고 행동하는 방식이다. 여러 가치 사이에서 균형을 찾고 그들이 내 삶에 적절히 통합되도록 노력이 필요한 것이다.

또한 가치는 삶의 여정에서 얼마든지 변할 수 있다. 평생을 '악덕 사장'처럼 살아온 사람이 큰 병을 앓은 후 사회에 공헌하게 되었다는 이야기를 어렵지 않게 들을 수 있지 않은가. 단 하나의 답을 찾아야 한다는 생각 또한 문제 해결적인 마음의 본능일 수 있다. 그러니 가치에 대해 조금은 열린 태도를 가져도 좋다. 아직 가치가 명확하지 않다면 디스턴싱을 지속하며 위에서 소개한 방법을 꾸준히 실천하면 된다. 시간이 걸릴지라도 분명 마음속에 명확한 팝콘이 떠오르는 순간이 찾아올 것이다.

마지막으로, 만약 당신이 자신의 마음속에서 어떤 가치를 발견했다면 이어지는 적정 거리두기 훈련 17의 내용을 참고해 가치를 향해 주의의 손전등을 비추는 훈련을 시도해 보자. 가치는 동기를 만들어

내고, 동기는 행동을 만들어내며, 당신은 그 행동을 선택하게 될 것
이다.

가치 명료화하기

**기억할
법칙**
- 자유는 선택할 수 있는 능력이다.
- 가치는 매 순간 내가 선택한 삶의 방향이다.
- 회피와 버티기는 가치가 아니다.

목표 내가 선택한 삶의 방향으로서 '가치'를 찾는다.

방법 1. 아래 표의 각 영역에 자신이 중요하게 생각하는 가치를 적어본다.
자신의 가치를 알기 어려운 영역은 빈칸으로 남겨두어도 좋다.

영역	가치	가치 점수	요구 점수
건강			
사회 기여			
종교			
여가			
배움			

일/경력			
부모/자녀			
인간관계			

2. 아래 표의 질문에 따라 영역별 자신의 가치의 '가치 점수'를 계산해 본다(1은 '전혀 그렇지 않다'를, 5는 '매우 그렇다'를 뜻한다).

질문. 당신은 왜 그 가치를 중요하게 생각하는가?	점수				
1. 그렇게 해야 한다고 배워왔고, 그래야 부모님이나 다른 사람들이 나를 좋아하기 때문이다.	1	2	3	4	5
2. 이를 추구하지 않으면 당황스럽고 수치스럽기 때문이다.	1	2	3	4	5
3. 이를 추구하지 않으면 나는 나쁜 사람이기 때문이다.	1	2	3	4	5
세 질문의 점수를 더한 후 3으로 나눈다.	점수 1=				
4. 다른 사람이 몰라주더라도 나에게는 소중하고 계속하고 싶은 일이기 때문이다.	1	2	3	4	5
5. 이와 관련된 활동을 할 때 마음이 편안하고 즐겁기 때문이다.	1	2	3	4	5

6. 이것이 내 삶에 활력을 불어넣고, 내 삶을 의미 있게 만들기 때문이다.	1	2	3	4	5
세 질문의 점수를 더한 후 3으로 나눈다.	점수 2=				
점수 2에서 점수 1을 뺀다.	'가치 점수'=				

3. 가치 점수는 양수이고 높을수록 보다 선명하게 자신의 가치를 반영한다. 만약 가치 점수가 음수로 나왔다면 해당 가치가 진정으로 자신이 원하는 것인지, 다른 사람의 기대나 기준을 맞추기 위한 것은 아닌지 다시 검토해 본다.

아래 표의 질문에 따라 영역별 자신의 가치의 '요구 점수'를 계산해 본다(1은 '전혀 그렇지 않다'를, 5는 '매우 그렇다'를 뜻한다).

질문	점수				
1. 해당 가치는 당신에게 중요한가?	1	2	3	4	5
2. 당신은 실제 이 가치에 따라 살고 있는가?	1	2	3	4	5
질문 1 점수에서 질문 2 점수를 뺀다.	'요구 점수'=				

4. 요구 점수가 높을수록 가치와 실제 삶을 일치시키기 위해 더 많은 노력이 요구된다는 뜻이다. 가치 점수와 요구 점수가 높은 가치 영역부터 우선적으로 주의를 기울일 필요가 있다.

5. 가치를 찾기가 어렵게 느껴진다면 다음 세 가지 질문을 검토해 보자.

1) 가치는 목표나 결과가 아니라 방향이다. 그럼에도 불구하고 우리는 가치 영역에 특정한 결과나 목표를 적을 때가 있다. 만약 가치가 아닌 목표를 적었는지 의심된다면 "그것이 나에게 왜 중요한가?"라는 질문에 답해보자.

2) '분리하기'를 연습하며 작성했던 기록을 살펴보자. 기록에서 반복적으로 확인되는 괴로운 생각이 있는가? 그렇다면 그 속에서 당신의 가치를 발견할 수도 있다. 왜냐하면 우리는 소중하지 않은 것 때문에 괴로움을 느끼지는 않기 때문이다. 예를 들어 사람들과 잘 어울리지 못하는 사회불안장애social anxiety disorder를 겪는 사람의 경우, 사람들과 관계 맺는 일을 중요하게 여기기 때문에 오히려 그와 반대되는 상황을 두려워하는 것이다. 그러므로 기록을 통해 자신이 무엇을 회피하고 괴로워하는지 이해해 보자.

3) '만약 ~하다면 ~할 것이다'라는 형식으로 질문하고 답해보자. 예를 들어 인간관계 영역에서 가치를 찾기 어렵다면, '만약 내가 인간관계를 처음부터 다시 쌓을 수 있다면, ~할 것이다'라고 생각해 보는 것이다. 이때 '~할 것이다'에 해당하는 내용이 당신에게 중요한 가치일 가능성이 크다.

주의
- 가치는 목표가 아니며 버티기나 회피도 아니다. 이 점을 다시 한번 명확히 인식하자.
- 이 과정은 누구에게 보여주기 위한 것이 아니므로, 자신에게 솔직해지길 바란다. 만약 진지하게 자신을 돌아본 결과, 스스로 사회 기여에는 전혀 관심이 없다고 느낀다면 그것이 아무리 옳아 보여도 당신의 가치는 아니다.
- 자신과 무관하다고 생각되는 영역에는 억지로 답하지 않아도 괜찮다. 단, 현재 나와 무관해 보인다고 해서, 내가 그 영역에 가치를 두

지 않는 사람이라는 뜻은 아니라는 점을 기억하자.
• 자신의 가치를 정확히 알기 어려운 영역에서는 섣불리 결론짓는
  대신, 시간을 두고 더 관찰해 보자. 생각과 거리두기 연습을 하다
  보면 나의 가치가 뚜렷해지는 순간이 찾아올 때도 많다.

가치 확언하기

기억할 법칙
- 자유는 선택할 수 있는 능력이다.
- 가치는 매 순간 내가 선택한 삶의 방향이다.
- 회피와 버티기는 가치가 아니다.

목표
주의를 가치로 돌려 마음속에 떠오르는 가치를 더욱 명확하게 한다.

방법
1. 집중하고자 하는 가치 영역을 하나 정하고, 그 영역에서 나의 가치를 확인한다.
2. 방해받지 않을 조용한 장소로 이동해 편안한 자세로 앉거나 눕는다.
3. 눈을 감고 잠시 호흡에 집중하며 몸의 긴장을 푼다.
4. 머릿속으로 자신의 가치를 떠올린 후 작은 소리로 읊조려 본다.
5. 가치가 나의 마음속에 깊이 자리 잡는 모습을 상상한다. 생각의 강에서 '가치'라는 나뭇잎이 떠내려 가는 모습이나 팝콘 기계가 '가치'라는 팝콘을 만드는 모습을 떠올려도 좋다.
6. 가치가 나의 마음속에 있을 때 느껴지는 감정과 그로 인해 나의 신체가 반응하는 방식에 주의를 기울인다.
7. 가치로 나아가는 자신의 모습을 상상해 본다. 진로를 방해하는 장애물을 힘겹지만 하나씩 뛰어넘는 모습, 분명한 의도와 방향을 가지고 가치를 향해 전진하는 자신의 모습을 떠올려 본다. 그 과정에서 나와 나의 주변 사람들, 그리고 나의 상황이나 환경에 어떤 변화가 생기는지 상상해 본다.
8. 위와 같은 상상을 하는 나의 마음속에서는 어떤 감정이 느껴지고, 나의 신체는 어떻게 반응하는지 알아차려 본다.

9. 잠깐 동안 그 감정과 감각에 머물러본다.

10. 마지막으로 "나는 매 순간 내가 선택한 방향으로 나아갈 수 있다"
라고 작게 읊조리며 눈을 뜬다.

실습용 QR 코드

주의   자기 암시 등을 통해 억지로 가치를 주입하려고 하지 말자. 이 과정
은 이미 당신 마음속에 존재하는 가치로 손전등을 옮기는 것이지, 멋
지고 긍정적인 것을 억지로 새겨 넣는 작업이 아니다.

가치는 선순환이다

경험 회피는 악순환이다. 경험을 회피하면 행동이 강화되어 괴로움의 늪에 더 깊이 빠져든다. 하지만 우리는 매 순간 내가 선택한 삶의 방향인 가치에 맞는 선택을 해나갈 수 있다. 가치가 그토록 중요한 이유는 가치가 악순환 고리를 끊어내는 대안이기 때문이다. **가치는 삶의 선순환을 만들어낸다.**

'나'는 착각임을 이해하고, '알아차림으로서 나'의 관점에서 내면을 관찰하기 시작하면 마음속에 떠오르는 생각·감정·감각·행동을 알아차릴 수 있다. 무의식적이고 습관적으로 그들에게 반응하기 직전, 잠깐의 틈이 생긴다. 바로 이 틈에서 선택의 자유가 생긴다. 이 시간 동안 우리의 주의를 가치로 돌린 후 생각·감정·감각과는 무관한, 오직 가치에 맞는 선택을 할 수 있게 된다(〈그림 17〉).

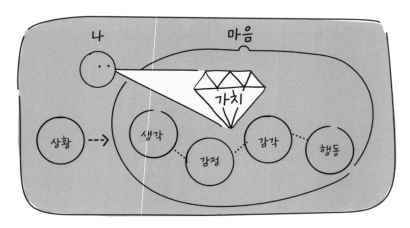

<그림 17> 마음속에 무엇이 떠오르더라도 주의의 손전등을 가치로 향하게 할 수 있다.

가치에 맞는 선택은 선순환을 만들어낸다. 이는 경험 회피가 만드는 악순환과는 완전히 대조적인 순환의 고리다(《그림 18》). 마음속에 떠오른 생각, 경험, 감각을 기꺼이 경험하며 자신의 가치에 맞는 선택을 했을 때 우리는 뿌듯함이나 성취감과 같은 좋은 기분, 혹은 눈에 보이는 삶의 변화를 얻게 된다. 바라왔던 것들을 얻은 만큼, '기꺼이 경험하기'라는 행동은 정적으로 강화된다. 이러한 단기적 순환은 나의 가치를 더욱 강화하여 장기적인 선순환으로까지 이어진다.

하지만 현실은 이론처럼 단순하지 않다. 현실에서는 선순환이 그렇게 쉽게 만들어지지 않는다. 애초에 쉽게 만들어질 수 있는 것이었다면 우리는 이미 모두 행복했을 것이다. 선순환이 만들어지기 어려운 이유로는 세 가지를 꼽을 수 있다. 첫 번째는 기꺼이 경험하는 태

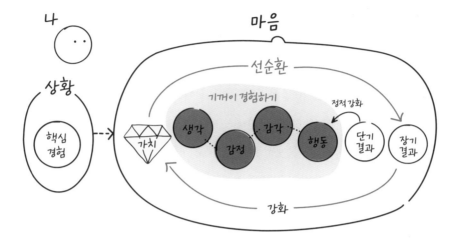

<그림 18> 기꺼이 경험하기에 따른 행동은 단기적으로 우리가 원하는 것들을 제공함으로써 정적으로 강화되며, 이는 자신의 가치를 강화하여 장기적인 선순환을 이끈다.

도를 만들기가 무척이나 어렵다는 점이다. '알아차림으로서의 나' 입장에서 생각과 거리를 두고 기꺼이 경험할 수 있어야 비로소 마음속에 떠오르는 것들과 무관하게 자신이 원하는 선택을 해나갈 수 있다. 그러나 대부분의 사람에게는 디스턴싱을 훈련할 기회가 없다.

가치를 찾는 것이 어렵다는 점 또한 선순환을 가로막는 장벽이다. 가치가 불분명한 사람은 자신이 어떻게 행동해야 하는지 좀처럼 감을 잡지 못한다. 심지어 마음속에 가치에 맞는 생각이나 충동이 떠오르지조차 않는다. 이전까지 한 번도 가치에 주의를 기울인 적이 없었기 때문이다. 대부분의 사람은 주의의 손전등을 목적 없이 이리저리 흔들며 살아간다.

　선순환을 만들기 어려운 마지막 이유는 대부분의 정적 강화가 즉각적으로 나타나지 않기 때문이다. 예를 들어, 의사가 되어 아픈 사람을 돕겠다는 가치를 가진 사람이 있다고 해보자. 의사가 되기 위해 책상 앞에 앉아 공부를 하는 동안에는 좀처럼 성취감이 찾아오지 않는다. 공부를 열심히 했다는 성취감을 얻을 수는 있지만 이는 숏폼 동영상이 제공하는 즉각적인 강화와 비교하면 보잘것없는 수준이다. 이처럼 가치에 기반한 정적 강화는 회피에 기반한 부적 강화보다 정도가 약하고 속도가 느린 지연된 강화delayed reinforcement라고 할 수 있다. 강화가 지연되는 만큼, 우리의 행동이 즉각적으로 조성되지 못하고 선순환도 더디게 형성된다. 특정 행동을 했을 때 선물을 주는 등의 인위적인 보상도 가능하지만, 앞서 설명한 것처럼 강화는 보상이 자연스러울수록 강하게 일어난다. 따라서 가장 이상적인 모습은 과업 그 자체가 자기강화self-reinforcing를 하는 것이다.

　여기까지 내용을 종합해 보면, 가치를 명확하게 하고 그를 반복적으로 되새기는 '가치 확언'이 가져올 긍정적인 효과를 어렵지 않게 예상할 수 있다. 가치를 분명히 이해하고 있는 경우, 가치에 맞는 행동을 했을 때 정신적으로 즉각적이고 자연스러운 강화를 이끌어낼 수 있다. 당장 눈에 띄는 성과를 내지 못하거나, 심지어는 끝내 그런 성과를 얻지 못할지라도 자신이 가치에 전념하고 있다는 사실만으로도 성취감이나 만족감을 느낄 수 있기 때문이다. 이와 같은 감정은 지연된 강화가 본격적인 선순환을 만들기 전까지 우리를 지탱하는 중요한 동력이 된다. 가치는 동기를 만들어내고, 동기는 행동을 일으키며, 행동은 다시 가치를 분명하게 한다.

자, 그렇다면 이제부터 가치에 기반한 선순환을 만들어보자.

선순환 분석하기

기억할 법칙	• 가치는 매 순간 내가 선택한 삶의 방향이다. • 가치는 선순환이다.
목표	악순환 고리 위에서 반복되는 행동을 가치에 맞게 정렬해 선순환으로 전환할 수 있도록 조정한다.
방법	1. '적정 거리두기 훈련 15: 악순환 분석하기'의 내용을 참고해 악순환 고리를 찾는다. 2. 악순환 고리를 고려했을 때, 행동의 기준이 될 가치가 무엇인지 적어본다. 3. 가치에 따라 행할 수 있는 '대안적 행동'을 적어본다. 4. 대안적 행동의 단기적인 기능을 생각해 본다. 5. 단기적인 기능이 자신의 행동을 강화하는지 살펴본다. 만약 단기적으로는 강화하지 않는다면 비워둔 채 6번 항목으로 넘어간다. 6. 대안적 행동의 장기적인 기능을 생각해 본다. 7. 장기적인 기능이 자신의 가치를 더 강하게 만드는지 살펴본다. 8. 대안적 행동을 통해 '기꺼이 경험하기의 선순환 고리'가 형성되는지 살펴본다. 9. 대안적 행동을 할 때 발생할 수 있는 장애물을 적어본다. 10. 장애물을 극복할 수 있는 방안을 적어본다.

악순환

- **상황**: 사람들 앞에서 발표를 해야 하는 상황.
- **생각**: "나는 발표를 못하는 사람이야." "발표를 하면 사람들이 나를 비웃을 거야." "목소리가 떨리겠지?"
- **감정**: 불안, 초조.
- **감각**: 가슴이 두근거림.
- **행동**: 다른 팀원에게 발표를 대신해 달라고 간곡히 부탁함.
- **행동의 단기적인 기능**: 당장의 불안감을 해소함(부적 강화).
- **행동의 장기적인 기능**: "나는 부족해"라는 믿음을 강하게 만듦.
- **악순환 고리 여부**: 단기적으로는 이점이 있어서 강화되지만, 장기적으로는 상황을 더 악화시켜 악순환 고리를 만듦.

▼ 선순환으로 전환하기 ▼

선순환

- **적용할 수 있는 나의 가치**: "자신감 있는 사람 되기."
- **가능한 대안적 행동**: 직접 발표하기로 함.
- **대안적 행동의 단기적인 기능**: 발표를 무난하게 마무리하면 좋은 경험이 되겠지만, 실수를 하면 "나는 발표를 못하는 사람이야"라는 생각이 강해질 수 있음.
- **대안적 행동의 장기적인 기능**: 피하지 않고 계속 노력하다 보면 발표 실력이 조금씩 늘 수 있고, 그러면 장기적으로 자신감도 늘 수 있음.
- **선순환 고리 여부**: 단기적으로는 강화가 약할 수 있지만, 장기적으로는 지연된 정적 강화를 통해 "자신감 있는 사람 되기"라는 가치에 가까워지며 선순환 고리를 만듦.
- **가능한 장애물**: 발표 중간에 범하는 실수. 실수를 저지르는 순간 '역시 나는 발표를 못한다'는 자기 비판적인 생각이 떠올라 다시 악

순환이 형성될 수 있다.

- **장애물 극복 방안:**
  1) 발표 전후로 디스턴싱을 적용하여 생각, 감정과 거리 두는 연습을 진행한다.
  2) 발표를 더 철저히 준비한다.
  3) 발표 초반에는 더욱 긴장할 수 있으므로 약물의 도움을 받는다.

주의

- 가치에 따른 대안적인 행동은 매 순간 적용 가능하다. 예를 들어 "친절한 사람 되기"라는 가치를 가진 사람이라면 화가 나는 순간에 욱하는 감정을 조절하고 상냥하게 대응하는 것이 대안적 행동이 될 수 있다. 다만 이와 같은 행동은 순간적으로 분석하고 실행하기가 쉽지 않다. 이런 경우에는 이미 벌어진 행동을 사후적으로 분석하고 이후 비슷한 상황이 찾아왔을 때 대안적 행동을 실천하는 식으로 훈련할 수 있다.
- 대안적 행동이 실패하는 경우 부정적인 생각과 감정이 뒤따르기 마련이다. 행동 변화를 연습하기 전에 '생각과 거리두기' '기꺼이 경험하기' 훈련을 반드시 충분히 하도록 하자.

행동은 생각이 아니라
'나'가 하는 것이다

과거의 우리는 마음속 부정적 생각에 매달렸다. 그것들을 없애려고 하고, 통제하려고 하고, 다른 것으로 바꾸려고 했다. 하지만 이제 우리는 그것들을 하나의 심리적 사건으로 바라볼 수 있다는 사실을 안다. 기꺼이 경험한다면 괴롭지 않을 수 있고, 그 생각과 별개로 내가 원하는 선택을 할 수 있다는 것도 안다. 이제 선택에 맞게 행동할 시간이다.

우리가 가치에 기반해 행동을 하는 경우는 크게 세 가지로 나뉜다. 가치가 필요한 첫 번째 상황은 부정적인 생각을 마주하고 디스턴싱을 시도한 직후다. 지금까지의 내용을 충분히 숙지하고 성실하게 따라온 사람이라면 생각과 거리 두는 연습에 조금은 익숙해졌을 것이다. 고통은 사라지지 않지만 괴롭지는 않을 수 있다는 점을 조금씩 확인하고 있을 것이다. 하지만 어쩌면 그와 같은 거리두기 이후에 빈 공간에 덩그러니 놓인 듯한 느낌을 받았을 수도 있다. "거리두기는 한 것 같은데, 이제 뭘 어떻게 해야 하지?" **이와 같이 방향을 잃은 순간을 가치와 연결해서 가치에 부합하는 행동을 실천하자.** 가령 이 글을 쓰는 나는 운전을 할 때 가치를 실현할 기회를 자주 맞닥뜨린다. 나에게는 "남을 이해하고 배려할 줄 알고 싶다"라는 가치가 있다. 하지만 운전을 하다 보면 그렇지 못할 때가 많다. 난폭한 운전자나 미숙한 보행자 혹은 자전거 운전자를 만나면 반사적으로 경적을 울리게 된다. 하지만 내가 화가 났다는 사실을 순간적으로 알아차릴 수 있다면 행동을 멈출 수도 있다. 그때 나의 가치를 떠올리며 "아휴, 정말" 정도의 가벼운 혼잣말로 분노를 진정시키고 차분히 상황을 넘길 수 있다.

가치가 필요한 두 번째 상황은 생각이 정확하지 않을 수 있음을 알아차렸을 때다. 생각은 부정확하고, 편향적이며, 지나치게 개인의 책임을 강조한다. 이와 같이 왜곡되는 생각을 찾아내는 연습을 하다 보면 일상적인 생각에 대해서도 의심하고 반문하게 된다.

"그 사람의 말에 다른 의미가 있는 건 아닐까?" "요즘 내 컨디션이 좋지 않아서 모든 일이 비관적으로 보이는 건 아닐까?" "내가 너무 자책하는 걸까? 전부 나 때문은 아닐 수도 있는데…"

이처럼 어떤 것을 의심하는 생각이 든다면, 그 생각을 하나의 가설로 바라보자. 그리고 **가설을 검증하기 위한 실험으로 가치에 맞는 행동을 실천해 보자.**

"그래도 나는 친절한 사람이 되고 싶어. 생각에 휘둘리지 말고 다시 한번 반갑게 말을 걸자." "생각을 곧이곧대로 받아들이지 말고 그냥 한번 해보자. 나는 그래도 나아가는 사람이 되고 싶어." "난 책임감 있는 사람이고 싶어. 불안해하지 말고 동료들에게 피드백을 구해보자. 나 때문일 수도 있고, 아닐 수도 있잖아."

가치가 필요한 세 번째 상황은 일상 속에서 반복되는 평범한 순간들이다. 창의적인 사람이 되고 싶다는 가치가 있는가? 그렇다면 기분이 안 좋다고 침대에 누워만 있기보다 영화관이나 미술관에 다녀와 보자. 상냥한 사람이 되고 싶다는 가치가 있는가? 카페에 가서 종업원에게 눈을 맞추고 친절하게 주문해 보자. 내 경험에 따르면 지친 종업원은 눈을 맞추며 반갑게 대답하는 나를 처음에는 어색해하지만 결국 미소로 답하게 된다. 가족을 아끼는 사람이 되고 싶은가? 퇴근길에 부모님께 전화를 걸어 안부를 물어보자. 서먹하던 형제에게 "그냥 전화해 봤다"며 먼저 대화의 물꼬를 틀 수도 있다. 이는 단순히 부정적인 생각이나 감정에서 벗어나는 것과는 차원이 다른 행동들이다. 본질적인 삶 그 자체에 대한 이야기다. **우리는 지금 당장, 오늘 이 순간부터 나의 가치에 맞는 것들로 내 삶을 채울 수 있다.** 이는 온전히 나의 선택이고, 내가 나아가기로 한 방향이다.

이와 같은 **행동은 생각이 아니라 '나'가 하는 것**이다. 이 말을 꼭 기억하길 바란다. 생각과 감정은 하나의 심리적 사건일 뿐이다. 우리는 거리를 두고 그것들을 바라볼 수 있었다. 그렇다면 행동은 심리적인 사건과 독립적으로 일어날 수 있다.

가령 디스턴싱을 연습하다 보면 보면 종종 생각과 감정이 가치와 불일치하는 순간을 발견하게 될 것이다. 예를 들면 다음과 같은 식이다.

"엄마는 대체 왜 그렇게 말할까? 짜증 난다… 그런데 나는 엄마에게 상냥한 아들이고 싶어."

"친구가 모임에 나가자고 하네. 별로 재미도 없을 것 같고 그냥 침대에 누워 있고 싶어… 그런데 나는 사람들과 잘 어울리고 활동적인 사람이 되고 싶어."

"발표를 하면 실수할 것 같아. 발표를 안 할 방법은 없을까… 그런데 나는 사람들 앞에서 자연스럽게 말할 수 있으면 좋겠어."

많은 사람은 이런 순간에 "그렇게 하고 싶은 기분이 아니다"라는 이유로 행동하지 않는다. 하지만 '기분'이라는 건 하나의 심리적 사건에 불과하다. 거리를 두고 바라보자. 하고 싶은 기분이 들 때까지 기다리지 말자. 자동적으로 떠오르는 팝콘 중 우연히 마음에 드는 것이 발견되기를 기다리며 시간을 낭비하지 말자. 행동하지 않는다면 변화하지 못하고 끝내 더 부정적인 생각을 만나게 된다. 이러한 악순환에 갇히지 말자. 기분이 아니라 가치에 따라 행동하자.

행동을 더 수월하게 할 수 있는 방법이 있다. '그리고'라는 마법의 단어를 사용하는 것이다. 다음 예시와 같이 자신의 감정과 가치를 '그리고'로 연결해 보자.

"지금 내 마음속에는 엄마에 대한 짜증이 느껴지네. 엄마가 나를 괴롭히고 있다는 생각도 떠올라. '그리고' 나는 엄마에게 상냥하게 답하며 설명할래. 그게 나의 가치니까."

"모임은 쓸모없다는 생각이 떠오르고 있구나. 나는 사람들과 잘 못 어울리고 소외받을 것 같다는 생각도 들어. '그리고' 나는 모임에 참여해야겠어. 나는 그런 삶을 원하니까."

"발표를 하다가 실수해서 승진이 누락되고 회사에서 쫓겨날지도 모른다는 생각이 떠올라. '그리고' 나는 부정 편향 생각함정에 빠지지 않고 기꺼이 최선을 다해 발표를 하겠어. 나는 내 할 일을 해내는 사람이 되고 싶으니까."

'그러나'가 아니라 '그리고'라는 점을 명심하자. 무언가를 기꺼이 경험하고 싶지 않지만 당장은 버티려고 할 때는 '그러나'를 사용하게 된다. 이는 여전히 생각과 감정을 하나의 심리적 사건으로 바라보지 못하는 것이다. 반면 '그리고'는 생각과 감정을 심리적 사건으로 바라보면서 가치에 맞는 행동을 하려는 의도를 더 잘 드러낸다. '그리고'를 사용하면 서로 상충하는 것처럼 보이는 다양한 경험이 동시에 존재할 수 있다는 사실을 깨닫게 된다.

'그리고'를 활용하는 과정을 다음과 같이 하나의 공식처럼 기억해 두면 더 수월하게 적용이 가능할 것이다. 특히 마지막에 5초를 센 후

무조건 행동하는 부분에서 도움을 받는 경우가 많다.

생각과 감정 알아차리기(나는 …라는 생각을 하고 있다) — **'그리고'** — 자신의 가치 되새기기(나에게는 …가 중요하다)' — 마음속으로 5초 기다리기 — 가치에 따른 행동 실천하기

행동은 생각이 아니라 '나'가 하는 것이다. '나의 가치'에 따라 하는 것이다. 행동의 바퀴가 돌기 시작하면 머지않아 즐거움과 성취감이 찾아오고, 마음속에 행동을 돕는 팝콘들이 더 자주 나타난다. "나는 할 수 있어." "지금은 힘들겠지만 하고 나면 분명 뿌듯할 거야." "내 삶은 내가 주도적으로 이끌고 있어." 이때부터는 선순환이 시작된다. 생각을 심리적 사건으로 바라보는 일은 더 쉬워지고, 부정적인 생각과 감정을 기꺼이 경험하는 일은 아주 자연스러워진다. 가치에 따른 선택이 삶에 보상을 가져온다는 점을 조금씩 확인하고 있기 때문이다.

행동주의에 기반한 심리치료 기법에서는 이를 '밖에서부터 안으로 outside-in' 진행되는 활동이라고 부른다. 기분이 내켜야만 행동으로 이어지는 '안에서부터 밖으로inside-out' 방식과는 대조적이다. 가치에 따른 행동, 밖에서부터 안으로 유발되는 행동, 강력한 동력을 만들어낼 수 있는 선순환 구조의 행동. 이들은 모두 같은 의미다.

언젠가 몸이 무겁고 손가락 하나 까딱하고 싶지 않은 기분이 들 때 지금 내가 들려주는 이야기가 마음속에 팝콘처럼 떠오른다면, 오른

손을 아주 높이 들어보자. 마음이 내키지 않아도 그냥 그렇게 해보자. 생각과 별개로 행동을 선택할 수 있음을 눈으로 확인하게 될 것이다. 생각과 거리를 둔 나는 선택할 수 있다. 가치에서 시작해 밖에서부터 안으로. 이것이 행동 변화의 핵심이다.

행동은 단계적으로
강화해야 한다

행동은 생각이 아니라 '나'가 하는 것이다. 나의 선택이다. 하지만 이는 결코 쉽지 않다. 그래서 선택이 선순환 구조 속에서 반복될 수 있도록 해야 한다. 가치에 따른 행동이 강화될 수 있도록 해야 한다.

가치에 따른 행동을 강화하기 위해서는 목표가 필요하다. 앞서 가치는 목표가 아니라 방향이라고 이야기했는데, 이는 목표 자체를 부정하는 것은 아니었다. 오히려 목표가 없으면 방향을 잃어버리기 쉽다. 목표가 없을 때는 무언가를 달성할 일이 없어지고, 그런 만큼 강화가 지연되기 때문이다. 언제 찾아올지 모르는 보상을 마냥 기다리다가 지쳐버리지 않으려면 강화가 더 자주 일어나도록 목표를 활용할 수 있어야 한다.

목표를 설정할 때는 장기적인 목표와 단기적인 목표를 구분하는 것이 좋다. 달성이 어려운 큰 목표를 여러 개의 작은 목표로 나누면 달성 확률을 높일 수 있기 때문이다. 이와 같은 작은 성공의 경험만으로도 행동은 강화된다. 이처럼 단계적인 성취를 통해 강화를 만들어 내고 조금씩, 단계적으로 가치를 향해 나아가야 한다. **실질적인 목표를 통해 가치라는 방향을 구체화하는 것이다.**

　순식간에 놀라운 변화가 일어나기를 기대하지 말자. 최고의 스포츠 선수가 되어 많은 사람에게 영감을 전하고 싶은가? 그렇다면 지금 운동장으로 나가면 된다. 그 순간부터 나는 가치를 향해 나아가게 된다. 때로는 의심이 들지도 모른다. "이런다고 되겠어?" 완벽주의가 나를 괴롭힐 수도 있다. 문제 해결적인 본능을 지닌 마음은 끊임없이 다음과 같은 팝콘을 만들어낼 것이다. "지금은 완벽하지 않아." "뛰어난 사람들에 비하면 내 능력은 초라하잖아." "이건 내가 바라던 모습이 아니야." 부정적인 생각과 감정은 심리적 사건일 뿐이다. 기꺼이 경험하면서도 '선택'할 수 있다는 것을 믿으며, 지금 당장 할 수 있는 아주 사소한 행동들에 집중해 보자.

　과하다 싶을 정도로 점진적이어도 좋다. 건강한 몸과 마음이 중요한 가치인가? 그런데 의욕이 생기지 않아 자꾸만 운동하기를 미루고 침대에 누워 있게 되는가? 오늘은 운동 센터에 전화만 해도 좋다. 내일은 운동복을 꺼내기만 해도 좋다. 다음 날은 1층까지만 다녀와도 좋다. 그다음 날은 운동 센터 문 앞까지만 다녀와도 좋다. 그다음 날은 운동 센터에 등록만 하고 와도 좋다. 그다음 날은 운동 센터에서 5분간 기구를 살피고만 와도 좋다. 그다음 날은 운동 센터에서 딱 10분간만 운동을 해도 좋다. 가치를 위한 자신의 선택들을 평가절하하지 않길 바란다. 매 순간 나는 나의 가치를 향해 서 있을 뿐이다. 가치는 결과나 도착지가 아니라 방향임을 명심하자. 그리고 점진적인 선택들을 해나가며 마음속에 어떤 생각과 감정이 느껴지는지 기꺼이 경험해 보자. 시간은 중요하지 않다. 운동 센터에서 60분 운동을 할 수 있게 되기까지 6개월이 걸릴 수도 있다. 그게 뭐 어떤가? 6개월 뒤에 이미 삶은 많이 달라져 있을 것이다. 당신은 매 순간 가치에 따른 선택을 했기 때문이다. 때론 사소한 움직임에 불과했고, 때론 엉뚱한 방향으로 가기도 했지만 가치를 향해 한 걸음을 내디디려 했다는 건 분명한 사실이다.

당연히 목표를 달성하지 못할 수도 있다. 하지만 목표를 달성하지 못한 것과 가치를 추구하지 못한 것은 분명히 다르다. 목표를 달성했는지에 집착하지 말자. 가치를 분명히 하고 그 방향으로 나아가고자 했다면 그것으로 충분하다. 인생은 늘 우리가 원하는 방향으로 흘러가지 않는다. 원하는 것을 단번에 온전히 얻는 일은 드물며, 대부분 여러 번 시도해야 하고 그럼에도 좌절을 겪기도 한다. 그렇다고 실망하지 말라는 뜻은 아니다. 아쉬움을 느끼는 건 당연한 일이다. 하지만 분노나 좌절감이 '나'를 흔들도록 내버려두지는 말자. 그들을 가까운 거리에서 바라보며 생각을 곱씹지 말자. 생각과 감정은 '나'가 아니다. 우리가 할 수 있는 일은 가치로 나아가기로 선택하는 것이 '나'의 책임이라는 사실을 분명히 한 다음 선택하고 행동하는 것이다. 삶은 자신이 주도적으로 이끌어나가는 것이며, 적어도 '방향'에 관해서는 실패란 없다.

사소해 보일지라도 단계적으로, 점진적으로, 그리고 우직하게 나의 가치를 향해 기꺼이 나아가자. 그 길 위에 서는 일은 지금 이 순간부터 가능하다는 사실을 꼭 기억하길 바란다.

단계적인 목표 수립하기

기억할 · 행동은 생각이 아니라 '나'가 하는 것이다.
법칙 · 행동은 단계적으로 강화해야 한다.

목표 가치로 나아갈 수 있는 구체적인 목표를 세운다.

방법 1. 자신의 가치로 나아가기 위해 필요한 장기적인 목표를 적어본다.
2. 장기적인 목표가 실현되려면 어떠한 단기적인 목표가 실현되어야 하는지 적어본다.

가치 1: _____

　1) 장기적인 목표 1: _____

　　(1) 단기 목표 1: _____

　　(2) 단기 목표 2: _____

　2) 장기적인 목표 2: _____

　　(1) 단기 목표 1: _____

　　(2) 단기 목표 2: _____

　3) 장기적인 목표 3: _____

　　(1) 단기 목표 1: _____

　　(2) 단기 목표 2: _____

가치 2: ....

  1) 장기적인 목표 1: ....

    (1) 단기 목표 1: ....

    (2) 단기 목표 2: ....

  2) 장기적인 목표 2: ....

    (1) 단기 목표 1: ....

    (2) 단기 목표 2: ....

  3) 장기적인 목표 3: ....

    (1) 단기 목표 1: ....

    (2) 단기 목표 2: ....

가치 3: ....

  1) 장기적인 목표 1: ....

    (1) 단기 목표 1: ....

    (2) 단기 목표 2: ....

  2) 장기적인 목표 2: ....

    (1) 단기 목표 1: ....

    (2) 단기 목표 2: ....

  3) 장기적인 목표 3: ....

    (1) 단기 목표 1: ....

    (2) 단기 목표 2: ....

　　　1. 가치: 내가 가진 지식으로 마음이 힘든 사람들을 돕기

　　　　1) 장기적인 목표 1: 심리학 관련 지식 쌓기

　　　　　(1) 단기 목표 1: 『우울증의 인지치료』 읽기

　　　　　(2) 단기 목표 2: 심리학 스터디 신청하기

　　　　2) 장기적인 목표 2: 창업하기

　　　　　(1) 단기 목표 1: 창업하는 방법 알아보기

　　　　　(2) 단기 목표 2: 어떤 방법을 활용할지 자료 조사하기

　　　　3) 장기적인 목표 3: 함께할 수 있는 사람 모집하기

　　　　　(1) 단기 목표 1: 네트워킹 모임 가기

　　　　　(2) 단기 목표 2: 관련 분야에서 일하는 사람들 만나보기

주의　　목표는 달성하고 나면 새롭게 설정하면 된다. 그러니 목표 달성의 기간을 지나치게 먼 미래로 설정하지 말자. 장기 목표는 3~6개월, 길어도 1년 이내, 단기 목표는 주 단위, 길어도 한 달 정도로 설정할 때 실질적이고 유의미한 기준으로 기능할 수 있다.

법칙

29

가치는 노력이 아니라
전념하는 것이다

가치는 매 순간 내가 선택한 삶의 방향이다. 부정적인 내적 경험을 회피하는 것은 가치가 아니다. 이 악물고 버티는 것도 가치가 아니다. 부정적인 생각과 감각을 기꺼이 경험하며 나아가는 방향이 가치다. 가치에 따라 행동할 수 있을 때 삶은 비로소 선순환을 이루기 시작한다. 물론 이는 매우 어려운 일이며, 그렇기 때문에 우리는 디스턴싱을 통해 '나'의 위치를 분명히 했다. 행동은 생각이 아니라 '나'가 하는 것이다. '나'의 입장에서 행동을 단계적으로 강화해 나갈 때 우리는 가치를 향해 한 걸음씩 나아갈 수 있다.

가치에 대한 이야기를 들은 사람들은 다음과 같이 말한다. "무슨 말인지 알겠어요. 노력해 볼게요." 하지만 이는 적절한 말이 아니다. 노력해 보는 것이 아니라, 가치에 온전히 뛰어들어야 한다. 수용전념치료의 창시자 스티븐 헤이스 박사는 이를 '전념commitment'이라고 표현했다. 모든 부정적 경험과 함께하며 자신이 선택한 가치 있는 삶을 향해 헌신하겠다는 의미다.

전념은 연속선상의 개념이 아니다. "생각은 어느 정도 '나'가 아니다"라는 말이 성립하지 않는 것처럼 '어느 정도 기꺼이 경험하기'란 없다. 기꺼이 경험한다, 혹은 기꺼이 경험하지 않는다. 두 가지 선택지가 있을 뿐이다. '적당히' 전념한다는 말은 고통을 적당히 기꺼이 경험한다는 뜻이고, 마음속에 떠오르는 것을 적당한 수준으로만 심리적 사건으로 바라본다는 뜻이다. 하지만 그럴 수는 없다. 생각의 내용을 바꾸는 것이 아니라 생각과의 관계를 다시 맺어야 한다고 말했다. 기꺼이 경험하며 가치에 전념하는 것 또한 마음과 관계를 다시 맺는 일이다. 행동하려는 의지가 어느 정도 강한지, 긍정적인 생각을 얼마나 더 많이 하는지를 논하려는 것이 아니다. 마음과의 관계를 새롭게 맺을 수 있어야 한다. **가치에 온전히 전념할 때만 마음의 함정에 빠지지 않고, 삶을 자유롭게 이끌어갈 힘을 얻는다.**

그리고 그 전념은 오롯이 당신의 몫이고 책임이다. 디스턴싱에 근거하여 기꺼이 경험하며 가치로 나아가겠다고 결심할 수 있는 사람은 당신 자신밖에 없다. 이 글을 쓰는 내가 아무리 마음에 대한 비밀을 알려주더라도, 당신 자신을 대신할 수는 없다. 전념하기로 선택하는 건 당신의 몫이다.

전념을 방해하는 내외부 장애물이 있다. 왜 가치에 전념하지 못하냐는 질문에 사람들은 자신이 처해 있는 환경, 주위 사람들, 현실적인 조건과 같은 외부 장애물을 이유로 든다.

"지금은 회사를 다니고 있어서 시간이 부족해요." "부모님이 반대를 해요." "경제 상황이 안 좋아서 위험 부담이 너무 커요." "지금은 하고 있는 과정이 있어서 이것을 마친 뒤에 생각할 수 있어요." "결혼을 해야 해요."

이와 같은 요소가 실질적인 장애물이 맞는지, 아니면 단지 회피의 수단은 아닌지 잘 판단해야 한다. 외부 장애물로 보였으나 실제로는 내부 장애물에서 기인한 것인 경우도 많기 때문이다.

내부 장애물이란 우리가 가치에 전념하지 못하도록 방해하는 마음속 조건들을 의미한다. 즉, 마음속 생각·감정·감각과 거리를 두지 못하고 그들을 '나'라고 믿으며 경험을 회피하는 것이다. 외부 장애물이 완전히 무의미하다는 뜻은 아니다. 경제적인 어려움, 부모님의 홀대, 열악한 인간관계 등은 실제로 우리의 행동을 가로막는 요인이다. 그럼에도 우리가 할 수 있는 일이 전혀 없는 순간은 매우 드물다. 그저 상황에 발이 묶여 있기보다는 어려운 상황을 인정하되 그 속에서 내가 할 수 있는 것들을 찾아 선택하는 편이 스스로를 위한 길이다. 따라서 행동을 가로막는 요인이 외부 장애물인지 내부 장애물인지 잘 구분하고, 외부 장애물인 경우에는 그것이 실질적인 장애물인지 아니면 회피성 장애물인지 구체적으로 판단해야 한다. 만약 내부 장애물만이 문제 되는 경우에는, '나'의 위치를 잘 정립하는 것만으로도 가치를 향해 크게 한 걸음을 내디딜 수 있다.

장애물을 잘 분석했다면 다음으로는 잠재적인 대안 행동을 탐색해야 한다. "점심 시간이나 퇴근 후 시간을 할애해 가치 행동에 전념해 볼 순 없을까?" "부모님의 반대와 무관하게 할 수 있는 일은 없을까? 어떻게 해야 부모님의 마음이 바뀔까?" "위험을 최대한 줄이면서 시도할 수 있는 방법은 없을까?" "하고 있는 일과 별개로 시간을 내어 준비할 방법은 없을까? "결혼과 병행할 수는 없을까? 만약 결혼과 병행한다면 배우자에게는 뭐라고 이야기하는 게 좋을까?"

이처럼 행동을 방해하는 장애물을 극복하는 데 도움이 되는 대안 행동을 찾아보아야 한다. 그런데 만약 그 대안 행동조차 실행하지 못한다면, 그 이유는 역시 내부 장애물 때문이다. 본격적으로 가치와 행동 변화를 이야기하기 전에 1, 2장 걸쳐 세세하게 디스턴싱을 연습한 이유가 바로 여기에 있다. 가장 효과적으로 행동을 변화시키려면 내면의 경험을 허용하고 기꺼이 마주하는 일부터 시작해야 한다.

여러 내부 장애물 중 특별히 중요한 요소가 있다. 바로 결과에 대한 집착이다. 전념을 했음에도 결과가 따라주지 않았다면 실망감이 클 수밖에 없다. 그런 일이 여러 차례 반복되었다면 좌절감이 드는 것이 당연하다. 하지만 당신은 이미 스스로의 가치에 부합하는 방향으로 나아가고 있다. 전념하고 있다는 건 무언가를 완벽히 해내고 있다는 뜻이 아니다. 가치란 원래 그런 것이다. 설령 원하는 결과를 얻을 가능성이 낮다는 걸 알더라도, 기꺼이 그곳을 향해 몸을 던져보는 것. 실패하더라도 괜찮다. 포기하지 않고 다시 그 방향으로 나아가기로 결심하고 그에 전념하는 것이 중요하다. 단언컨대 전념의 과정에서 분명히 변화가 생기는 순간이 찾아온다. 하지만 많은 사람이 그 사실을 알지 못하기에 단기적인 결과 앞에서 쉽게 동력을 잃어버린다.

"결과가 불확실한데…" "원하는 결과를 얻지 못하면 어떡하지?" "주변 사람들이 인정해 주지 않으면 어쩌지?" "아직 확실하지 않아. 모든 가능성을 다 검토해야 돼." "다른 사람들은 이 선택에 대해 어떻게 생각할까?"

스스로에게 이와 같은 질문을 던지며 주춤한다. 중요한 건 외부가 아니라 내부에 있다. 마음과 거리를 두고 가치를 향해 나아가야 한다.

전념하지 못하면 다시 악순환에 갇힐 뿐이다. 가치에 맞는 행동을 하겠다고 '적당히' 다짐한다. 하지만 그 과정에서 고통스러운 생각이 떠오른다. 마음과 거리가 가까워진다. 결국 행동을 제대로 실천하지 못한다. 죄책감이 든다. 괴롭다. 괴로운 감정을 떨쳐내고자 다시 행동을 하기로 다짐한다. 때론 이전의 목표보다 더 높은 목표를 잡아 이를 보상하려고 한다. 하지만 여전히 '적당히' 다짐한다. 결국 또 실패한다. 온전히 전념하지 못하면 악순환의 반복일 뿐이다.

삶은 자신이 주도적으로 이끌어가는 것이다. 남들과 다른 길을 걷는 게 두려운가? 그것이 왜 두려운가? 남들은 결혼을 하는데 나만 방

황하고 있는 것 같은가? 그것이 왜 두려운가? 남들이 나를 어떻게 생
각할지 걱정이 되는가? 그것이 왜 걱정되는가? 심지어는 '나'의 마음
에 휘둘릴 필요도 없다. 마음속에 불안감이 떠오르는가? 머릿속에 부
정적인 시나리오가 그려지는가? 그것이 어떻다는 말인가? 어떤 것도
'나'의 선택에 영향을 줄 순 없다. '나'는 지금 이 순간에 머무르며 모든
것들을 허용하고 기꺼이 경험하며, 동시에 스스로가 원하는 선택을
해나갈 수 있다. 바깥과 내면의 소음을 향해 주의의 손전등을 휘젓지
말자.

진정으로, 삶은 '나'가 주도적으로 이끌어가는 것이다.

가치 행동 장애물 분석하기

| 기억할
법칙 | • 행동은 생각이 아니라 '나'가 하는 것이다.
• 행동은 단계적으로 강화해야 한다.
• 가치는 노력이 아니라 전념하는 것이다. |

목표 단기 목표를 달성하고자 할 때 방해가 될 수 있는 장애물을 분석해 본다.

방법

1. '적정 거리두기 훈련19'에서 확인한 단기 목표들을 방해하는 내외부 장애물을 나열해 본다.
2. 외부 장애물인 경우에는 그것이 실질적인 장애물인지, 아니면 회피의 수단인지 분석해 본다.
3. 실질적인 외부 장애물에 대해서는 어떤 대안 행동을 할 수 있을지 적어본다.
4. 내부 장애물에 대해서는 디스턴싱을 적용하며 가치 행동으로 나아간다.

가치 1

1) 장기적인 목표 1:

  (1) 단기 목표 1:

    - 예상되는 외부 장애물:

    - 외부 장애물을 극복하기 위한 대안 행동:

    - 예상되는 내부 장애물:

(2) 단기 목표 2: _____

 - 예상되는 외부 장애물:

 - 외부 장애물을 극복하기 위한 대안 행동:

 - 예상되는 내부 장애물:

2) 장기적인 목표 2: _____

(1) 단기 목표 1: _____

 - 예상되는 외부 장애물:

 - 외부 장애물을 극복하기 위한 대안 행동:

 - 예상되는 내부 장애물:

(2) 단기 목표 2: _____

 - 예상되는 외부 장애물:

 - 외부 장애물을 극복하기 위한 대안 행동:

 - 예상되는 내부 장애물:

3) 장기적인 목표 3: _____

(1) 단기 목표 1: _____

 - 예상되는 외부 장애물:

 - 외부 장애물을 극복하기 위한 대안 행동:

 - 예상되는 내부 장애물:

(2) 단기 목표 2: _____

 - 예상되는 외부 장애물:

 - 외부 장애물을 극복하기 위한 대안 행동:

 - 예상되는 내부 장애물:

주의   외부 장애물과 내부 장애물을 잘 구분하자. 작성한 외부 장애물이 실제로는 회피하기 위한 변명거리가 아닌지 검토해 보자.

$$30$$

삶은 매 순간에 있다

이제 정말로 중요한 이야기를 하려고 한다. 어쩌면 그동안의 이야기는 모두 이 법칙을 가슴 깊이 새기기 위한 것인지도 모른다. 마음의 문제에 관심이 많은 사람이라면 한 번쯤 이런 이야기를 들어본 적 있을 것이다. "지금 여기here and now가 중요하다." 많은 명상 가이드는 '지금 이 순간'으로 돌아오라고 요구한다. 이 말이 진정으로 무엇을 의미하는지 이해하기는 쉽지 않다. 마음이 어떻게 작동하는지, 어떻게 마음속에 떠오른 팝콘과 다른 선택들을 할 수 있는지, 어떤 가치를 어떻게 선택해야 하는지. 이런 내용을 이해하지 않는다면 "지금 여기로 돌아오라"라는 요청은 단순한 주의력 훈련에 그칠 수 있다. 물론 주의력 훈련은 마음챙김의 중요한 요소 중 하나지만 주의력 개선만으로 모든 심리적 괴로움을 해결할 수는 없다. "지금 여기"라는 말에는 보이는 것보다 더 심오한 통찰이 담겨 있다. 지금부터 이어지는 이야기는 조금 어렵게 느껴질 수 있지만, 반드시 짚어야 할 내용이니 차근히 따라오길 바란다.

생각은 자동적이다. 팝콘처럼 튀어 오른다. 심지어 상징적인 효과를 발휘해서 눈앞에 보이지 않는 것들을 생생한 실제처럼 경험하게 한다. 그렇기 때문에 디스턴싱, 즉 거리두기가 중요하다. '꾸러미'로 떠오른 생각들을 개별적인 요소로 분리하기. 생각함정을 찾아내고 빠져나오기. 이와 같은 훈련은 모두 생각을 '나'가 아닌 하나의 심리적 사건으로 바라보도록 도와준다. 그렇게 우리는 생각에 대한 새로운 생각을 하게 된다. "생각이 정말 믿을 만한 것인가? 생각이 이토록 자동적이고, 임의적이고, 편향적이고, 과도한 책임을 지우며, 동시에 평가적이고, 개념화를 통해 시야를 제한하고, 끝없는 반추를 유발하는 것이라면, 우리가 마음속에 떠오른 생각을 모두 곧이곧대로 믿을 이유가 무엇인가? 우리는 왜 생각에 강하게 영향을 받아야 하는가?" 이것이 디스턴싱의 중요한 깨달음이다.

우리에게 온갖 심리적 괴로움이 찾아올 때에도 변하지 않는 것이 한 가지 있다. 바로 지금 이 순간의 경험이다. '지금 이 순간의 경험'만이 유일하게 믿을 만한 것이다. 과거에 힘들었던 기억을 떠올려 보자. 많은 일을 겪었을 테고, 그로 인해 마음에 깊은 상처가 남았다고 느낄수도 있다. 그러나 그때조차도 심리적 사건을 바라보고 경험하는 '나'

는 여전히 동일하게 존재했다. 이 경험적 의식은 개별적인 심리적 사건들과는 무관하다. 그래서 가슴 깊은 상처는 실은 그저 허상일지도 모른다. 상처는 매 순간을 경험하는 '나'와는 무관한 사건이기 때문이다. 현재는 끊임없이 변화하는 사건의 연속이며 순간순간 새롭게 일어나는 과정이다. 그 과정에서 변하지 않고 삶의 자취를 따라 연속적으로 이어져 온 '나'는 '그 모든 것들을 바라보며 지금 이 순간을 경험을 하는 나' 또는 '현재 시점에서의 경험적 의식' 그 자체다. 생각의 강에 앉아 있는 '나', 강에서 떠내려오는 나뭇잎을 바라보는 경험 그 자체다. 우리는 앞서 이를 '알아차림으로서 나'라고 이야기했다.

디스턴싱의 후반부에서는 가치에 대해 이야기했다. 가치는 선택이고 방향이다. 자유는 선택할 수 있는 능력이다. 회피하지 않고, 억지로 버티지 않으며, 가치에 따라 선택해야 한다. 이 선택 또한 '지금 여기'에서 벌어진다. 과거에 얽매여 꼼짝 못 한 채로, 혹은 파랑새 같은 미래를 위해 억지로 버티며 선택하는 것이 아니다. '나'는 지금 이 순간, 나의 가치에 따라 그 방향으로 선택할 뿐이다. 내가 믿고 확신할 수 있는 선택은 지금 이 순간에 나의 가치에 따라 이루어진 선택뿐이다.

이처럼 가장 중요한 경험은 지금 이 순간에 벌어지는 일들이다. 하지만 우리는 현재의 경험과 성숙한 관계를 맺지 못한다. 많은 사람이 현재의 경험에 대해, 특히 현재의 부정적 경험에 대해 다음 세 가지 중 한 가지 방식으로 반응하곤 한다. 첫째, 멍해지거나 지루함을 느끼며 다른 생각으로 달아나기. 둘째, 경험에 매달리며 끊임없이 곱씹기. 셋째, 경험을 없애거나 대체하려고 하기. 현재의 경험을 수용하지 못한 채 머릿속에서 과거나 미래와 투쟁하는 것이다.

자국에 관광 온 외국인을 보고 의아해하는 사람들이 있다. "뭐 그렇게 볼 게 많다고 여기에 열흘씩이나 머물까?" 하지만 그렇게 말하는 사람들도 정작 외국에 나가면 즐거워한다. 잘사는 나라든 못사는 나라든, 유럽이든 아프리카든, 북극이든 사막이든, 부촌이든 빈민가든, 장소는 중요하지 않다. 누구나 낯선 곳에서는 마음가짐이 달라진다. 새롭고 흥미로운 일이 가득한 현재에 집중하기 때문이다. 꼭 새로운 공간에 가지 않아도 된다. 지금 당신의 주변에도 행복을 느낄 일은 수없이 많다. 봄바람에 산들산들 흔들리는 나뭇가지, 창틈으로 포근하게 스며드는 햇살, 길가에 여유롭게 늘어져 있는 고양이, 이른 아침 새들이 지저귀는 소리, 추운 겨울날 자판기에서 뽑아 마시는 300원짜리 율무차, 비 오는 날 장화를 신고 아장아장 걸어가는 아기, 친구와 주고받는 시시껄렁한 농담, 무심코 들어간 카페에서 흘러나오는 감미로운 음악. 세상 모든 것이 나에게 냉담한 것처럼 느껴질 때조차 나의 마음을 따뜻하게 하는 것들이 나를 둘러싸고 있다. 문제는 우리가 '지금 여기'에 집중하지 못했기 때문에 벌어진다. 우리가 '지금 여기'에서 벌어지는 일들을 알아차리지 못했을 뿐이다. '지금 여기'에서 온전한 선택을 하지 않았을 뿐이다.

내가 병원에서 실습을 하던 중 만난 사람의 이야기를 들려주고 싶다. 중환자실에 입원한 40대 여성이었던 그녀의 병명은 비소세포폐암, 흔히 말하는 폐암이었다. 환자는 흡연을 한 적도 없었고 특별한 가족력도 없었다. 단지 운이 나빴을 뿐이다. 결혼 후 아이를 낳고 가족과 오순도순 살아가던 그녀는 하루아침에 힘겨운 항암치료에 돌입했다. 매일같이 구토가 반복되고 나날이 머리카락이 빠지는 동안에도 그녀는 가족을 떠올리며 버텼다. 하지만 결과는 다발성 전이였다. 뭐가 그리 급했는지 암세포는 순식간에 폐에서 온몸 구석구석으로 옮겨 갔다.

환자의 몸에는 수많은 의료기기가 연결되었다. 인공호흡을 위한 기관 내 튜브, 혈액투석기, 체외순환기, 피부를 뚫고 들어간 여러 주사관들까지. 죽음이 손 닿을 거리까지 왔음을 그 자신도 모를 리 없었다. 그녀는 단정한 모습으로 생을 마감하고 싶어 했고, 그 뜻을 존중해 의료진은 다른 인공적인 장치들을 제거하고 산소를 공급하는 콧줄만 유지하기로 했다.

그러던 어느 날, 환자가 새벽 근무를 서던 간호사에게 말했다.

"시원한 사이다가 먹고 싶어요…"

간호사는 망설였다. 사이다라니. 환자는 말조차 제대로 내뱉지 못하는 상태였고, 음식을 삼키는 건 당연히 어려운 일이었다. 음식물이 잘못해서 기도로 넘어가면 폐렴을 유발할 수 있고, 폐렴은 중환자들의 치명적인 사망 원인 중 하나다. 사이다 한 모금을 위해 감수해야 할 위험이 너무 컸다. 게다가 깊은 새벽 시간이었기에 당직의에게 연락하는 것도 망설여졌다. "지금 그것 때문에 연락했어요?" "그런 건 알아서 할 수 없어요?" "만약 문제가 발생하면 선생님이 책임질 거예요?" 피곤한 당직의에게서는 짜증 섞인 반응이 돌아오기 일쑤였다. 하지만 그냥 지나가기에는 생사를 오가는 환자의 부탁이 너무 소소한 것이었다. '그래, 그냥 내가 욕 먹고 말자.' 간호사는 당직의에게 연락했다.

"선생님, 지금 환자분이 사이다 한 모금만 먹고 싶다고 해서요…"

"사이다요?"

"네. 흡인 위험이 있는 거 아는데, 그래도 한 모금만 먹게 해달라고 부탁하네요. 사이다 한 모금만 드려도 될까요?"

"정 그러면 조금만 드려보세요. 대신 선생님이 옆에서 잘 살펴보고요."

다행히 당직의는 이해심이 깊은 사람이었다. 간호사는 재빨리 남편에게 연락했다.

"보호자분이시죠? 지금 환자분이 사이다를 마시고 싶다고 해서요. 사이다 하나 사 오실 수 있겠어요?"

"사이다요? 네, 네! 제가 지금 바로 다녀올게요!"

그도 밤새 잠 못 이루고 있었던 걸까, 남편은 쌩쌩한 목소리로 답했다. 아파서 누워 있는 아내를 위해 자신이 할 수 있는 일이 하나라도 생겨 기쁜 모양이었다. 하지만 남편이 사이다를 사러 자리를 비운 사이 환자의 상태는 급격히 나빠졌다. 자꾸만 감기는 눈꺼풀, 불안정한 혈압, 떨어지는 산소포화도 수치. 이젠 정말 시간이 얼마 남지 않은 것 같았다. 그러던 중 남편이 땀을 뻘뻘 흘리며 도착했고 간호사는 기다릴 새도 없이 사이다를 작은 컵에 따르고는 환자에게 다가갔다.

"환자분, 조금만 정신을 차려보세요. 지금 남편분이 사이다를 사 오셨거든요. 조금이라도 드실 수 있겠어요?"

간호사는 사이다가 든 컵을 환자의 입가로 가져갔다. 환자는 게슴츠레 눈을 뜨더니 힘에 부친다는 듯 천천히 고개를 가로저었다. 그러곤 느릿느릿 말했다.

"사이다 냄새… 참 좋다."

그 말을 마지막으로 환자는 조용히 눈을 감았다.

너무도 허망하게 환자를 보낸 뒤, 남편은 "내가 늦게 도착해 그거 한 모금 먹여서 보내지 못했다"라며 오열했고, 간호사는 본인이 꾸물거린 탓에 환자의 마지막 부탁을 들어주지 못했다는 죄책감에 한동안 시달렸다. 고작 사이다 한 모금 때문이었다.

이리저리 치이며 살다 보면 소중한 것들을 너무 쉽게 놓치게 된다. 당시 의과대학에서 공부를 하던 나도 마찬가지였다. 종일 이어지는 강의와 연달아 치러야 하는 수많은 평가들. 의과대학에 들어가기 전에는 병원에서 일하는 사람이 된다는 것이 이렇게 고된 일일 줄은 몰랐다. 하지만 아이러니하게도 이별과 울음이 가득한 병원 안에서, 그 전쟁터 같은 일상 속에서 나는 삶에서 가장 소중한 것들을 마주했다. 평범하고 당연하다고 생각했지만 누군가에게는 너무도 간절한 것들.

언젠가 괜스레 짜증이 나고 가슴이 답답한 날에 차가운 사이다를 벌컥벌컥 마셔보길 바란다. 목구멍을 찌르며 내려가는 탄산 방울들, 그런 익숙한 일상들에 새삼스러운 소중함을 느끼며.

삶은 매 순간에 있다. 정말로 집중해야 할 경험은 '지금 여기'에서 느낄 수 있는 모든 것들이다. 부정적인 생각, 긍정적인 생각, 편한 감각, 불편한 감각, 반가운 감정, 힘든 감정. 나는 그 모든 심리적 사건을 담을 수 있을 만큼 충분히 큰 존재라는 사실을, 내 마음속에는 그 모든 심리적 사건을 매 순간 기꺼이 경험할 수 있는 큰 공간이 있다는 사실을, 그리고 나에게는 매 순간 선택할 수 있는 자유가 있다는 사실을 반드시 기억하길 바란다.

닫는 글

◇

생각과 거리두고 가치로 나아가기

이제 하나씩 정리해 보자. '생각하는 나'는 착각이다. 생각은 자동적이다. 생각은 마치 팝콘처럼 마음속에 제멋대로 튀어 오른다. 문제는 그러한 생각이 상징적인 효과를 지닌다는 것이다. 생각만으로 지나간 과거는 지금 이 순간의 우울이 될 수 있고, 아직 다가오지 않은 미래는 지금 이 순간의 불안이 될 수 있다. 생각 그 자체는 문제가 아니다. 생각을 '나'가 자유의지를 가지고 떠올리는 것이라고 여기며 집착하게 될 때 문제가 시작된다.

하지만 생각과 거리를 두는 건 쉬운 일이 아니다. 생각은 그저 생각으로 떠오르지 않는다. 우리가 실제 마주하는 건 그보다 더 복잡하다. 생각이 불편한 감정, 감각, 충동 등과 뒤섞여 '꾸러미'로 떠오르기 때문이다. 따라서 가장 먼저 할 일은 꾸러미를 상황, 생각, 감정, 감각, 행동/충동의 개별 요소로 분리하는 것이다.

이 과정은 섬세한 주의력을 요구한다. '나'는 한곳에 주의를 기울일 수 있다. 즉, 나의 마음속에서 벌어지는 여러 사건 중 어디에 집중할지 의도를 분명히 할 수 있다. '나'의 손전등을 어디로 비출지 선택할 수 있다. 정신없이 생각을 따라가는 대신, 우리가 원하는 곳에 주의를 기울일 수 있다.

마음 그 자체에 주의를 둘 때, 우리는 마음에서 어떤 일이 벌어지는지 한 발짝 거리를 두고 관찰할 수 있다. 강물 앞에 앉아 떠내려 가는 나뭇잎을 바라보듯 생각을 바라볼 수 있다. 그것이 '나' 자신이라고 여기지 않으면서 말이다.

생각은 '나'가 아니라 그저 마음속에 떠오르는 심리적 사건일 뿐이다. 생각은 본질적으로 부정확하다. 마음은 종종 불완전한 정보에 기초해 성급하게 판단을 내리고 결론을 도출한다. 또한 생각은 편향적이다. 긍정적인 사건보다는 부정적인 사건에 더 초점을 맞춘다. 그뿐만 아니라 생각은 '나'에게 과도하게 집중된다. 어떤 일의 결과를 지나치게 나의 책임으로 여기고 나의 의미를 실제보다 더 크게 부각시킨다.

이처럼 생각은 그다지 믿을 만하지 못하다. 그럼에도 불구하고 우리는 마음속에 특정한 생각이 떠오르면 그 생각을 좇아 정신없이 반응한다. 이는 마음의 문제 해결적인 본능 때문이다. 마음은 문제점을 찾아내고 해결하려 한다. 이 방법은 외부 세계에 대해서는 잘 작동하지만 우리 내면에 적용하는 순간 문제가 발생한다. 마음속에 떠오르는 부정적인 생각과 감정을 말끔히 없애는 건 애초에 불가능하기 때문이다.

문제 해결적인 본능에 빠진 우리는 어떻게든 부정적인 내적 경험을 회피하려고 한다. 하지만 회피할수록 강해질 뿐이다. 제거하거나 대체하려고 할수록 그것들은 우리 마음속에 더 깊이 각인된다. 처음부터 불가능했던 일에 매달리다가 삶에서 더 중요한 것들을 놓치고 만다. 텅 빈 마음은 불가능하다. 맑고 깨끗하며 긍정적인 생각만으로 내면을 가득 채울 수는 없는 노릇이다.

고통은 불가피하다. 삶을 살다 보면 힘든 순간을 피할 수는 없다. 우울, 불안, 후회, 분노, 짜증, 권태, 회의, 자책, 수치심. 이런 감정들이 우리 마음속에 떠오르는 일을 막을 수는 없다. 하지만 괴로움은 선택할 수 있다. 마음속에 떠오르는 생각과 감정을 하나의 심리적 사건으로 바라보고, 오히려 그것을 기꺼이 경험한다면 괴롭지 않을 수 있다.

'기꺼이 경험하기'가 쉽게 받아들여지지 않는다는 점은 충분히 이해한다. 우리는 너무나 쉽게 부정적인 내적 경험에 매달린다. 반추에 빠지면 온갖 생각, 감정, 감각, 행동/충동이 정신없이 튀어 오른다. 레몬맛 팝콘들은 서로가 서로를 자극하고 증폭시킨다. 마음의 문제 해결적인 본능은 이를 해결하고자 다시 반추에 몰두한다. 그렇게 악순환이 시작된다.

또한 마음은 본질적으로 무언가를 평가하려는 속성이 있다. 이는 어떤 경험을 기꺼이 경험하는 데에 큰 장벽으로 작용한다. 하지만 원래부터 좋고 나쁜 것은 없다. 본격적으로 불을 지피는 건 우리의 반응이다. 우리 마음의 평가적인 속성을 이해하고 거리를 둔 상태에서 내면을 바라보면 모든 것들이 하나의 심리적 사건일 뿐이라는 점이 분명해진다. 감각도, 감정도 그 자체로는 좋거나 나쁘지 않다. '나'는 생각, 감정, 감각과 동일시되지 않은 상태에서, 그 경험들을 거리를 두고 바라보고 알아차리고 기꺼이 경험할 수 있다.

유난히 기꺼이 경험하기 힘든 대상은 바로 '나' 자신이다. 어린 시절의 상처, 초라한 내면, 연약한 자존감. '나' 자체가 이런 사람인데 그것을 기꺼이 경험한들 아무것도 달라지지 않을 것 같다. 하지만 그렇지 않다. 더 깊은 수준까지 들어가 디스턴싱을 적용해 보면 내가 자아라고 믿어왔던 나의 기억과 특성, 그리고 '나는 어떤 사람인가'에 대한 대답은 모두 우리가 스스로 부여한 개념적인 틀에 불과하다. 스스로에 대한 굳은 믿음조차 하나의 심리적 사건일 뿐이다.

요컨대 '나'는 착각이다. 생각은 '나'가 아니다. 감정과 감각도 마찬가지다. 굳게 믿어왔던 자기 정체성 또한 '나'는 아니다. 결국 '나'에게 남는 것은 단 하나, 바로 "현재 매 순간을 경험하고 있는 주체"뿐이다. '나'는 매 순간을 알아차리는 경험 그 자체다. 즉, '알아차림으로서 나'만이 유일하게 믿을 수 있는 '나'다. 이 외의 나머지 모든 자아라는 느낌은 착각이다. 마음을 조절하는 존재가 있을 거라는 믿음, 모든 것을 내려다보며 통제하는 통합된 주체가 있을 거라는 믿음은 모두 착각에 불과하다. 그 착각이야말로 모든 심리적 괴로움을 만들어내는 궁극적인 원인이다.

이렇게 보면 우리는 자유의지가 없는 수동적인 존재에 불과하다는 결론에 이르게 된다. 이는 어느 정도 사실이다. 그러나 역설적이게도, 이 사실을 이해하는 순간 우리는 비로소 자유를 얻을 수 있다. 자유는 선택할 수 있는 능력이다. 내가 선택한 삶의 방향인 가치에 따라 행동할 수 있는 능력이다. 그 선택에는 어떠한 목적지나 목표도 없다. 그저 매 순간 어떤 방향으로 향할지 결정할 뿐이다.

내면과 독립적인 '나'를 갖지 못했을 때 우리는 경험 회피의 악순환에 빠지게 된다. 부정적인 내적 경험을 피하기 위한 선택을 한다. 그 선택은 단기적으로는 부정적인 경험을 완화하므로 쉽게 강화된다. 하지만 장기적인 관점에서 그 선택은 문제를 심화시킨다. 부정적인 경험을 피하려던 선택이 결국 부정적인 경험을 더 증폭시키는 것이다.

하지만 내면과 독립적인 '나'를 되찾았을 때, 우리는 선택을 할 수 있다. 내면에서 벌어지는 일들과 무관하게 더 효과적인 행동을 해나갈 수 있다. 물론 그 과정은 쉽지 않다. 하지만 분명 가능하다. 우리는 모든 심리적 사건과 별개로 가치를 향한 선택을 할 수 있다. 생각과 거리를 두고, 그 과정에서 떠오르는 고통을 기꺼이 경험하며, 동시에 가치를 향해 한 걸음씩 나아갈 수 있다. 그때부터 악순환은 조금씩 선순환으로 바뀌기 시작한다.

이 가치는 내가 선택한 삶의 방향이다. 누군가에 의해 주어지거나 추론을 통해 얻어지는 것도 아니다. 또한 어느 순간 달성할 수 있는 목표가 아니라 매 순간 향해 있어야 할 방향이다. 내가 선택한 삶의 가치를 향해 나아가는 길이 늘 행복하기만 한 것은 아니다. 삶에서 고통은 피할 수 없다. 가치가 유희적 쾌락을 좇는 회피가 되어서는 안 된다. 언젠가 도래할 이상을 위해 이 악물고 인내하는 일이 되어서도 안 된다. 가치는 그저 매 순간 내가 어디로 향할지를 능동적으로 선택하는 것이다.

가치에 맞는 행동에 전념하기 위해서는 생각이 하나의 심리적 사건일 뿐이라는 사실을 잊지 말아야 한다. 행동은 생각이 아니라 '나'가 하는 것이다. 가치에 따른 선택과 마음속에 떠오른 심리적 사건이 반드시 일치할 필요는 없다. 그럼에도 불구하고 우리는 자유롭게 선택해 나갈 수 있다. 사소한 것일지라도 한 단계씩 선택을 통해 행동을 강화할 수 있다. 마음속에 떠오르는 것들을 기꺼이 경험하기로 하며, 그것과 무관하게 자신이 원하는 선택에 온전히 전념할 수 있다.

이 모든 것은 전부 '지금 이 순간'에 벌어지는 일들이다. 우리가 유일하게 믿을 수 있는 사실은 '지금 여기'에서 내가 그 모든 것들을 관찰하고 선택한다는 사실뿐이다. 나에게는 지금 이 순간에 벌어지는 그 모든 심리적 사건을 담아내고 기꺼이 경험할 수 있는 공간이 있고, 지금 이 순간 나의 가치에 따라 선택할 수 있는 자유가 있다. 진정으로 삶은 매 순간에 있다.

모든 내용을 마음에 담아두기는 쉽지 않을 것이다. 다음 한 문장만 기억하길 바란다.

'생각과 거리 두고, 마음속에 떠오르는 것들을 기꺼이 경험하며, 그것과 별개로 나의 가치에 맞는 행동을 선택하기.'

이제는 이 한 문장이 가진 중요성을 이해했으리라 믿는다. 부디 당신이 충만하고 평온한 현재의 삶을 살아갈 수 있기를 바란다.

언젠가 디스턴싱을 연습하던 사람에게서 "선생님은 그렇게 살고 계신가요?"라는 질문을 받은 적이 있다. 당신은 생각과 거리를 두고, 마음속에 떠오르는 것들을 기꺼이 경험하며, 동시에 자신이 원하는 가치를 향해 나아가고 있느냐는 질문이었다. 나 역시 늘 평온한 마음을 유지하지는 못한다. 사람 사는 게 다 비슷하지 않은가. 우리는 연약한 자신의 모습을 부끄러워하지만, 연약함은 인간의 보편적인 속성이다. 우리는 성인군자도 아니고, 성모 마리아도 아니다. 모두의 마음속에 부끄럽고 이중적이며 탐욕스러운 충동들이 있다. 남에게 말하고 싶지 않은, 심지어는 나조차도 외면하고 싶은 면이 있고, 어떻게든 잊어버리고 싶은 기억도 있다. 자세히 들여다보면 모두가 그렇다.

디스턴싱 프로그램을 설계한 나도 다르지 않다. 나 또한 수치스러운 감정에 휩싸이거나 모멸감을 느끼고, 때로는 불안과 무기력에 시달리기도 한다. 그럴 때면 내 마음속 팝콘 기계에서는 다음과 같은 팝콘이 튀어 오른다. '너는 남들에게 거리두기를 그렇게 강조하더니, 정작 지금 네 모습은 뭐야? 얼마나 모순적인지 한번 생각해 보라고!' 결국 나도 다르지 않다. 모두가 이상과 현실의 괴리 속에서 부단히 마음을 잡고 어딘가로 나아가려고 노력하고 있을 뿐이다. 그렇게 수치스러운 팝콘조차 고요히 관찰하기로 했다면, 그때부터 다시 시작인 것이다.

나는 서울대학교 의과대학을 졸업한 후 병원 밖으로 나와 스타트업을 창업해 운영하고 있다. 더 많은 사람에게 쉽고 효과적인 정신건강 관리법을 전파하기 위해서다. 나는 이 일이 얼마나 힘들고 어려운지 알고 있다. 그토록 많은 사람이 정신건강 문제를 앓고 있음에도 여전히 사람들은 정신건강에 대해 이야기하기를 꺼린다. 이는 입소문으로 쉽게 전파할 수 있는 주제가 아니다. 특히 마음이 힘든 사람들은 에너지 수준이 떨어져 있기 때문에 무언가를 시도하는 것조차 쉽지 않다. 게다가 마음의 문제를 해결하기 위해서는 많은 노력이 필요하다. 클릭 몇 번으로 마음이 괜찮아질 수 있다면 얼마나 좋을까? 하지만 인생사의 어떤 문제들은 클릭으로는 해결되지 않으며 간단하게 몇 줄로 요약할 수도 없다. 이 사실을 다 알고 있지만 그럼에도 나는 이 일을 하기로 선택했다. 나에게는 이 일을 하는 이유와 목적이 있기 때문이다. 이 일이야말로 내가 우리 사회에 기여할 수 있는 일이며 스스로가 보람을 느끼고 그 과정에 온전히 집중하며 전념할 수 있는 가치이기 때문이다. 사람들에게 정신건강의 중요성을 전파하고, 효과적인 관리법을 전달해 그들이 스스로 내면을 돌아볼 수 있도록 하는 일, 그렇게 함으로써 우리 사회의 원동력을 회복하는 일이 그 어떠한 기술적 혁신보다도 시급한 과제라고 나는 믿는다.

물론 그 가치로 나아가는 순간에는 여러 고통을 마주할 수밖에 없다. 시장과 투자자에게 외면을 받기도 했고, 아꼈던 팀원과 작별하는 순간도 있었고, 안정적인 삶을 일부 포기하기도 했다. 그럼에도 나는 기꺼이 그렇게 하기로 선택하고 나의 가치를 향해 조금씩 나아가고자 전념하고 있을 뿐이다. 이러한 의미에서 "선생님은 그렇게 살고 계신 가요?"라는 질문에 대한 나의 대답은 다음과 같다. "나 또한 당신과 같이 넘어졌다. 다만 다시 일어나서 앞으로 나아가길 반복하고 있다."

나는 디스턴싱 서비스를 운영하며 나와 비슷한 가치를 가진 사람들을 수없이 많이 만났다. 감사한 일이다. 그렇게 뛰어난 배경을 갖추고, 훌륭한 직장에서 일하는 사람들이 왜 이토록 작은 회사에 관심을 갖고 연락을 주는 것인지 의아하기도 했다. 그들에게는 한 가지 공통점이 있었다. 그들 모두 나와 같은 가치를 믿고 있었다. 함께 노력하면 사회에 새로운 물결을 만들 수 있다는 희망, 많은 사람이 정신건강을 돌보고 그로 인해 사회가 한 발짝 더 앞으로 나아갈 수 있다는 믿음, 비록 그 일이 쉽지 않고 그 앞에 높은 장벽이 있을지라도 기꺼이 인생의 일부를 그 일에 바쳐보고 싶다는 열망. 그들과 대화를 나눌 때면 흐릿했던 미래가 선명해진다.

나는 사람들의 정신건강을 위해 그 모든 일을 하기로 선택했다. 사람들이 수학과 과학을 배우는 것처럼 내면을 이해하고 다루는 방법을 더 쉽게 이해하고 적용하도록 돕기로 했다. 나는 그 일이 개개인의 삶을 획기적으로 바꿀 것이라 믿는다. 그 일이 정신건강 문맹률을 획기적으로 낮출 것이라 믿는다. 이 글 또한 그래서 쓴 것이다. 만약 이 글을 읽는 당신에게 나와 같은 꿈이 있다면, 그 일을 하는 것이 당신의 삶을 더욱 풍요롭고 가치 있게 만들어줄 것이라고 믿는다면 언제든 나에게 연락해도 좋다. 심리치료 전문가로 일하고 있다면 디스턴싱을 심리치료 영역에 적용해 나갈 수 있을 것이다. 기업의 인사팀에서 일하고 있는가? 구성원들을 대상으로 디스턴싱 프로그램을 진행할 수 있다. 인사팀은 아니지만 기업의 구성원으로 일하고 있는가? 원한다면 얼마든지 팀 내에서 소규모로 디스턴싱을 논하고 연습하는 장을 마련할 수 있고, 그러한 프로그램도 제공할 수 있다. 공무원으로 지자체에서 일하고 있는가? 주민들을 위한 효과적인 프로그램을 만들어 공급할 수도 있다. 정책 입안자이거나 정책을 실행하는 위치에 있는가? 그렇다면 어떻게 하면 국민들의 정신건강 서비스 이용률을 높일 수 있는지, 어떤 획기적인 운동이나 시스템이 필요한지 이야기할 수도 있을 것이다. 당신이 교사로 일하고 있는데 이것이 진정으로 중요한 문제처럼 느껴지는가? 디스턴싱을 체계적인 교육 자료로 구성하여 교육에 적용할 수 있다. 언론인으로 일하고 있는가? 함께 머리를 맞대고 어떻게 하면 정신건강 문제를 수면 위로 떠올려 효과적으로 다룰 수 있을지 고민할 수도 있다. 아직 사회에 나가지 않은 학생인가? 상관없다. 당신이 속한 그룹에서 뜻이 맞는 이들을 찾아 디스턴싱을 연습하고 훈련하는 모임을 만들어 운영할 수 있다. 정신건강 분야와 전혀 상관없는 일을 하고 있으나, 이것이 진정으로 중요한 문제라고 믿는가? 그렇다면 분명히 함께 해볼 수 있는 일이 있을 것이다.

당신만이 가진 어떤 역량이 우리 사회를 바꾸는 데에 큰 힘이 될지도 모르른다. 무엇이든 좋다. 모든 변화는 개인의 사소한 관심에서 시작되기 마련이다. 내가 가슴이 뛰는 일에, 당신도 가슴이 뛴다면 주저하지 말고 아래 메일로 연락해 달라. 함께해 볼 수 있는 일은 무궁무진할 것이다. 그와 같은 사람들이 하나둘 모일 때 비로소 세상이 바뀐다고, 나는 믿는다.

sjhong@orwellhealth.org

나는 내 생각을 다 믿지 않기로 했다
생각과 적정 거리를 두는 30가지 심리 법칙

초판 1쇄 인쇄 2025년 3월 10일
초판 1쇄 발행 2025년 3월 19일

지은이 홍승주
펴낸이 김선식

부사장 김은영
콘텐츠사업본부장 박현미
책임편집 노현지 **책임마케터** 권오권
콘텐츠사업9팀장 차혜린 **콘텐츠사업9팀** 최유진, 노현지
마케팅1팀 박태준, 권오권, 오서영, 문서희
미디어홍보본부장 정명찬
브랜드홍보팀 오수미, 서가을, 김은지, 이소영, 박장미, 박주현
채널홍보팀 김민정, 정세림, 고나연, 변승주, 홍수경
영상홍보팀 이수인, 염아라, 석찬미, 김혜원, 이지연
편집관리팀 조세현, 김호주, 백설희 **저작권팀** 성민경, 이슬, 윤제희
재무관리팀 하미선, 임혜정, 이슬기, 김주영, 오지수
인사총무팀 강미숙, 이정환, 김혜진, 황종원
제작관리팀 이소현, 김소영, 김진경, 이지우
물류관리팀 김형기, 김선진, 주정훈, 양문현, 채원석, 박재연, 이준희, 이민운

펴낸곳 다산북스 **출판등록** 2005년 12월 23일 제313-2005-00277호
주소 경기도 파주시 회동길 490 다산북스 파주사옥
전화 02-704-1724 **팩스** 02-703-2219 **이메일** dasanbooks@dasanbooks.com
홈페이지 www.dasan.group **블로그** blog.naver.com/dasan_books
종이 스마일몬스터피앤엠 **인쇄·제본** 정민문화사 **후가공** 제이오엘앤피

ISBN 979-11-306-6500-9 (03180)

다산북스(DASANBOOKS)는 책에 관한 독자 여러분의 아이디어와 원고를 기쁜 마음으로 기다리고 있습니다.
출간을 원하는 분은 다산북스 홈페이지 '원고 투고' 항목에 출간 기획서와 원고 샘플 등을 보내주세요.
머뭇거리지 말고 문을 두드리세요.